Diogenes Taschenbuch 20104

W0359832

Anton Čechov

Platonov

›Stück ohne Titel‹

In vier Akten und fünf Bildern

Übersetzt und herausgegeben

von Peter Urban

Diogenes

Titel des russischen Originals:
Платонов
Пъеса без названия
(Platonov)
(P'esa bez nazvanija)
Umschlagzeichnung von Tomi Ungerer

Alle Aufführungsrechte beim
Verlag der Autoren, Frankfurt am Main
Alle Buch- und Abdruckrechte beim
Diogenes Verlag, Zürich
Copyright © 1974 by
Diogenes Verlag AG Zürich
20/89/29/4
ISBN 3 257 20104 4

Anton Čechov

Platonov

›Stück ohne Titel‹
In vier Akten und fünf Bildern
Übersetzt und herausgegeben
von Peter Urban

Diogenes

Titel des russischen Originals:
Платонов
Пъеса без названия
(Platonov)
(P'esa bez nazvanija)
Umschlagzeichnung von Tomi Ungerer

Alle Aufführungsrechte beim
Verlag der Autoren, Frankfurt am Main
Alle Buch- und Abdruckrechte beim
Diogenes Verlag, Zürich
Copyright © 1974 by
Diogenes Verlag AG Zürich
20/89/29/4
ISBN 3 257 20104 4

Inhalt

Platonov

›Stück ohne Titel‹

In vier Akten und fünf Bildern

Personen:

Anna Petrovna Vojniceva, junge Witwe, Generalin.
Sergej Pavlovič Vojnicev, Sohn General Vojnicevs aus erster Ehe.
Sofja Egorovna, seine Frau.

Porfirij Semënovič Glagoljev 1 *Kirill Porfirjič Glagoljev 2,* sein Sohn *Gerasim Kuzmič Petrin* *Pavel Petrovič Ščerbuk*	Gutsbesitzer, Nachbarn der Familie Vojnicev.

Marja Efimovna Grekova, junges Mädchen, 20 Jahre alt.
Ivan Ivanovič Trileckij, Oberst a. D.
Nikolaj Ivanovič, sein Sohn, ein junger Arzt.
Abram Abramovič Vengerovič 1, ein reicher Jude.
Isaak Abramovič 2, sein Sohn, Student.
Timofej Gordejevič Bugrov, Kaufmann.
Michail Vasiljevič Platonov, Dorflehrer.
Aleksandra Ivanovna (Saša), seine Frau, Tochter von I. I. Trileckij.
Osip, 30 Jahre alt, Pferdedieb.
Marko, Bote des Friedensrichters, ein kleiner alter Mann.

Vasilij *Jakov* *Katja*	Dienstboten der Familie Vojnicev.

Gäste, Dienstboten.

Ort der Handlung:

Das Gut der Vojnicevs in einem der südrussischen Gouvernements.

Erster Akt

Salon im Hause Vojnicev. Eine Glastür in den Garten und zwei Türen zu den Innenräumen. Mobiliar in altem und neuem Stil, gemischt. Ein Flügel, daneben ein Notenpult mit einer Geige und Noten. Eine Physharmonika. Bilder (Oleographien) in Goldrahmen.

Auftritt I

Anna Petr. sitzt am Flügel, den Kopf auf den Tasten.
Nikolaj Ivanovič Trileckij kommt.

TRILECKIJ *geht auf Petrovna zu* Ist was?

ANNA PETR. *hebt den Kopf* Nichts ... Ich langweile mich ...

TRILECKIJ Geben Sie mir etwas zu rauchen, mon ange! Das schwache Fleisch will schrecklich gern rauchen. Seit heute morgen habe ich noch nichts geraucht.

ANNA PETR. *gibt ihm die Zigaretten* Nehmen Sie sich gleich mehrere, damit Sie mich nachher nicht wieder belästigen. *Sie zünden sich Zigaretten an.* Ich langweile mich, Nicolas! Schwermut, nichts zu tun, Trübsinn. Und ich weiß auch nicht, was ich tun soll ...

TRILECKIJ *nimmt sie bei der Hand.*

ANNA PETR. Wollen Sie mir den Puls fühlen? Ich bin gesund ...

TRILECKIJ Nein, nicht den Puls ... Küssen will ich sie. *Küßt ihr die Hand.* Ihre Hand küßt sich wie ein Samtkissen ... Womit waschen Sie sich die Hände, daß sie so weiß sind? Ein Wunder von Händen! Ich muß sie sogar nochmal küssen. *Küßt ihr die Hand.* Spielen wir Schach?

ANNA PETR. Also gut ... *Schaut auf die Uhr.* Viertel eins ... Unsere Gäste sind sicher ganz ausgehungert ...

TRILECKIJ *stellt die Schachfiguren auf* Sehr wahrscheinlich. Was mich betrifft, ich habe schrecklichen Hunger.

ANNA PETR. Sie brauche ich gar nicht zu fragen. Sie haben immer Hunger, obwohl Sie dauernd etwas essen ... *Sie setzen sich ans Schachbrett.* Sie sind am Zug ... Und da hat er auch schon gezogen ... Man muß erst überlegen, und dann ziehen. Ich ziehe hierhin. Sie haben immer Hunger ...

TRILECKIJ So ziehen Sie ... Tja ... Hunger, ja ... Essen wir bald?

ANNA PETR. Ich glaube nicht, daß es so bald sein wird ... Der Koch hat geruht, sich anläßlich unserer Ankunft total zu besaufen, jetzt hat er keine Beine mehr. Frühstücken werden wir bald. Im Ernst, Nikolaj Ivanovič, wann werden Sie einmal satt sein? Der ißt und ißt und ißt ... ißt ohne Ende! Schrecklich! So ein kleiner Mann und so ein großer Bauch!

TRILECKIJ O ja! Das ist erstaunlich!

ANNA PETR. Sie haben sich in mein Zimmer geschlichen und ohne zu fragen die halbe Pastete aufgegessen! Sie wissen doch, daß es nicht meine Pastete war? Eine Schweinerei, mein Lieber! Ziehen Sie!

TRILECKIJ Nichts weiß ich. Ich weiß nur, daß sie bei Ihnen nur sauer würde, wenn ich sie nicht esse. Sie so? Können Sie ... Und ich so ... Wenn ich viel esse, dann bin ich einfach gesund, und wenn ich gesund bin, mit Ihrer Erlaubnis ... Mens sana in corpore sano. Was überlegen Sie? Ziehen Sie ohne zu überlegen, liebe kleine Dame ... *Singt.* Erzählen will ich euch, erzählen ...

ANNA PETR. Schweigen Sie ... Sie stören mich beim Überlegen.

TRILECKIJ Schade, daß Sie, eine so kluge Frau, so gar nichts von Gastronomie verstehen. Wer nicht gut zu essen versteht, ist eine Mißgeburt ... Eine charakterliche Mißgeburt! ... Weil ... Erlauben Sie, erlauben Sie! So können Sie nicht ziehen. Nun? Wo wollen Sie hin? Ah ja, das ist etwas anderes. Weil der Geschmack in der Natur denselben Platz einnimmt wie Hören und Sehen, das heißt, zu den fünf Sinnen zählt, die sämtlich, Matuška, sämtlich in den Bereich der Psychologie gehören. Der Psychologie!

ANNA PETR. Sie wollen anscheinend wieder Witze reißen ... Hören Sie auf, mein Lieber! Mir geht das auf die Nerven, und Ihnen steht es nicht ... Haben Sie einmal gemerkt, daß ich überhaupt nicht lachen kann, wenn Sie Ihre Witze reißen? Sie sollten es endlich einmal merken ...

TRILECKIJ Sie sind am Zug, votre excellence! ... Achten Sie auf Ihr Pferd. Sie lachen nicht, weil Sie es nicht verstehen ... Ja ...

ANNA PETR. Was glotzen Sie so? Sie sind am Zug! Was meinen Sie, kommt Ihre ›sie‹ heute zu uns oder nicht?

TRILECKIJ Sie hat es versprochen. Sie hat ihr Wort gegeben.

ANNA PETR. In dem Fall müßte sie aber schon hier sein. Es geht auf eins ... Sie ... Sie verzeihen die Unbescheidenheit meiner Frage: sind Sie mit der auch ›nur so‹, oder ernsthaft?

TRILECKIJ Das heißt?

ANNA PETR. Ganz offen, Nikolaj Ivanovič. Ich frage nicht als Klatschbase, sondern als Freund ... Was bedeutet Ihnen die Grekova, und was Sie ihr? Offen und ohne Witze, bitte ... Nun? Nein nein, ich frage Sie als Freund ...

TRILECKIJ Was sie mir bedeutet, und was ich ihr bedeute? Das weiß noch niemand ...

ANNA PETR. Zumindest ...

TRILECKIJ Ich besuche sie oft, schwätze herum, falle ihr auf die Nerven, verursache ihrer lieben Mama Kosten im Kaffee-Etat und ... weiter nichts. Sie sind am Zug. Ich fahre, muß ich Ihnen sagen, alle zwei Tage zu ihr, manchmal auch jeden Tag, gehe in den dunklen Alleen spazieren. Ich erzähle ihr von mir, sie erzählt mir von sich, wobei sie mich hier an diesem Knopf festhält und mir die Fusseln vom Kragen sammelt ... Ich trage doch ewig Fusseln mit mir herum.

ANNA PETR. Und?

TRILECKIJ Und nichts weiter ... Was mich eigentlich zu ihr zieht, ist schwer zu bestimmen. Ob es Langeweile ist, ob Liebe oder noch etwas anderes, ich kann es nicht sagen ... Ich weiß, daß ich immer nach dem Mittagessen schreckliche Sehnsucht nach ihr habe ... Zufällig habe ich gehört, daß es ihr genauso geht ...

ANNA PETR. Liebe also?

TRILECKIJ *zuckt die Achseln* Kann schon sein. Was meinen Sie, liebe ich sie oder nicht?

ANNA PETR. Das ist ja rührend! Das sollten Sie doch besser wissen ...

TRILECKIJ Tja ... aber Sie verstehen mich nicht! ... Sie sind am Zug!

ANNA PETR. Ich ziehe schon. Ich verstehe Sie nicht, Nicolas! Eine Frau wird Sie in dieser Beziehung schwer verstehen können ...

Pause.

TRILECKIJ Sie ist ein gutes Mädchen.

ANNA PETR. Mir gefällt sie. Ein helles Köpfchen. Nur das eine, mein Freund ... Machen Sie ihr nicht irgendwie Unannehmlichkeiten! ... Irgendwie ... Diese Sünde folgt Ihnen doch auf dem Fuße ... Sie sitzen bei ihr herum, sitzen bei ihr herum, erzählen ihr einen Haufen Quatsch, machen ihr Versprechungen, mehren Ihren Ruhm und das ist auch alles ... Sie würde mir leidtun ... Was sie wohl gerade macht?

TRILECKIJ Sie liest.

ANNA PETR. Und befaßt sich mit Chemie? *Lacht.*

TRILECKIJ Es scheint so.

ANNA PETR. Prächtig ist sie ... Leise! Sie wickeln sie doch um den kleinen Finger! Sie gefällt mir mit ihrem spitzen kleinen Näschen! Sie gäbe eine gute Wissenschaftlerin ab ...

TRILECKIJ Sie sieht ihren Weg nicht, das arme Mädchen!

ANNA PETR. Wir werden es so machen, Nicolas ... Bitten Sie Marja Efimovna, daß sie mich einmal besuchen kommt ... Ich werde mich mit ihr bekanntmachen und ... Übrigens, Heiratsvermittlerin spielen werde ich nicht, nur so ... Wir beriechen sie ein bißchen, und lassen sie entweder in Frieden ziehen oder nehmen sie zur Kenntnis ... Vielleicht ... *Pause.* Ich halte Sie für ein kleines Kind, einen leichten Wind, aber das ist es ja, weshalb ich meine Nase in Ihre Angelegenheiten stecke. Sie sind am Zug. Mein Rat ist der. Entweder sie überhaupt nicht anrühren, oder sie heiraten ... Nur heiraten, aber ... nicht weiter! Sollten Sie wider Erwarten heiraten, bitte überlegen Sie es sich vorher ... Bitte schauen Sie sich von allen Seiten an, nicht nur so an der Oberfläche, überlegen Sie, denken Sie nach, überlegen Sie es sich gut, damit Sie nachher nicht weinen ... Hören Sie?

TRILECKIJ Doch doch, ich habe die Ohren gespitzt.

ANNA PETR. Ich kenne Sie doch. Sie tun alles, ohne zu überlegen, und werden auch heiraten, ohne zu überlegen. Ihnen braucht eine Frau nur den kleinen Finger zu zeigen, und schon sind Sie zu allem möglichen bereit. Sie müssen sich mit Ihren Bekannten und Freunden beraten ... Jawohl ... Setzen Sie bloß nicht auf Ihren dummen Kopf! *Klopft auf den Tisch.* Hier, das haben Sie im Kopf! *Pfeift.* Er pfeift, mein Lieber! Gehirn ist ja viel drin, aber man sieht nicht recht, wozu.

TRILECKIJ Sie pfeift wie ein Bauer! Eine erstaunliche Frau!

Pause. Zu Ihnen wird sie aber nicht kommen.

ANNA PETR. Warum nicht?

TRILECKIJ Weil Platonov bei Ihnen ein und aus geht. Sie kann ihn nicht ertragen, nach all seinen Anzüglichkeiten. Er bildet sich ein, sie wäre dumm, er hat es sich in seinen ungekämmten Kopf gesetzt, und jetzt kann ihn nicht mal mehr der Teufel vom Gegenteil überzeugen. Er hält es irgendwie für seine Pflicht, Dummköpfe zu belästigen, und probiert an ihnen alle möglichen Scherze aus ... Ziehen Sie! ... Ist sie etwa dumm? Der hat eine Menschenkenntnis!

ANNA PETR. Ach was. Wir werden ihm nicht erlauben, Unfug zu treiben. Sagen Sie ihr, sie braucht keine Angst zu haben. Aber wieso ist Platonov immer noch nicht da? Er müßte längst hier sein ... *Schaut auf die Uhr.* Wie unhöflich von ihm. Ein halbes Jahr haben wir uns nicht gesehen.

TRILECKIJ Als ich auf dem Weg zu Ihnen war, waren die Fensterläden in der Schule fest verrammelt. Er schläft sicher noch. Eine Kanaille von einem Menschen! Ich habe ihn selber Ewigkeiten nicht gesehen.

ANNA PETR. Geht es ihm gut?

TRILECKIJ Dem geht es immer gut. Der ist unverwüstlich.

Es kommen Glagoljev 1 und Vojnicev.

Auftritt II

Die Vorigen, Glagoljev 1 und Vojnicev.

GLAGOLJEV 1 *im Kommen* So ist das, mein lieber Sergej Pavlovič. In dieser Beziehung sind wir, die untergehenden Leuchten, besser dran und glücklicher als Sie, die aufgehenden. Der Mann war, wie Sie sehen, nicht im Verlust, und die Frau – im Gewinn. *Setzt sich.* Setzen wir uns, ich bin so erschöpft ... Wir haben die Frauen geliebt wie die ritterlichsten Ritter, wir haben an sie geglaubt, sie verehrt, weil wir in ihr den besseren Menschen sahen ... Die Frau ist der bessere Mensch, Sergej Pavlovič!

ANNA PETR. Warum schummeln Sie?

TRILECKIJ Wer schummelt?

ANNA PETR. Und wer hat diesen Bauern hierhingesetzt?

TRILECKIJ Aber Sie selbst!

ANNA PETR. Ach ja ... Pardon ...

TRILECKIJ Eben eben, pardon.

GLAGOLJEV I Und wir hatten Freunde. Freundschaft war zu unserer Zeit nicht so naiv und überflüssig. Zu unserer Zeit gab es Zirkel, den Arzamas. Für unsere Freunde sind wir durchs Feuer gegangen!

VOJNICEV *gähnt* Eine herrliche Zeit!

TRILECKIJ In unserer schrecklichen Zeit gibt es dafür die Feuerwehr, die für ihre Freunde durchs Feuer geht.

ANNA PETR. Wie dumm, Nicolas! *Pause.*

GLAGOLJEV I Vergangenen Winter habe ich in Moskau in der Oper gesehen, wie ein junger Mensch unter dem Eindruck der schönen Musik geweint hat ... Das ist doch schön?

VOJNICEV Bitte bitte, das ist sogar sehr schön.

GLAGOLJEV I Das will ich meinen. Aber weshalb, sagen Sie mir bitte, weshalb haben die umsitzenden Damen und Kavaliere, als sie das sahen, gelächelt? Worüber haben sie gelächelt? Und als er bemerkte, daß die guten Leute seine Tränen sahen, wand er sich auf seinem Sessel, errötete, setzte ein abscheuliches Lächeln auf und verließ dann das Theater ... Zu unserer Zeit haben wir uns unserer guten Tränen nicht geschämt und nicht über sie gelacht ...

TRILECKIJ *zu Anna Petr.* Sterben soll er, dieser melancholische Honigmund! Nicht ausstehen kann ich ihn! Es tut einem doch in den Ohren weh!

ANNA PETR. Pssst ...

GLAGOLJEV I Wir waren glücklicher als Sie. Zu unserer Zeit hat niemand, der etwas von Musik verstand, das Theater verlassen, er hat die Oper bis zu Ende abgesessen ... Sie gähnen, Sergej Pavlovič ... Ich falle Ihnen zur Last ...

VOJNICEV Nein nein ... Ziehen Sie doch das Fazit, Porfirij Semënyč! Es wird Zeit ...

GLAGOLJEV I Nun ... Und so weiter, und so weiter. Sollte ich jetzt aus allem von mir Gesagten das Fazit ziehen, so wäre es dieses: zu unserer Zeit hat es Liebende und Hassende gegeben, und folglich auch Unzufriedene und Menschen, die verachten konnten ...

VOJNICEV Wunderschön, und die gibt es heute nicht, oder?

GLAGOLJEV I Ich denke nein.

VOJNICEV *steht auf und geht ans Fenster.*

GLAGOLJEV I Gerade darin besteht aber doch die Schwindsucht unserer Gegenwart ... *Pause.*

VOJNICEV Das ist unbegründet, Porfirij Semënyč!

ANNA PETR. Ich kann nicht mehr! Er riecht so nach diesem unerträglichen Patschuli, daß mir einfach schlecht wird. *Hustet.* Setzen Sie sich ein bißchen zurück!

TRILECKIJ *setzt sich ein Stück zurück* Sie ist am Verlieren, und schuld sind die armen Patschuli. Eine erstaunliche Frau!

VOJNICEV Es ist falsch, Porfirij Semënyč, jemandem eine Beschuldigung ins Gesicht zu schleudern, die sich allein auf Vermutungen und die Liebe zu seiner verflossenen Jugend gründet! ...

GLAGOLJEV I Vielleicht irre ich auch.

VOJNICEV Vielleicht ... Im gegebenen Falle ist dieses ›Vielleicht‹ fehl am Platze ... Es ist schließlich keine leichte Anschuldigung!

GLAGOLJEV I *lacht* Aber ... Sie werden ja böse, mein Lieber ... Hm ... Das beweist doch bereits, daß Sie kein Ritter sind, daß Sie nicht die gebührende Achtung für die Ansichten Ihres Gegners aufbringen können.

VOJNICEV Das beweist nur, daß ich mich empören kann.

GLAGOLJEV I Ich meine nicht alle, selbstverständlich ... Es gibt auch Ausnahmen, Sergej Pavlovič!

VOJNICEV Selbstverständlich ... *Verbeugt sich.* Ergebensten Dank für die Konzession! Der ganze Reiz Ihres Verfahrens liegt in diesen Konzessionen. Und was, wenn ein unerfahrener Mensch an Sie geriete, einer, der Sie nicht kennt, der Ihrem Wissen vertraut? Den würden Sie doch mühelos überzeugen, daß wir, das heißt ich, Nikolaj Ivanovič, maman und überhaupt alle mehr oder weniger Jungen nicht unzufrieden sein und nicht verachten können ...

GLAGOLJEV I Aber ... Sie ... Ich habe doch nicht gesagt ...

ANNA PETR. Ich will Porfirij Semënovič zuhören. Hören wir auf. Es reicht.

TRILECKIJ Nein, nein ... Sie können spielen und zuhören!

ANNA PETR. Es reicht. *Steht auf.* Es geht mir auf die Nerven. Wir spielen es später zu Ende.

TRILECKIJ Wenn ich am Verlieren bin, bleibt sie sitzen wie angewurzelt, aber sobald ich einmal am Gewinnen bin, verspürt sie den Wunsch, Porfirij Semënovič zuzuhören! *Zu Glagol-*

jev. Und wer hat Sie gebeten zu reden? Sie stören nur! *Zu Anna Petrovna.* Bitte setzen Sie sich und spielen Sie weiter, andernfalls rechne ich Ihnen diese Partie als verloren an!

ANNA PETR. Tun Sies doch! *Setzt sich Glagoljew gegenüber.*

Auftritt III

Die Vorigen und Vengerovič 1.

VENGEROVIČ 1 *kommt* Eine Hitze! Mich als Juden erinnert diese Hitze an Palästina. *Setzt sich an den Flügel und klimpert auf den Tasten herum.* Dort soll es sehr heiß sein!

TRILECKIJ *steht auf* Also schreiben wir es an. *Zieht ein Notizbuch aus der Tasche.* Also schreiben wir es an, gnädige Frau! *Schreibt.* Frau Generalin ... drei Rubel ... Zusammen mit den früheren – zehn. Hehe! Wann habe ich die Ehre, diese Summe von Ihnen zu empfangen?

GLAGOLJEV 1 Ach, meine Herrschaften, meine Herrschaften! Sie haben die Vergangenheit nicht erlebt! Sonst würden Sie ein anderes Lied singen ... Sie würden verstehen ... *Seufzt.* Sie werden es nie verstehen!

VOJNICEV Literatur und Geschichte, scheint mir, haben ein größeres Anrecht auf unseren Glauben ... Wir haben die Vergangenheit nicht erlebt, Porfirij Semënyč, aber wir spüren sie. Wir spüren sie sogar sehr oft, hier. *Schlägt sich ins Genick.* Und genauso sehen und spüren Sie die Gegenwart nicht.

TRILECKIJ Befehlen Sie, daß ich es Ihnen anschreibe, vortre excellence, oder bezahlen Sie gleich?

ANNA PETR. Hören Sie auf! Sie lassen mich nicht zuhören!

TRILECKIJ Und wozu hören Sie denen zu? Die sind heute abend noch nicht damit fertig.

ANNA PETR. Serge, gib diesem Quacksalber zehn Rubel.

VOJNICEV Zehn? *Zieht die Geldbörse.* Porfirij Semënyč, wechseln wir das Thema.

GLAGOLJEV 1 Gut, wenn es Ihnen nicht behagt.

VOJNICEV Ich höre Ihnen gern zu, aber ich höre nicht gern etwas, das wie Verleumdung klingt ... *Gibt Trileckij die zehn Rubel.*

TRILECKIJ Merci. *Schlägt Vengerovič auf die Schulter.* So muß man es machen auf dieser Welt. Eine schutzlose Frau mattsetzen und sie dann ohne Gewissensbisse um zehn kleine Scheinchen erleichtern. Wie gefällt Ihnen das? Gut?

VENGEROVIČ I Ja. Sie, Doktor, sind ein echter jerusalemer Edelmann!

ANNA PETR. Hören Sie auf, Trileckij! *Zu Glagoljev.* Also, die Frau ist der bessere Mensch, Porfirij Semënovič!

GLAGOLJEV I Jawohl.

ANNA PETR. Hm ... Sie sind offenbar ein großer Frauenliebhaber, Porfirij Semënovič!

GLAGOLJEV I Ja, ich liebe die Frauen. Ich verehre sie, Anna Petrovna. Ich sehe in ihnen manchmal all das, was ich liebe, sowohl Herz als auch ...

ANNA PETR. Sie verehren sie ... Und sind sie das auch wert?

GLAGOLJEV I Oh, gewiß.

ANNA PETR. Sind Sie davon überzeugt? Felsenfest überzeugt, oder zwingen Sie sich zu so einem Denken?

TRILECKIJ *nimmt die Geige und fährt mit dem Bogen über die Saiten.*

GLAGOLJEV I Felsenfest. Schon allein Sie zu kennen, reicht, um davon überzeugt zu sein ...

ANNA PETR. Im Ernst? Sie haben so etwas besonders Aufwühlendes.

VOJNICEV Er ist Romantiker.

GLAGOLJEV I Das kann sein ... Ja nun? Romantik ist nicht so unbedingt etwas Schlechtes. Sie haben die Romantik ausgetrieben ... Sie haben gut daran getan, aber ich fürchte, Sie haben mit ihr noch etwas anderes ausgetrieben ...

ANNA PETR. Sie werden polemisch, mein Freund. Ich kann nicht streiten. Ausgetrieben oder nicht, jedenfalls sind wir klüger geworden, Gott sei Dank! Wir sind doch klüger geworden, Porfirij Semënovič? Und das ist die Hauptsache ... *Lacht.* Kluge Leute, die klüger werden, das Übrige fügt sich wie von selbst. Ach! Sägen Sie doch nicht auf der Geige herum, Nikolaj Ivanovič! Legen Sie die Geige weg!

TRILECKIJ *hängt die Geige wieder hin* Ein schönes Instrument.

GLAGOLJEV I Platonov hat es einmal sehr treffend ausgedrückt ... Wir, sagte er, sind in Sachen Frauen klüger geworden, aber in Sachen Frauen klüger werden, heißt, sich selbst und die Frau in den Schmutz treten ...

TRILECKIJ *lacht laut* Da hat er sicher Geburtstag gehabt ... So ein Unfug ...

ANNA PETR. Das hat er gesagt? *Lacht.* Ja, er läßt manchmal gern solche Sprüche los ... Aber er hat eine böse Zunge ... A propos, das bringt mich darauf ... Wer ist, was für ein Mensch ist, Ihrer Ansicht nach, dieser Platonov? Ein Held oder kein Held?

GLAGOLJEV I Wie soll ich es Ihnen sagen? Platonov ist meiner Ansicht nach der beste Ausdruck der gegenwärtigen Richtungslosigkeit ... Er ist der Held des besten, leider noch nicht geschriebenen Gegenwartsromans ... *Lacht.* Unter Richtungslosigkeit verstehe ich den gegenwärtigen Zustand unserer Gesellschaft: der russische Belletrist spürt diese Richtungslosigkeit. Er ist in einer Sackgasse, verliert sich, weiß nicht, woran er sich halten soll, versteht nichts ... Schwer zu verstehen, diese Herrschaften! *Zeigt auf Vojnicev.* Die Romane sind unmöglich schlecht, überspannt kleinlich ... und wunderlich! Alles ist äußerst unbestimmt, unverständlich ... Alles ist bis zum Äußersten verwickelt, verworren ... Und Ausdruck dieser Unbestimmtheit, Richtungslosigkeit ist meiner Meinung nach unser so kluger Platonov. Geht es ihm gut?

ANNA PETR. Es heißt, ja. *Pause.* Ein prachtvoller Mensch ...

GLAGOLJEV I Ja ... Es wäre eine Sünde, ihn nicht zu achten. Ich habe ihn im Winter einige Male besucht und werde die wenigen Stunden, die bei ihm zu verbringen ich das Glück hatte, niemals vergessen.

ANNA PETR. *schaut auf die Uhr* Er müßte schon hier sein. Sergej, hast du nach ihm geschickt?

VOJNICEV Zweimal.

ANNA PETR. Herrschaften, ihr lügt doch alle. Trileckij, laufen Sie, schicken Sie Jakov.

TRILECKIJ *räkelt sich* Soll ich ihm befehlen, den Tisch decken zu lassen?

ANNA PETR. Das tue ich selbst.

TRILECKIJ *geht und stößt in der Tür mit Bugrov zusammen* Schnauft wie eine Lokomotive, der Dörrobstverkäufer! *Gibt ihm einen Klaps auf den Bauch und geht ab.*

Auftritt IV

Anna Petrovna, Glagoljev 1, Vengerovič 1, Vojnicev und Bugrov.

BUGROV *kommt herein* Uff! Schrecklich, diese Hitze! Sicher gibt es bald Regen.

VOJNICEV Sie kommen aus dem Garten?

BUGROV Zu Befehl, aus dem Garten ...

VOJNICEV Ist Sophie dort?

BUGROV Sophie?

VOJNICEV Meine Frau, Sofja Egorovna!

VENGEROVIČ 1 Ich bin gleich wieder da. *Geht ab in den Garten.*

Auftritt V

Anna Petrovna, Glagoljev 1, Vojnicev, Bugrov, Platonov und Saša; Saša in russischer Tracht.

PLATONOV *in der Tür zu Saša* Bitte sehr! Nach Ihnen, junge Frau! *Tritt nach Saša ein.* Wir sind hier schließlich nicht zu Hause! Mach deinen Diener, Saša! Guten Tag, Euer Exzellenz! *Geht auf Anna Petrovna zu, küßt ihr die eine Hand, dann auch die andere.*

ANNA PETR. Sie Grausamer, Liebloser ... Wie kann man so lange auf sich warten lassen? Sie wissen doch, wie ungeduldig ich bin? Liebe Aleksandra Ivanovna ... *Küßt sich mit Saša.*

PLATONOV Wir sind hier schließlich nicht zu Hause! Ruhm sei dir, o Herr! Ein halbes Jahr haben wir weder Parkett noch Sessel noch hohe Zimmerdecken gesehen, nicht einmal Menschen ... Den ganzen Winter haben wir in unserer Höhle verschlafen wie die Bären, erst heute sind wir an Gottes Tageslicht gekrochen! Sergej Pavlovič! *Küßt sich mit Vojnicev.*

VOJNICEV Groß und dick geworden und ... weiß der Teufel, was noch ... Aleksandra Ivanovna! Lieber Gott, wie dick sie geworden ist! *Drückt Saša die Hand.* Gehts gut? Hübscher und dicker geworden sind Sie.

PLATONOV *drückt Glagoljev die Hand* Porfirij Semënyč! ... Ich freue mich sehr, Sie zu sehen ...

ANNA PETR. Wie geht es Ihnen? Wie gehts wie stehts, Aleksandra Ivanovna? Aber setzen Sie sich doch, Herrschaften! Erzählen Sie ... Setzen wir uns!

PLATONOV *lacht laut* Sergej Pavlovič! Ist er das? Du lieber Gott! Wo sind die langen Haare geblieben, das Bauernhemd und der hübsche Tenor? Nun sagen Sie schon etwas!

VOJNICEV Ich bin ein großer Narr! *Lacht.*

PLATONOV Baß, ein vollkommener Baß! Nun? Setzen wir uns... Rücken Sie ein bißchen, Porfirij Semënyč! Ich setze mich. *Setzt sich.* Setzen Sie sich, meine Herrschaften! Fff ... eine Hitze ... Was, Saša? Schnupperst du was? *Sie setzen sich.*

SAŠA Ich schnuppere es. *Gelächter.*

PLATONOV Ich rieche Menschenfleisch. Herrlich, dieser Geruch! Mir scheint, wir haben uns hundert Jahre nicht gesehen. Weiß der Teufel, wie dieser Winter sich in die Länge zieht! Da ist ja auch mein Sessel! Erkennst du ihn, Saša? Auf dem habe ich vor einem halben Jahr Tage und Nächte verbracht, mit der Generalin nach der Ursache aller Ursachen geforscht und deine glitzernden Kopeken verspielt ... Eine Hitze ...

ANNA PETR. Ich bin vor Warten vergangen, ich habe die Geduld verloren ... Geht es Ihnen gut?

PLATONOV Sehr gut sogar ... Ich muß Ihnen vermelden, Euer Exzellenz, daß Sie dicker und auch ein klein bißchen hübscher geworden sind ... Heute ist es heiß und schwül ... ich bekomme schon wieder Sehnsucht nach der Kälte.

ANNA PETR. Wie barbarisch dick die beiden geworden sind! Glückliche Leute! Wie ist es Ihnen ergangen, Michail Vasiljič?

PLATONOV Schlimm wie gewöhnlich ... Den ganzen Winter habe ich geschlafen und ein halbes Jahr den Himmel nicht gesehen. Getrunken, gegessen, geschlafen, meiner Frau Mayne Reid vorgelesen ... Schlimm!

SAŠA Gut ists uns gegangen, nur langweilig war es natürlich.

PLATONOV Nicht langweilig, sondern sehr langweilig, Liebste. Ich hatte schreckliche Sehnsucht nach Ihnen ... Wie gut, daß ich meine Augen habe! Sie zu sehen, Anna Petrovna, ist nach dieser langen, abscheulichen Einsamkeit eine unverzeihliche Pracht!

ANNA PETR. Dafür bekommen Sie eine Zigarette! *Gibt ihm eine Zigarette.*

PLATONOV Merci. *Sie stecken sich die Zigaretten an.*

SAŠA Sie sind gestern gekommen?

ANNA PETR. Um zehn Uhr.

PLATONOV Um elf Uhr sah ich noch Licht bei Ihnen, aber ich hatte Angst, hereinzukommen. Sie waren sicher sehr müde?

ANNA PETR. Und ob Sie hätten kommen können! Wir haben noch bis zwei Uhr geschwatzt.

SAŠA *flüstert Platonov etwas ins Ohr.*

PLATONOV Ach zum Teufel! *Schlägt sich vor die Stirn.* Ein Gedächtnis! Warum hast du denn nichts gesagt? Sergej Pavlovič!

VOJNICEV Was?

PLATONOV Und der sagt auch nichts! Heiratet und sagt nichts! *Steht auf.* Ich vergesse es, und Sie sagen nichts!

SAŠA Ich habe es auch vergessen, während der hier Reden hält. Ich gratuliere Ihnen, Sergej Pavlovič! Ich wünsche Ihnen ... alles, alles Gute!

PLATONOV Habe die Ehre ... *Verbeugt sich.* Glück den Neuvermählten, lieber Mensch! Sie haben ein Wunder vollbracht, Sergej Pavlovič! So einen ernsten und gewichtigen Schritt hätte ich von Ihnen nicht erwartet! Wie schnell entschlossen! Wer hätte Ihnen solch eine Ketzerei zugetraut?

VOJNICEV So bin ich. Schnell entschlossen! *Lacht laut.* Ich hätte mir solch eine Ketzerei selbst nicht zugetraut. Die Sache war im Nu perfekt, mein Lieber! Verliebt, und geheiratet!

PLATONOV Das »Verliebt« hat keinen Winter gedauert, und im selben Winter auch gleich heiraten, sich eine Zensur anschaffen, wie unser Pope sagt! Eine Frau – ist die schrecklichste, zänkischste Zensur! Schlimm, wenn sie dumm ist! Haben Sie eine Stellung gefunden?

VOJNICEV Sie haben mir eine Stelle im Progymnasium angeboten, und ich weiß nicht, was ich machen soll. Ich habe keine Lust auf Progymnasium! Das Gehalt ist klein, und überhaupt ...

PLATONOV Nehmen Sie die Stelle?

VOJNICEV Bis jetzt weiß ich absolut nichts. Wahrscheinlich nein ...

PLATONOV Hm ... Also bummeln wir weiter. Drei Jahre sind es her, seit Sie die Universität abgeschlossen haben?

VOJNICEV Ja.

PLATONOV So ... *Seufzt.* Schlagen sollte Sie jemand. Ich muß es Ihrer Frau sagen ... Drei gute Jahre verbummeln! Wie?

ANNA PETR. Es ist zu heiß, um jetzt über eine so hohe Materie zu reden ... Ich möchte gähnen. Warum kommen Sie so spät, Aleksandra Ivanovna?

SAŠA Es war keine Zeit ... Miša hat das Vogelbauer repariert, und ich war in der Kirche. Das Bauer war kaputt, wir konnten die Nachtigall nicht alleinlassen.

GLAGOLJEV I Und wieso heute in der Kirche? Ist irgendein Feiertag?

SAŠA Nein ... Ich hatte bei Vater Konstantin eine Messe zu bestellen. Heute hatte Mišas verstorbener Vater Namenstag, und da wäre es peinlich, nicht für ihn zu beten ... Ich habe eine Messe lesen lassen ... *Pause.*

GLAGOLJEV I Wie lange ist es her, daß Ihr Vater gestorben ist, Michail Vasiljič?

PLATONOV Drei-vier Jahre ...

SAŠA Drei Jahre und acht Monate.

GLAGOLJEV I Aber nein! Mein Gott! Wie schnell die Zeit verfliegt! Drei Jahre und acht Monate! So lange ist es her, daß wir uns das letzte Mal gesehen haben? *Seufzt.* Zum letzten Mal hatten wir uns in Ivanovka gesehen, wir waren beide bei Gericht, als Geschworene ... Und damals geschah etwas, das den Verstorbenen nicht besser charakterisieren könnte. Vor Gericht stand, ich erinnere mich, ein armseliger und betrunkener Landvermesser, wegen Bestechung und *lacht* er wurde freigesprochen ... Vasilij Andreič, der Verstorbene, hatte darauf bestanden ... Fast drei Stunden hat er plädiert, Beweise vorgebracht, sich erhitzt ... »Ich spreche ihn nicht schuldig«, ruft er, »ehe nicht Sie alle geschworen haben, daß Sie keine Bestechungsgelder annehmen!« Unlogisch, aber ... es war nichts zu machen! Dank seiner Gnade wurden wir immer müder ... Auch der selige General war dabei, Ihr Gatte, Anna Petrovna ... Auch ein prachtvoller Mensch auf seine Art.

ANNA PETR. Na, der hätte ihn aber nicht freigesprochen ...

GLAGOLJEV I Ja, er vertrat die Anklage. Ich erinnere mich an beide: rot angelaufen, aufbrausend, wild ... Die Bauern hielten zum General, und wir, die Adeligen, zu Vasilij Andreič ... Wir haben sie überstimmt, selbstverständlich. *Lacht.*

Ihr Vater forderte den General zum Duell, der General hatte ihn ... entschuldigen Sie, einen Schurken genannt ... Das war ein Spaß! Nachher haben wir beide betrunken gemacht und miteinander versöhnt. Nichts leichter, als Russen miteinander zu versöhnen ... Er war ein guter Kerl, Ihr Vater, er hatte ein gutes Herz.

PLATONOV Kein gutes, sondern ein schweinisches ...

GLAGOLJEV I Er war auf seine Art ein großer Mann ... Ich habe ihn verehrt. Wir hatten ein sehr gutes Verhältnis!

PLATONOV Nun ja, dessen kann ich mich schwerlich rühmen. Ich habe mich mit ihm zerstritten, da hatte ich noch kein Haar am Kinn, und die letzten drei Jahre waren wir regelrecht Feinde. Ich verachtete ihn, er hielt mich für einen läppischen Kerl und ... beide hatten wir recht! Ich liebe diesen Menschen nicht! Ich liebe ihn nicht, weil er eines friedlichen Todes gestorben ist. Er starb, wie anständige Leute sterben. Ein Schurke sein und es nicht zugeben wollen – das ist eine schreckliche Eigenschaft der Russen!

GLAGOLJEV I De mortuis aut bene aut nihil, Michail Vasiljič!

PLATONOV Nein ... Das ist lateinische Ketzerei. Meine Meinung ist: de omnibus aut nihil aut veritas. Aber besser veritas als nihil, das ist immerhin lehrreich ... Ich finde, Tote brauchen keine Zugeständnisse. *Ivan Ivanovič kommt.*

Auftritt VI

Die Vorigen und Ivan Ivanovič.

IVAN IVANOVIČ *kommt* Ta-ta-ta ... Schwiegersohn und Tochter! Die Leuchten aus dem Gestirn des Obersten Trileckij! Guten Tag, meine Lieben! Salut aus einer Kruppkanone! Herrgott, ist das eine Hitze! Mišenka, mein Lieber ...

PLATONOV *steht auf* Guten Tag, Oberst! *Umarmt ihn.* Geht es dir gut?

IVAN IVANOVIČ Mir geht es immer gut. Der Herr ist geduldig und straft mich nicht. Sašenka ... *Küßt Saša auf den Kopf.* Lange habe ich euch nicht mehr zu Gesicht bekommen ... Wie geht es dir, Sašenka?

SAŠA Gut ... Und dir auch?

IVAN IVANOVIČ *setzt sich neben Saša* Mir geht es immer gut. Mein Lebtag bin ich noch kein einziges Mal krankgewesen ...

Lange hab ich euch nicht mehr gesehen! Jeden Tag will ich zu euch kommen, mein Enkelkind sehen, mit meinem Schwiegersohn die weite Welt kritisieren, aber nie habe ich mich wirklich dazu aufraffen können ... Zu viel zu tun, meine Engel! Vorgestern habe ich kommen wollen, ich hab dir meine neue Doppelflinte zeigen wollen, Mišenka, aber dann blieb der Kreisrichter hocken, wir mußten Preference spielen ... Ein herrliches Gewehr! Eine Aglickij, hundertsiebzig Schritt Reichweite ... Geht es meinem Enkel gut?

SAŠA Ja. Er läßt dich grüßen ...

IVAN IVANOVIČ Kann er das schon?

VOJNICEV Das ist im übertragenen Sinne zu verstehen.

IVAN IVANOVIČ Nunja, nunja ... im übertragenen Sinne ... Sag ihm, Sašurka, er soll schneller wachsen. Ich nehme ihn mit auf die Jagd. Für ihn habe ich auch schon eine Doppelflinte bereitgelegt ... Ich mache einen Jäger aus ihm, damit ich nach meinem Tode jemandem meinen Jagdputz hinterlassen kann.

ANNA PETR. Eine Seele von einem Menschen, dieser Ivan Ivanyč! Am Peterstag müssen wir mit ihm Wachteln schießen gehen.

IVAN IVANOVIČ Ohoho! Anna Petrovna, wir richten eine Schnepfenjagd aus. Wir richten eine Polarexpedition zum Schnepfensumpf ...

ANNA PETR. Ihr Gewehr ausprobieren ...

IVAN IVANOVIČ Das machen wir, göttliche Diana! *Küßt ihr die Hand.* Wissen Sie noch, voriges Jahr? Ha-ha! Ich mag solche Leute, strafe mich Gott! Ich mag keine Zimperlichkeit! Das hier ist die wahre Frauenemancipation. Man schnuppert ihr an der Schulter, und sie riecht nach Pulver, nach Hannibal, jawohl, nach Hamilkar riecht sie! Ein Vojevode, ein vollkommener Vojevode! Schenk ihr Epauletten, und die Welt geht unter! Fahren wir! Und Saška nehmen wir auch mit! Alle nehmen wir mit! Denen wollen wir mal zeigen, was Soldatenblut heißt, meine göttliche Diana, Euer Exzellenz, Aleksandra von Mazedonien!

PLATONOV Du hast schon wieder einen gehoben, Oberst?

IVAN IVANOVIČ Selbstverständlich ... Sans doute ...

PLATONOV Drum bist du auch schon wieder so in Fahrt.

IVAN IVANOVIČ Losgefahren bin ich um acht, Bruder ... Da haben alle noch geschlafen ... Ich komme hierher, und los, mit dem Fuß angeklopft ... Ich schau hin, da kommt sie ... und lacht ... Da haben wir ein Fläschchen Madeira getrunken. Diana drei Gläschen, ich den Rest ...

ANNA PETR. Müssen Sie denn alles ausposaunen? *Trileckij stürzt herein.*

Auftritt VII

Die Vorigen und Trileckij.

TRILECKIJ Die Herren Verwandten!

PLATONOV Aaah ... Der schlechte Leibmedikus Eurer Exzellenz! Argentum nitricum ... aquae destillatae ... Freut mich, dich zu sehen, mein Lieber! Gesund ist er, strahlt, glänzt und duftet!

TRILECKIJ *küßt Saša auf den Kopf* Hat der Teufel also auch deinen Michail hergeschleppt! Ein Stier, ein echter Stier!

SAŠA Ii, wie du nach Parfüm riechst!

TRILECKIJ Kerngesund bin ich. Das habt ihr klug gemacht, daß ihr gekommen seid. *Setzt sich.* Wie stehn die Geschäfte, Michel?

PLATONOV Welche?

TRILECKIJ Deine selbstverständlich.

PLATONOV Meine? Wer weiß schon, wie die stehn! Eine lange Geschichte, Bruder, und eine uninteressante dazu. Aber wo hast du dich denn so striegeln lassen? Hübsch, die Frisur! Die kostet einen ganzen Rubel?

TRILECKIJ Dazu gehe ich nicht zum Barbier ... Dafür habe ich Damen, und Damen zahle ich fürs Frisieren kein Geld ... *Ißt Marmelade.* Ich, mein Lieber ...

PLATONOV Willst du wieder Witze reißen? Nein, nein, nein ... Stürz dich nicht in Unkosten! Verschone uns bitte.

Auftritt VIII

Die Vorigen, Petrin und Vengerovič 1.

PETRIN *kommt mit einer Zeitung und setzt sich.*

VENGEROVIČ 1 *setzt sich in die Ecke.*

TRILECKIJ *zu Ivan Ivanovič* Weine, Vater!

IVAN IVANOVIČ Weshalb soll ich weinen?

TRILECKIJ Na zum Beispiel vor Freude ... Sieh mich an! Das ist dein Sohn ... *Zeigt auf Saša.* Das ist deine Tochter! *Zeigt auf Platonov.* Dieser junge Mann ist dein Schwiegersohn! Allein was die Tochter wert ist! Une perle, Papaša! Nur du hast so eine entzückende Tochter zeugen können! Und der Schwiegersohn?

IVAN IVANOVIČ Weshalb soll ich weinen, mein Freund? Weinen soll man nicht.

TRILECKIJ Und der Schwiegersohn? Oh ... das ist ein Schwiegersohn! So einen findest du nicht wieder, und wenn du das ganze Universum absuchst! Anständig, vornehm, großmütig, gerecht! Und der Enkel?! So ein Teufelsbengel! Er winkt mit den Armen, rudert, vorwärts, und fiept dauernd: »Opa! Opa! Wo ist Opa? Her mit ihm, dem Räuber, schnell her mit seinem Schnurrbartungeheuer!«

IVAN IVANOVIČ *zückt das Taschentuch* Weshalb soll ich weinen? Na bitte! *Weint.* Weinen soll man nicht.

TRILECKIJ Du weinst, Oberst?

IVAN IVANOVIČ Nein ... Weshalb? Dank sei dir, o Herr! ... Ja nun? ...

PLATONOV Hör auf, Nikolaj!

TRILECKIJ *steht auf und setzt sich neben Bugrov* Liegt heute ein bißchen heißes Temperament in der Luft, Timofej Gordeič!

BUGROV In der Tat. Es ist heiß wie im Schwitzbad auf dem obersten Brett. Ein Temperament von dreißig Grad, nehme ich an.

TRILECKIJ Und das würde bedeuten? Weshalb ist es so heiß, Timofej Gordeič?

BUGROV Das werden Sie besser wissen.

TRILECKIJ Ich weiß es nicht. Ich habe die medizinischen Würden gewählt.

BUGROV Meiner Meinung nach ist es so heiß, weil wir beide lachen würden, wenn es im Juni kalt wäre. *Gelächter.*

TRILECKIJ So ist das ... Jetzt begreife ich ... Was ist für das Gras besser, Timofej Gordeič, das Klima oder die Atmosphäre?

BUGROV Beides, Nikolaj Ivanyč, nur, das Getreide braucht den Regen dringender ... Was soll ein Klima, wenn es nicht regnet? Ohne Regen ist es keinen Kupfergroschen wert.

TRILECKIJ Tja ... Das ist wahr ... Ihr Mund verströmt die Weisheit selbst. Und was, Herr Dörrobstverkäufer, ist Ihre Meinung zu allem übrigen?

BUGROV *lacht* Da hab ich keine.

TRILECKIJ Was bewiesen werden muß. Sie sind ein kluger Mann, Timofej Gordeič. Nun, und wie bewerkstelligen wir Ihrer Meinung nach das astronomische Kunststück, daß Anna Petrovna uns endlich was zu essen gibt? Hm?

ANNA PETR. Warten Sie ab, Trileckij! Alle warten, dann warten auch Sie!

TRILECKIJ Sie weiß nichts von unserem Appetit! Sie weiß nicht, wie gern wir, und besonders Sie und ich etwas trinken möchten! Und wie wir trinken, und was wir dazu essen werden, Timofej Gordeič! Erstens ... Erstens ... *Flüstert Bugrov etwas ins Ohr.* Nicht gut? Das ist für Ihre Krawatte ... Crematum simplex. Alles ist da: en gros und en détail ... Kaviar, Stör, Salm, Sardinen ... Ferner eine sechs- oder siebenstöckige Pastete ... So hoch! Zubereitet aus allen möglichen Wundern der Flora und Fauna der Alten und der Neuen Welt ... Wenn es nur bald soweit wäre ... Großen Hunger, Timofej Gordeič? Ganz offen ...

SAŠA *zu Trileckij* Du möchtest gar nicht so gern essen, als vielmehr einen Aufstand vom Zaun brechen! Du magst nicht, wenn Leute ruhig dasitzen!

TRILECKIJ Ich mag nicht, wenn man Leute Hungers quält, Dicke!

PLATONOV Dauernd mußt du Witze reißen, Nikolaj Ivanyč, weshalb lacht nur niemand darüber?

ANNA PETR. Ach wie er mir auf die Nerven geht! Wie er mir auf die Nerven geht! Frech bis zur Unverschämtheit! Schrecklich! Warten Sie doch, Sie abscheulicher Mensch! Ich gebe Ihnen schon zu essen! *Geht ab.*

TRILECKIJ Hätte sie längst tun sollen.

Auftritt IX

Die Vorigen, außer Anna Petrovna.

PLATONOV Es könnte übrigens nichts schaden ... Wie spät ist es? Ich habe auch Hunger.

VOJNICEV Wo bleibt meine Frau, Herrschaften? Platonov hat sie noch nicht gesehen ... Ich muß euch bekannt machen. *Steht auf.* Ich gehe sie suchen. Ihr hat der Garten so gefallen, daß sie sich von ihm nicht losreißen kann.

PLATONOV Übrigens, Sergej Pavlovič ... Ich möchte Sie bitten, mich Ihrer Gattin nicht vorzustellen ... Ich möchte wissen, ob sie mich wiedererkennt oder nicht? Ich habe sie früher ein bißchen gekannt und ...

VOJNICEV Sie haben Sie gekannt? Sofja?

PLATONOV Damals ... Ich war glaube ich noch Student. Stellen Sie mich nicht vor und schweigen Sie, bitte, sagen Sie ihr kein Wort von mir ...

VOJNICEV Gut. Dieser Mensch kennt doch einfach alle! Wann lernt er sie nur alle kennen? *Geht ab in den Garten.*

TRILECKIJ Herrschaften, was ich für eine ernste Korrespondenz im ›Russischen Kurier‹ untergebracht habe! Haben Sie sie gelesen? Haben Sie sie gelesen, Abram Abramyč?

VENGEROVIČ I Ja.

TRILECKIJ Nicht wahr, eine bemerkenswerte Korrespondenz? Sie, Abram Abramyč, als was für einen Menschenfresser ich Sie hingestellt habe! Über Sie habe ich geschrieben, daß ganz Europa davor erschrecken wird!

PETRIN *lacht laut* Also der ist das! Das ist dieser V.! Und wer ist B.?

BUGROV *lacht* Das bin ich. *Wischt sich die Stirn.* Gott hab Sie selig!

VENGEROVIČ I Ja nun! Das ist sehr löblich. Wenn ich schreiben könnte, ich würde unbedingt für Zeitungen schreiben. Erstens gibt es dafür Geld, und zweitens hält man bei uns die Schreibenden irgendwie für sehr kluge Leute. Nur, diese Korrespondenz haben nicht Sie geschrieben, Doktor. Die hat Porfirij Semënovič geschrieben.

GLAGOLJEV I Woher wissen Sie das?

VENGEROVIČ I Ich weiß es eben.

GLAGOLJEV I Merkwürdig ... Ich habe sie geschrieben, das stimmt, aber woher wissen Sie das?

VENGEROVIČ I Man kann alles herausbekommen, wenn man nur will. Sie haben es per Einschreiben geschickt, und unser Postbeamter hat ein sehr gutes Gedächtnis. Das ist alles ... Und kein Grund zu Vermutungen. Meine jüdische List und Tücke hat nichts damit zu tun ... *Lacht.* Keine Angst, ich werde mich nicht rächen.

GLAGOLJEV I Ich habe keine Angst, aber ich finde es ... merkwürdig. *Die Grekova kommt.*

Auftritt X

Die Vorigen und die Grekova.

TRILECKIJ *springt auf* Marja Efimovna! Das ist aber lieb! Das ist aber eine Überraschung!

GREKOVA *gibt ihm die Hand* Guten Tag, Nikolaj Ivanyč! *Nickt allen zu.* Guten Tag, meine Herrschaften!

TRILECKIJ *nimmt ihr den Umhang ab* Ich nehme Ihnen das ab ... Sind Sie gesund und munter? Noch einmal guten Tag! *Küßt ihr die Hand.* Wie geht es?

GREKOVA Wie immer ... *Wird verlegen und setzt sich auf den erstbesten Stuhl.* Ist Anna Petrovna zu Hause?

TRILECKIJ Ja. *Setzt sich neben sie.*

GLAGOLJEV I Guten Tag, Marja Efimovna!

IVAN IVANOVIČ Das ist Marja Efimovna? Ich hätte Sie kaum erkannt! *Geht auf die Grekova zu und küßt ihr die Hand.* Ich habe das Glück, Sie zu sehen ... Äußerst angenehm ...

GREKOVA Guten Tag, Ivan Ivanyč! *Räuspert sich.* Es ist schrecklich heiß ... Küssen Sie mir bitte nicht die Hand ... Es ist mir so peinlich ... Ich mag nicht ...

PLATONOV *geht auf die Grekova zu* Habe die Ehre Sie zu begrüßen! ... *Will ihr die Hand küssen.* Wie gehts? Geben Sie mir doch Ihre Hand!

GREKOVA *zieht die Hand zurück* Nicht nötig ...

PLATONOV Warum? Bin ich ihrer unwürdig?

GREKOVA Ich weiß nicht, ob Sie würdig sind oder nicht, aber ... Sie meinen es doch nicht ehrlich?

PLATONOV Nicht ehrlich? Woher wissen Sie, daß es nicht ehrlich gemeint ist?

GREKOVA Sie hätten mir die Hand nicht küssen wollen, wenn ich nicht gesagt hätte, daß ich diese Küsserei nicht mag ... Sie machen überhaupt immer das, was ich nicht mag.

PLATONOV Gleich auch noch die Schlußfolgerung!

TRILECKIJ *zu Platonov* Geh!

PLATONOV Sofort ... Was macht Ihr Wanzenäther, Marja Efimovna?

GREKOVA Was für Äther?

PLATONOV Ich habe gehört, Sie gewinnen Äther aus Wanzen ... Sie wollen die Wissenschaft bereichern ... Eine gute Tat!

GREKOVA Immer müssen Sie scherzen ...

TRILECKIJ Ja, er scherzt ... Sie sind also gekommen, Marja Efimovna ... Wie geht es Ihrer Frau maman?

PLATONOV Wie rosig Sie aussehen! Ihnen muß heiß sein!

GREKOVA *steht auf* Weshalb sagen Sie mir das alles?

PLATONOV Ich möchte mit Ihnen reden ... Wir haben uns lange nicht mehr unterhalten. Warum werden Sie böse? Wann endlich werden Sie aufhören, mir böse zu sein?

GREKOVA Ich merke, daß Ihnen nicht wohl ist, wenn Sie mich sehen ... Ich weiß nicht, was Sie an mir stört, aber ... Ich tue Ihnen das Vergnügen und gehe Ihnen nach Möglichkeit aus dem Wege ... Wenn Nikolaj Ivanyč mir nicht sein Ehrenwort gegeben hätte, daß Sie nicht hier sein würden, wäre ich nicht gekommen ... *Zu Trileckij.* Sie sollten sich schämen zu lügen!

PLATONOV Du solltest dich schämen zu lügen, Nikolaj! *Zur Grekova.* Sie fangen ja an zu weinen ... Weinen Sie ruhig! Tränen bringen manchmal Erleichterung ...

GREKOVA *geht schnell zur Tür, wo sie auf Anna Petrovna stößt.*

Auftritt XI

Die Vorigen und Anna Petrovna.

TRILECKIJ *zu Platonov* Das war dumm ... dumm! Verstehst du? Noch ein Mal, und ... wir sind Feinde!

PLATONOV Was hast denn du damit zu tun?

TRILECKIJ Es war dumm! Du weißt nicht, was du tust!

GLAGOJLEV I Es war hart, Michail Vasiljič!

ANNA PETR. Marja Efimovna! Wie ich mich freue! *Drückt der*

Grekova die Hand. Ich freue mich sehr! Sie sind so selten bei mir zu Gast ... Sie sind gekommen, und dafür liebe ich Sie ... Setzen wir uns ... *Sie setzen sich.* Ich freue mich sehr ... Dank Nikolaj Ivanyč ... Er hat sich die Mühe gemacht und Sie aus Ihrem Dorf herausgebettelt ...

TRILECKIJ *zu Platonov* Und wenn ich sie liebe, mal angenommen?

PLATONOV Lieb sie ... Tu mir den Gefallen!

TRILECKIJ Du weißt nicht, was du redest!

ANNA PETR. Wie geht es Ihnen, meine Gute?

GREKOVA Ich danke.

ANNA PETR. Sie sind müde ... *Sieht ihr ins Gesicht.* Zwanzig Verst zu fahren, ohne es gewohnt zu sein, ist keine Kleinigkeit ...

GREKOVA Nein ... *Hält sich das Taschentuch vor die Augen und weint.* Nein ...

ANNA PETR. Was ist Ihnen, Marja Efimovna? *Pause.*

GREKOVA Nein ...

TRILECKIJ *geht auf der Bühne auf und ab.*

GLAGOLJEV I *zu Platonov* Sie müssen sich entschuldigen, Michail Vasiljič!

PLATONOV Wofür?

GLAGOLJEV I Das fragen Sie noch?! Sie waren roh ...

SAŠA *geht auf Platonov zu* Sprich dich mit ihr aus, sonst gehe ich! ... Entschuldige dich!

ANNA PETR. Ich habe ebenfalls die Angewohnheit, nach einer Reise zu weinen ... das zerrt an den Nerven! ...

GLAGOLJEV I Also ... Ich will es! So etwas Häßliches! Das hätte ich von Ihnen nicht erwartet!

SAŠA Entschuldige dich, sage ich dir! Gewissenloser Mensch!

ANNA PETR. Ich verstehe ... *Schaut Platonov an.* Er hat es schon geschafft ... Entschuldigen Sie, Marja Efimovna. Ich habe vergessen, mit ihm zu reden, mit diesem ... diesem ... Ich bin schuld ...

PLATONOV *geht auf die Grekova zu* Marja Efimovna!

GREKOVA *hebt den Kopf* Was wünschen Sie?

PLATONOV Ich möchte mich entschuldigen ... Ich bitte öffentlich um Verzeihung ... Ich brenne vor Scham auf fünfzig Scheiterhaufen! ... Geben Sie mir die Hand ... Ich schwöre bei meiner Ehre, ich meine es ehrlich. *Nimmt ihre Hand.* Frieden ...

Lösen wir uns nicht in Tränen auf ... Frieden? *Küßt ihr die Hand.*

GREKOVA Frieden. *Hält sich das Taschentuch vors Gesicht und läuft hinaus.*

TRILECKIJ *folgt ihr.*

Auftritt XII

Die Vorigen, außer der Grekova und Trileckij.

ANNA PETR. Ich hätte nicht gedacht, daß Sie sich das herausnehmen ... Sie!

GLAGOLJEV 1 Behutsamkeit, Michail Vasiljič, um Gottes willen Behutsamkeit!

PLATONOV Genug jetzt. *Setzt sich auf den Divan.* Gott hab sie selig ... Ich habe die Dummheit begangen, überhaupt mit ihr zu reden, und diese Dummheit ist es nicht wert, daß man lange darüber redet ...

ANNA PETR. Weshalb ist Trileckij ihr nachgegangen? Nicht alle Frauen mögen es, wenn man ihre Tränen sieht.

GLAGOLJEV 1 Ich verehre diese Feinfühligkeit an den Frauen ... Sie haben doch nichts Besonderes ... zu ihr gesagt, scheint mir, aber ... Nur ein Wink, ein kleines Wort ...

ANNA PETR. Es ist nicht schön, Michail Vasiljič, es ist nicht schön.

PLATONOV Ich habe mich entschuldigt, Anna Petrovna.

Es kommen Vojnicev, Sofja Egorovna und Vengerovič 2.

Auftritt XIII

Die Vorigen, Vojnicev, Sofja Egorovna, Vengerovič 2 und dann Trileckij.

VOJNICEV *stürzt herein* Sie kommt, sie kommt! *Singt.* Sie kommt!

VENGEROVIČ 2 *bleibt an der Tür stehen, die Arme über der Brust gekreuzt.*

ANNA PETR. Endlich hat Sophie genug von dieser unerträglichen Hitze! Seien Sie willkommen!

PLATONOV *beiseite* Sofja! Himmlischer Schöpfer, hat sie sich verändert!

SOFJA EGOR. Ich habe mich so verschwatzt mit Monsieur Vengerovič, daß ich die Hitze völlig vergessen hatte ... *Setzt sich auf den Divan, eine Elle von Platonov entfernt.* Ich bin entzückt von unserem Garten, Sergej.

GLAGOLJEV I *setzt sich neben Sofja Egorovna* Sergej Pavlovič!

VOJNICEV Sie befehlen?

GLAGOLJEV I Liebster Freund, Sofja Egorovna hat mir ihr Wort gegeben, daß Sie am Donnerstag alle zu mir kommen werden.

PLATONOV *beiseite* Sie hat mich angeschaut!

VOJNICEV Und wir werden dieses Wort auch halten. Wir rollen mit der ganzen Kompanie bei Ihnen an ...

TRILECKIJ *kommt* Oh Frauen, Frauen! sagt Shakespeare und sagte die Unwahrheit. Er hätte sagen sollen: ach ihr Frauen, Frauen!

ANNA PETR. Wo ist Marja Efimovna?

TRILECKIJ Ich habe sie in den Garten begleitet. Soll sie dort ihren Kummer loswerden.

GLAGOLJEV I Sie waren noch kein einziges Mal bei mir, Sofja Egorovna! Bei mir wird es Ihnen, hoffe ich, gefallen ... Der Garten ist noch schöner als Ihrer, ein tiefer Fluß, gute Pferde sind da ... *Pause.*

ANNA PETR. Schweigen ... Jetzt ist ein Dummkopf zur Welt gekommen. *Gelächter.*

SOFJA EGOR. *leise zu Glagoljev, zu Platonov hinübernickend* Wer ist das? Der hier, der neben mir sitzt!

GLAGOLJEV I *lacht* Das ist unser Lehrer ... Seinen Familiennamen kenne ich nicht.

BUGROV *zu Trileckij* Sagen Sie mir gütigst, Nikolaj Ivanyč, können Sie alle Krankheiten heilen oder nicht alle?

TRILECKIJ Alle.

BUGROV Auch die sibirische Pest?

TRILECKIJ Auch die sibirische Pest.

BUGROV Und wenn einen ein tollwütiger Hund beißt, können Sie das auch?

TRILECKIJ Hat Sie einer gebissen? *Geht von ihm weg.*

BUGROV *wird verlegen* Gott bewahre! Nikolaj Ivanyč! Christus mit Ihnen! *Gelächter.*

ANNA PETR. Wie fährt man zu Ihnen, Porfirij Semënyč? Über Jusnovka?

GLAGOLJEV I Nein ... Das ist ein Umweg, wenn Sie über Jusnovka fahren. Fahren Sie direkt nach Platonovka. Ich wohne fast in Platonovka, zwei Verst davon entfernt.

SOFJA EGOR. Ich kenne dieses Platonovka. Das gibt es immer noch?

GLAGOLJEV I Aber sicher ...

SOFJA EGOR. Ich war einmal mit dem Besitzer bekannt, mit Platonov. Sergej, du weißt nicht, wo dieser Platonov jetzt ist?

PLATONOV *beiseite* Wenn sie doch mich fragte, wo er ist.

VOJNICEV Ich glaube, ich weiß es. Kannst du dich nicht mehr an seinen Vornamen erinnern? *Lacht.*

PLATONOV Ich habe ihn auch einmal gekannt. Mit Vor- und Vatersnamen heißt er, glaube ich, Michail Vasiljevič. *Gelächter.*

SOFJA EGOR. Ja, ja ... Er heißt Michail Vasiljevič. Als ich mit ihm bekannt war, war er noch Student, fast ein kleiner Junge ... Sie lachen, meine Herrschaften ... Ich finde wirklich nichts witzig an meinen Worten ...

ANNA PETR. *lacht schallend und zeigt auf Platonov* Erkennen Sie ihn schon endlich, er platzt ja noch vor Ungeduld!

PLATONOV *erhebt sich.*

SOFJA EGOR. *erhebt sich und betrachtet Platonov* Ja ... er. Warum schweigen Sie, Michail Vasiljič! Das sind doch nicht ... Sie?

PLATONOV Sie erkennen mich nicht, Sofja Egorovna? Ist ja auch kein Wunder. Viereinhalb Jahre sind es her, fast fünf, und keine Ratten der Welt könnten ein menschliches Gesicht so gründlich zerfressen wie die letzten fünf Jahre, die ich erlebt habe.

SOFJA EGOR. *gibt ihm die Hand* Allmählich erkenne ich Sie wieder. Wie haben Sie sich verändert!

VOJNICEV *führt Sofja Egorovna zu Saša* Und das, darf ich vorstellen, ist seine Frau! ... Aleksandra Ivanovna, Schwester des Geistreichsten unter den Menschen – Nikolaj Ivanyč!

SOFJA EGOR. *gibt Saša die Hand* Sehr angenehm. *Setzt sich.* Verheiratet sind Sie also auch schon! ... Schon lange? Übrigens, die fünf Jahre ...

ANNA PETR. Ein Prachtkerl, Platonov! Niemanden besucht er,

aber kennt alle und jeden. Sophie, er ist unser Freund, wenn ich vorstellen darf.

PLATONOV Diese üppige Vorstellung gibt mir das Recht zu der Frage, Sofja Egorovna, wie es Ihnen so im allgemeinen geht. Wie ist Ihr Befinden?

SOFJA EGOR. Im allgemeinen geht es mir sehr erträglich, mit meinem Befinden dagegen ist es nicht so weit her. Und Ihnen? Was tun Sie zur Zeit?

PLATONOV Mit mir hat das Schicksal etwas gespielt, was ich nie hätte glauben können, damals, als Sie in mir noch einen zweiten Byron sahen und ich in mir einen künftigen Minister für irgendwelche besonderen Angelegenheiten, und einen Christoph Columbus. Ich bin Schullehrer, Sofja Egorovna, nichts weiter ...

SOFJA EGOR. Sie?

PLATONOV Ja, ich ... *Pause.* Auch wenn es ein bißchen merkwürdig ist ...

SOFJA EGOR. Unwahrscheinlich! Warum nur ... Warum nicht mehr?

PLATONOV Mit einem einzigen Satz, Sofja Egorovna, ist Ihre Frage nicht zu beantworten ... *Pause.*

SOFJA EGOR. Die Universität haben Sie aber doch wenigstens abgeschlossen?

PLATONOV Nein. Ich habe es aufgegeben.

SOFJA EGOR. Hm. Aber das hindert Sie nicht, ein Mensch zu sein?

PLATONOV Pardon ... Ich verstehe Ihre Frage nicht.

SOFJA EGOR. Ich habe mich unklar ausgedrückt. Es hindert Sie nicht, ein Mensch zu sein ... tätig zu sein, will ich sagen, auf dem Gebiete ... nun, zum Beispiel der Freiheit, der Frauenemancipation ... Es hindert Sie nicht, Diener der Idee zu sein?

TRILECKIJ *beiseite* Jetzt geht das Geschwätz los!

PLATONOV *beiseite* Achso! Hm ... *Zu ihr.* Wie soll ich es Ihnen sagen? Bestimmt hindert es mich nicht, aber ... wieso eigentlich hindern? *Lacht.* Mich kann nichts hindern ... Ich bin ein ruhender Stein. Ruhende Steine sind dazu da, um ihrerseits zu behindern ... *Ščerbuk kommt.*

Auftritt XIV

Die Vorigen und Ščerbuk.

ŠČERBUK *in der Tür* Gib den Pferden keinen Hafer: dann laufen sie schlecht!

ANNA PETR. Hurra! Mein Kavalier ist da!

ALLE Pavel Petrovič!

ŠČERBUK *küßt Anna Petrovna und Saša schweigend die Hand, verbeugt sich schweigend vor den Männern, vor jedem einzeln und dann noch einmal vor allen gemeinsam.* Meine Freunde! Sagen Sie mir unwürdigem Subjekt, wo ist die Person, die meine Seele zu sehen begehrt? Ich habe einen Verdacht und glaube, diese Person ist – sie! *Zeigt auf Sofja Egorovna.* Anna Petrovna, gestatten Sie, daß ich Sie bitte, mich ihr vorzustellen, damit sie weiß, was für ein Mensch ich bin!

ANNA PETR. *nimmt ihn am Arm und führt ihn zu Sofja Egorovna* Gardekornett im Ruhestand Pavel Petrovič Ščerbuk!

ŠČERBUK Und was die Gefühle betrifft?

ANNA PETR. Ach ja ... Unser Freund, Nachbar, Kavalier, Gast und Kreditgeber.

ŠČERBUK In der Tat! Erster und bester Freund Seiner Exzellenz des seligen Herrn General! Unter seiner Führung nahm ich die Festungen, die Frauenpolonaise genannt werden. *Verbeugt sich.* Darf ich um Ihre Hand bitten!

SOFJA EGOR. *streckt ihm die Hand hin und zieht sie zurück* Sehr angenehm, aber ... das ist nicht nötig.

ŠČERBUK Das ist kränkend ... Ihren Herrn Gatten habe ich auf dem Arm getragen, als er noch zu Fuß unter dem Tisch entlangspazierte... Ich habe ein Andenken von ihm, und dies Andenken werde ich ins Grab mitnehmen. *Macht den Mund auf.* Da! Ein Zahn fehlt! Sehen Sie? *Gelächter.* Ich hielt ihn auf dem Arm, und er, Serëženka, erteilte mir mit der Pistole, mit der er zu spielen geruhte, eine Reprimande zwischen die Zähne. He, he, he ... Der Schelm! Sie, Matuška, ich habe nicht die Ehre, Ihren Vor- und Vatersnamen zu kennen, müssen ihn kurz halten. Ihre Schönheit erinnert mich an ein Bild ... Nur das Näschen ist anders ... Geben Sie mir Ihr Händchen nicht?

PETRIN *setzt sich zu Vengerovič 1 und liest ihm laut aus der Zeitung vor.*

SOFJA EGOR. *streckt ihm die Hand hin* Wenn das so ist...

ŠČERBUK *küßt ihr die Hand* Merci Ihnen! *Zu Platonov.* Was macht die Gesundheit, Mišenka? Prächtig, wie du dich herausgemacht hast! *Setzt sich.* Ich habe dich zu der Zeit gekannt, als du noch mit staunenden Augen in Gottes Welt blicktest ... Und er wächst und wächst ... Tfu! um ihn nicht zu verhexen! Prachtkerl! Eine Schönheit! Weshalb gehst du Cupido nicht unter die Soldaten?

PLATONOV Ich habs auf der Brust, Pavel Petrovič!

ŠČERBUK *zeigt auf Trileckij* Hat er das gesagt? Wenn du ihm glaubst, diesem Tagedieb, hast du auf einmal keinen Kopf mehr!

TRILECKIJ Bitte spotten Sie nicht, Pavel Petrovič!

ŠČERBUK Er hat mich am Kreuz behandelt ... Das darfst du nicht essen, jenes nicht, nicht auf dem Fußboden schlafen ... Na, und er hat es nicht auskuriert. Ich frage ihn: »Wofür nimmst du mir Geld ab, wo du mich gar nicht kuriert hast?« Und er sagt: »Eins von beidem«, sagt er, »entweder kurieren oder Geld abnehmen.« Ein Prachtkerl, wie?

TRILECKIJ Was sollen diese Lügen, Velzevul Bucephalovič? Wieviel Geld haben Sie mir gegeben, gestatten Sie die Frage? Erinnern Sie sich mal, ich war sechsmal bei Ihnen und habe insgesamt einen Rubel bekommen, und noch dazu einen ganz abgewetzten Rubel. Ich hab ihn einem Bettler geben wollen, aber der Bettler hat ihn nicht angenommen. »So abgewetzt«, sagt er, »ist nicht mal mehr die Zahl zu sehen.«

ŠČERBUK Und die sechs Mal warst du bei mir, nicht weil ich krank war, sondern wegen der Tochter meines Pächters, die hatte quelque chose.

TRILECKIJ Platonov, du sitzt ihm am nächsten ... Klatsch ihm in meinem Namen eins auf die Glatze! Sei so lieb!

ŠČERBUK Laß mich! Genug jetzt. Reize nicht den schlafenden Löwen! Ich bin noch jung, auch wenn mans nicht sieht! *Zu Platonov.* Dein Vater war ebenfalls ein Prachtkerl! Wir waren große Freunde. Ein Filou war er! Solche Schlawiner wie uns damals gibt es heute nicht mehr ... Ach! Die Zeiten sind vorbei ... *Zu Petrin.* Gerasja! Fürchte den Allmächtigen! Wir unterhalten uns hier, und du liest laut! Etwas mehr délicatesse!

PETRIN *fährt mit dem Lesen fort.*

SAŠA *gibt Ivan Ivanovič einen Stoß gegen die Schulter* Papa! Papa, wie kannst du hier schlafen! Schäm dich!

IVAN IVANOVIČ *wacht auf und schläft eine Minute später wieder ein.*

ŠČERBUK Nein ... Ich kann nicht sprechen! ... *Steht auf.* Hören Sie ihm zu ... Er liest!

PETRIN *steht auf und geht auf Platonov zu* Was haben Sie gesagt?

PLATONOV Absolut nichts ...

PETRIN Doch, Sie haben etwas gesagt ... Sie haben etwas über Petrin gesagt.

PLATONOV Das müssen Sie geträumt haben ...

PETRIN Sie üben an mir Kritik?

PLATONOV Nichts habe ich gesagt! Ich versichere Sie, das haben Sie geträumt!

PETRIN Sie können sagen, soviel Sie wollen ... Petrin ... Petrin ... Was ist mit Petrin? *Steckt die Zeitung in die Tasche.* Petrin hat, glaube ich, die Universität absolviert, ist Kandidat der Rechte, glaube ich, ... Ist Ihnen das bekannt? ... Mein akademischer Grad bleibt mir bis ins Grab ... So ist das. Hofrat ... Ist Ihnen das bekannt? Und ich habe länger gelebt als Sie. Ich lebe nun Gott sei Dank schon im sechsten Jahrzehnt.

PLATONOV Sehr angenehm, aber ... was schließen Sie daraus?

PETRIN Leben Sie einmal so lange, mein Bester, dann werden Sie es schon sehen! Ein Leben leben ist kein Scherz! Das Leben zehrt an einem ...

PLATONOV *zuckt die Achseln* Ich weiß wirklich nicht, was Sie damit sagen wollen, Gerasim Kuzmič ... Ich verstehe Sie nicht ... Erst reden Sie von sich, dann kommen Sie auf das Leben zu sprechen ... Was haben Sie schon mit dem Leben gemein?

PETRIN Wenn das Leben Sie gebrochen, tüchtig durchgeschüttelt hat, dann werden auch Sie die jungen Menschen nicht mehr ohne Vorbehalt sehen ... Das Leben, gnädiger Herr ... Was ist das, das Leben? Das! Wenn ein Mensch geboren wird, so wird er einen dieser drei Lebenswege beschreiten, außer denen es keine gibt: gehst du nach rechts – fressen dich die Wölfe, gehst du nach links – frißt du die Wölfe, gehst du geradeaus – frißt du dich selbst.

PLATONOV Was Sie nicht sagen ... Hm ... Zu diesem Schlusse sind Sie auf dem Wege der Wissenschaft gelangt, der Empirie?

PETRIN Ja, auf dem Wege der Empirie.

PLATONOV Auf dem Wege der Empirie ... *Lacht.* Das, verehrter Gerasim Kuzmič, erzählen Sie einem anderen, nicht mir ... Überhaupt möchte ich Ihnen raten, mit mir nicht über solche hohe Materia zu reden ... Ich muß darüber lachen und kann es nicht glauben, bei Gott. Ich glaube nicht an Ihre selbstgebastelte Greisenweisheit! Ich glaube nicht daran, Freunde meines Vaters, zutiefst, zu offen mißtraue ich euren einfachen Reden über schwierige Dinge, allem, worauf ihr mit eurem eigenen Verstand gekommen seid!

PETRIN Tja ... In der Tat ... Aus einem jungen Bäumchen kann man alles machen: ein Haus, ein Schiff, alles ... ein alter, ausgewachsener und hoher Baum, der taugt zu nichts ...

PLATONOV Ich meine nicht die Greise allgemein; ich meine die Freunde meines Vaters.

GLAGOLJEV I Auch ich war ein Freund Ihres Vaters, Michail Vasiljič!

PLATONOV Er hatte ja so wenig Freunde ... Manchmal stand der ganze Hof voller Kutschen und Wagen.

GLAGOLJEV I Nein ... Aber Sie glauben also auch mir nicht? *Lacht schallend.*

PLATONOV Hm ... Wie soll ich es Ihnen sagen? ... Auch an Sie, Porfirij Semënovič glaube ich eigentlich nicht.

GLAGOLJEV I Ja? *Streckt ihm die Hand hin.* Danke für die Offenheit, mein Lieber. Für Ihre Offenheit bin ich Ihnen noch mehr verbunden.

PLATONOV Sie sind ein lieber Mensch. Ich verehre Sie sogar sehr, aber ... aber ...

GLAGOLJEV I Bitte sprechen Sie!

PLATONOV Aber ... aber man muß schon viel Zutrauen haben, um an all die soliden Starodumovs à la Fonvizin zu glauben, all die zuckrigen Milonovs, die ihr Leben lang mit den Skotinins und Prostakovs aus einer Schüssel gegessen haben, an all die Satrapen, die nur deshalb heilig sind, weil sie weder Böses noch Gutes tun. Bitte seien Sie mir nicht böse!

ANNA PETR. Ich mag solche Unterhaltungen nicht, und schon gar nicht, wenn Platonov sie führt ... Sie gehen immer schlecht aus. Michail Vasiljič, ich stelle Ihnen unseren neuen Bekannten vor! *Zeigt auf Vengerovič 2.* Isaak Abramovič Vengerovič, Student ...

PLATONOV Ah ... *Steht auf und geht auf Vengerovič 2 zu.* Sehr angenehm. Freut mich sehr. *Streckt ihm die Hand hin.* Ich würde viel geben für das Recht, mich wieder Student nennen zu dürfen ... *Pause.* Ich reiche Ihnen die Hand ... Nehmen Sie sie oder geben Sie mir die Ihre ...

VENGEROVIČ 2 Ich tue weder das eine noch das andere ...

PLATONOV Was?

VENGEROVIČ 2 Ich gebe Ihnen meine Hand nicht.

PLATONOV Ein Rätsel ... Und warum nicht?

ANNA PETR. *beiseite* Zum Teufel!

VENGEROVIČ 2 Weil ich Grund dazu habe. Ich verachte Menschen wie Sie!

PLATONOV Bravissimo ... *Mustert ihn.* Ich würde Ihnen sagen, das gefällt mir schrecklich, wenn das nicht Ihren Ehrgeiz kitzeln würde, den Sie sich für später aufheben müssen ... *Pause.* Sie schauen mich an wie der Riese einen Pygmäen. Vielleicht sind Sie tatsächlich ein Riese.

VENGEROVIČ 2 Ich bin ein ehrlicher Mensch und kein banaler Tropf.

PLATONOV Wozu ich Ihnen gratuliere ... Es wäre merkwürdig, in einem jungen Studenten einen unehrlichen Menschen zu sehen ... Aber niemand fragt nach Ihrer Ehre ... Sie geben mir die Hand nicht, junger Mann?

VENGEROVIČ 2 Ich vergebe keine Almosen.

TRILECKIJ *zischt.*

PLATONOV Also nicht? Ihre Sache ... Ich rede vom Anstand, nicht von Almosen ... So sehr verachten Sie mich?

VENGEROVIČ 2 So sehr es einem Menschen möglich ist, der aus tiefstem Herzen Banalität, Schmarotzertum und Gaunereien haßt ...

PLATONOV *seufzt* So lange hab ich solche Worte nicht mehr gehört ... Sie erinnern mich an die melodischen Lieder der Kutscher ... Auch ich war einmal Meister im Sprücheklopfen ... Nur sind das leider alles Phrasen ... Liebenswerte Phrasen, aber eben Phrasen ... Wenn nur ein klein bißchen Ehrlichkeit darin wäre ... Falsche Töne haben eine schreckliche Wirkung auf ungeübte Ohren ...

VENGEROVIČ 2 Sollten wir dieses Gespräch nicht besser lassen?

PLATONOV Wieso? Man hört uns gerne zu, und wir sind noch weit davon entfernt, einander auf die Nerven zu fallen ... Reden wir in dem Sinne ruhig noch ein bißchen weiter ... *Vasilij stürzt herein, gefolgt von Osip.*

Auftritt XV

Die Vorigen und Osip.

OSIP *kommt* Hm ... Habe die Ehre und das Vergnügen, Euer Exzellenz zu Ihrer Ankunft zu beglückwünschen ... *Pause.* Ich wünsche Ihnen alles, was Sie von Gott sich wünschen. *Gelächter.*

PLATONOV Wen sehe ich? Gevatter des Teufels! Schrecklichster unter den Menschen! Fürchterlichster unter den Sterblichen!

ANNA PETR. Sagt mir bloß! Der hat noch gefehlt! Weshalb bist du gekommen?

OSIP Um Sie zu begrüßen.

ANNA PETR. Das war nötig. Hau ab!

PLATONOV Bist du es, dräuendes Entsetzen, das da lauert Tag und Nacht! Ich hab dich lange nicht gesehen, Menschenmörder, Antichrist! Nun, Freund? Laß dich hören! Vernehmen wir den großen Osip!

OSIP *verbeugt sich* Ich wünsche Glück zu Ihrer Ankunft, Euer Exzellenz! Sergej Pavlyč! Glück den Jungvermählten! Geb Gott, daß alles ... in der Familie sich zum Besten wendet! Gebs Gott!

VOJNICEV Danke! *Zu Sofja Egorovna.* Das, Sophie, darf ich vorstellen, ist der Popanz von Vojnicevo!

ANNA PETR. Halten Sie ihn nicht zurück, Platonov! Er soll gehen! Ich bin ihm böse! *Zu Osip.* Du sagst in der Küche, sie sollen dir etwas zu essen geben ... Was für bestialische Augen. Hast du uns den Winter über viel Holz gestohlen?

OSIP *lacht* Drei, vier Bäumchen ... *Gelächter.*

ANNA PETR. *lacht* Du lügst, mehr! Sogar eine Uhrkette hat er! Sagt mir bloß! Ist die Kette aus Gold? Gestatten Sie die Frage, mein Herr, wie spät ist es?

OSIP *sieht zur Wanduhr* Zweiundzwanzig Minuten nach eins ... Gestatten Sie, daß ich Ihr Händchen küsse?

ANNA PETR. *hält ihm die Hand an die Lippen* Na, küß sie schon ...

OSIP *küßt ihr die Hand* Ich danke Ihnen, Euer Exzellenz, für Ihr Mitgefühl. *Verbeugt sich.* Wofür halten Sie mich, Michail Vasiljič?

PLATONOV Ich fürchte, dann gehst du nicht. Ich liebe dich, mein Guter. Was für ein Prachtkerl, zum Teufel! Auf welche Weise, kluger Mann, bist du eigentlich hier hereingekommen?

OSIP Ich bin dem Trottel hinterher, Vasilij, und auf einmal stand ich hier.

PLATONOV Der Kluge rennt dem Trottel nach, nicht umgekehrt! Ich habe die Ehre vorzustellen, meine Herrschaften! Ein hochinteressantes Subjekt. Eines der interessantesten blutrünstigen Tiere aus dem zoologischen Museum der Gegenwart! *Führt Osip überall herum.* Allen und jedem bekannt als Osip, Pferdedieb, Parasit, Mörder und Dieb. Geboren in Vojnicevka, raubt und mordet in Vojnicevka und wird in Vojnicevka auch vor die Hunde gehen. *Gelächter.*

OSIP *lacht* Sie sind ein merkwürdiger Mensch, Michail Vasiljič!

TRILECKIJ *mustert Osip* Was ist dein Beruf, Bester?

OSIP Diebstahl.

TRILECKIJ Hm ... ein interessanter Beruf ... Was bist du bloß für ein Zyniker!

OSIP Was bedeutet Zyniker?

TRILECKIJ Zyniker ist ein griechisches Wort, das, in deine Sprache übersetzt, bedeutet: ein Schwein, das will, daß alle Welt weiß, daß es ein Schwein ist.

PLATONOV Er lächelt, Götter! Was für ein Lächeln! Und das Gesicht, das Gesicht! In diesem Gesicht stecken einhundert Pud Eisen! Das ist nicht so schnell an einem Stein zu zerschlagen! *Führt ihn vor den Spiegel.* Hier, schau dich mal an, Ungeheuer! Siehst du? Und das erstaunt dich nicht einmal?

OSIP Ein ganz gewöhnlicher Mensch! Noch weniger sogar ...

PLATONOV Wie bitte? Kein Recke? Kein Ilja Muromec? *Klopft ihm auf die Schulter.* Oh, tapferer, siegreicher Reuße! Was bedeuten wir schon heutzutage noch? Wir drücken uns in den Ecken herum, unter winzig kleinen Menschen, Parasiten, wissen nicht, wo wir hingehören ... Wir brauchen die Wüste,

Ritter, Recken mit einhundert Pud schweren Köpfen, mit Sporen, mit gellendem Pfiff! Würdest du den Räuber Solovej in den Erdboden stampfen? hm?

OSIP Wer kennt den schon!

PLATONOV Du würdest es! Du hast doch Kraft in den Knochen! Das sind keine Muskeln, das sind Taue! A propos, warum bist du eigentlich nicht in Sibirien?

ANNA PETR. Hören Sie auf, Platonov! Wirklich, ich habe genug!

PLATONOV Hast du wenigstens schon mal im Knast gesessen, Osip?

OSIP Das kommt vor ... Ich sitze jeden Winter.

PLATONOV So ists recht ... Da ist es kalt im Wald – gehn wir eben in den Knast. Aber warum bist du nicht in Sibirien?

OSIP Ich weiß nicht ... Lassen Sie mich, Michail Vasiljič!

PLATONOV Du bist nicht von dieser Welt? Du stehst jenseits von Zeit und Raum? Du stehst über Sitten und Gesetz?

OSIP Erlauben Sie ... Im Gesetz steht geschrieben, daß du nur dann nach Sibirien kommst, wenn man dir was nachweisen kann oder dich auf frischer Tat ertappt ... Jeder, sagen wir, weiß, daß ich, sagen wir, ein Dieb und Räuber bin *lacht*, aber nicht jeder kann mir das nachweisen ... Hm ... feige ist das Volk heute, dumm, will sagen nicht klug ... Es hat Angst vor allem und jedem ... Na, und auch davor, mir was zu beweisen ... Es könnte mich in die Verbannung schicken, aber vom Gesetz keine Ahnung ... Und Angst vor allem und jedem ... Ein Esel ist das Volk, mit einem Wort ... Alle schmeicheln sich heimlich beim Artel ein ... Ein widerliches Volk, ein Lumpenpack ... Ungebildet ... Und so einem Volk was tun ist nicht schade ...

PLATONOV Wie er daherredet, der Schurke! Da ist er selber draufgekommen, die widerliche Bestie! Und auch noch eine Theorie entwickeln ... *Seufzt.* Was für Schweinereien werden noch möglich sein in Rußland! ...

OSIP Ich denke nicht als einziger so, Michail Vasiljič! Alle denken heute so. Nehmen Sie zum Beispiel Abram Abramyč ...

PLATONOV Ja, der steht auch über dem Gesetz ... Jeder weiß es, aber niemand tritt den Beweis an.

VENGEROVIČ I Mich, finde ich, könnten Sie in Frieden lassen ...

PLATONOV Über den ist auch nichts zu sagen. Er ist dein Ebenbild; der Unterschied besteht nur darin, daß er klüger ist als du und Glück hat wie ein Arkadenwächter. Ja, und ... ihm darf man es nicht ins Gesicht sagen, dir kann mans ... Erdbeeren vom selben Feld, aber ... Sechzig Gastwirtschaften, mein Freund, sechzig Gastwirtschaften, und du hast nicht mal sechzig Kopeken!

VENGEROVIČ I Dreiundsechzig Gastwirtschaften.

PLATONOV Und in einem Jahr sind es dreiundsiebzig ... Er tut Gutes, verteilt Essen an die Armen, wird von allen geachtet, alle ziehn vor ihm die Mütze, und du ... du bist ein großer Mann, aber ... zu leben, Bruder, das verstehst du nicht! Du verstehst nicht zu leben, du schädlicher Mensch!

VENGEROVIČ I Sie beginnen zu philosophieren, Michail Vasiljič! *Steht auf und setzt sich auf einen anderen Stuhl.*

PLATONOV Dieser Kopf hat Blitzableiter mehr als genug ... Der lebt in aller Ruhe noch einmal so lange wie er schon gelebt hat, wenn nicht noch länger, und stirbt ... und stirbt eines friedlichen Todes!

ANNA PETR. Hören Sie auf, Platonov!

VOJNICEV Friedlich, Michail Vasiljič! Osip, geh! Deine Anwesenheit reizt nur Platonovs Instinkte.

VENGEROVIČ I Er möchte mich von hier vertreiben, aber das wird ihm nicht gelingen.

PLATONOV Es wird mir gelingen! Und wenn es mir nicht gelingen sollte, gehe ich selbst.

ANNA PETR. Platonov, Sie wollen nicht aufhören? Machen Sie keine langen Umstände, sondern sagen Sie geradeheraus: hören Sie jetzt auf oder nicht?

SAŠA Schweig, um Gottes willen! *Leise.* Das gehört sich nicht! Du machst mir Schande!

PLATONOV *zu Osip* Hau ab! Ich wünsche dir von Herzen ein baldiges Verschwinden!

OSIP Marja Petrovna hat einen Papagei, der nennt alle Menschen und Hunde Idioten, aber sowie er einen Geier oder Abram Abramyč sieht, schreit er: »Wehe dir, Verfluchter!« *Lacht schallend.* Leben Sie wohl! *Geht ab.*

Auftritt XVI

Die Vorigen ohne Osip.

VENGEROVIČ I Wer außer Ihnen, junger Mann, würde es sich erlauben, mir die Leviten zu lesen, und noch dazu in dieser Form. Ich bin ein Bürger, und um die Wahrheit zu sagen, ein nützlicher Bürger ... Ich bin Familienvater, und Sie? Was sind Sie, junger Mensch? Entschuldigen Sie, ein Müßiggänger und Gutsbesitzer, der alles durchgebracht hat, der aber eine heilige Sache in die Hand genommen hat, wozu Sie, ein verdorbener Mensch, nicht das geringste Recht besitzen ...

PLATONOV Bürger ... Wenn Sie ein Bürger sind, dann ist das ein sehr schlechtes Wort! Ein Schimpfwort!

ANNA PETR. Er will nicht aufhören! Platonov, weshalb müssen Sie uns mit Ihrem Räsonieren den Tag vergiften? Weshalb müssen Sie diesen Unsinn reden? Und welches Recht haben Sie dazu?

TRILECKIJ Diese Immergerechten und Überehrlichen stiften nur Unfrieden ... Überall mischen sie sich ein, überall müssen sie mitreden, alles geht sie etwas an ...

GLAGOLJEV I Begonnen, meine Herrschaften, hat es mit dem werten Befinden, und enden wird es mit Mord und Totschlag.

ANNA PETR. Sie sollten nicht vergessen, Platonov, daß man sich als Gastgeberin in einer sehr peinlichen Lage befindet, wenn jemand seine Gäste beschimpft ...

VOJNICEV Das ist wahr, und deshalb ab sofort ein großes allgemeines Pssst ... Frieden, Eintracht und Stille!

VENGEROVIČ I Er läßt mich keinen Augenblick in Ruhe! Was habe ich ihm getan? Das ist Scharlatanerie!

VOJNICEV Pssst ...

TRILECKIJ Sollen sie sich doch beschimpfen! Um so lustiger für uns. *Pause.*

PLATONOV Wenn man sich so umschaut, kann man wirklich nur in Ohnmacht fallen! ... Und das Schlimmste ist, alles, was nur ein bißchen ehrlich und erträglich ist, schweigt, schweigt wie tot und schaut nur zu ... Alles schaut ihn verängstigt an, alles verneigt sich bis zur Erde vor diesem verfetteten, vergoldeten Emporkömmling, alles ist von Kopf bis Fuß von ihm abhängig! Und die Ehre – die ist zum Schornstein hinaus!

ANNA PETR. Beruhigen Sie sich, Platonov! Das ist wieder die Geschichte vom vorigen Jahr, ich ertrage das nicht!

PLATONOV *trinkt Wasser* In Ordnung. *Setzt sich.*

VENGEROVIČ I In Ordnung. *Pause.*

ŠČERBUK Ich bin ein Märtyrer, meine Freunde, ein Märtyrer!

ANNA PETR. Was gibt es denn schon wieder?

ŠČERBUK Es ist ein Leiden, meine Freunde! Lieber im Grabe liegen, als mit einer Natter von Frau zu leben! Es war wieder eine Materia! Sie hätte mich fast umgebracht vor einer Woche, gemeinschaftlich mit ihrem Teufel, ihrem rothaarigen Don Juan! Ich liege draußen unterm Apfelbaum und halte ein Nickerchen, ich träume, seh im Traum voll Neid die Bilder der Vergangenheit ... *Seufzt.* Plötzlich ... plötzlich schlägt mich jemand auf den Kopf! Herrgott! Ich denk, mein Ende ist gekommen! Erdbeben, Kampf der wilden Elemente, Sintflut, Feuerregen ... Ich öffne die Augen, und vor mir steht der Rothaarige ... Er packt mich um die Hüfte und schlägt mir mit Wucht auf die bewußte Stelle, dann klatsche ich zu Boden! Sie, die Böse, springt herzu ... Sie packt mich an meinem unschuldigen Bart *packt sich am Bart*, und das ist kein Vergnügen! *Haut sich auf die Glatze.* Sie hätten mich beinahe umgebracht ... Ich dachte, mein letztes Stündlein sei gekommen ...

ANNA PETR. Sie übertreiben, Pavel Petrovič ...

ŠČERBUK Dabei ist sie ein altes Weib, älter als Methusalem, nichts mehr dran an diesem alten Feuerhaken, und dann noch ... Liebe! Ach, diese Hexe! Dem Rothaarigen ist es nur recht. Mein Geld will er, nicht ihre Liebe ...

JAKOV *kommt herein und überreicht Anna Petrovna eine Visitenkarte.*

VOJNICEV Von wem ist das?

ANNA PETR. Hören Sie auf, Pavel Petrovič! *Liest.* »Comte Glagolief«. Wozu dieses Zeremoniell? Ich lasse bitten. *Zu Glagoljev 1.* Ihr Sohn, Porfirij Semënyč!

GLAGOLJEV I Mein Sohn? Woher kommt er denn? Er ist im Ausland! *Glagoljev 2 kommt.*

Auftritt XVII

Die Vorigen und Glagoljev 2.

ANNA PETR. Kirill Porfirjič! Wie nett von Ihnen!

GLAGOLJEV 1 *steht auf* Du, Kirill ... bist zurück? *Setzt sich.*

GLAGOLJEV 2 Guten Tag, Mesdames! Platonov, Vengerovič, Trileckij ... Auch der komische Platonov ist da ... Salut, meine Reverenz und Hochachtung! Es ist schrecklich heiß in Rußland ... Komme direkt aus Paris! Direkt aus französischen Landen! Pf-f ... Sie glauben mir nicht? Großes Ehrenwort eines Edelmannes! Ich habe zu Hause nur den Koffer abgesetzt ... Ja, Paris, meine Herrschaften! Das ist eine Stadt!

VOJNICEV Setzen Sie sich, Franzose!

GLAGOLJEV 2 Nein, nein, nein. Ich komme nicht als Gast, sondern nur so ... Ich wollte nur meinen Vater sehen ... *Zu seinem Vater.* Hör mal, was ist denn ich dich gefahren?

GLAGOLJEV 1 Was soll in mich gefahren sein?

GLAGOLJEV 2 Willst du Streit? Warum hast du mir kein Geld geschickt, als ich darum bat?

GLAGOLJEV 1 Darüber wollen wir zu Hause reden.

GLAGOLJEV 2 Warum hast du mir kein Geld geschickt? Willst du dich über mich lustigmachen? Soll das ein Scherz sein? Du machst Scherze? Meine Herrschaften, kann man im Ausland leben ohne Geld?

ANNA PETR. Wie ist es Ihnen in Paris ergangen? Setzen Sie sich, Kirill Porfirjič!

GLAGOLJEV 2 Seiner Gnade verdanke ich, daß ich mit nichts als einer Zahnbürste zurückkomme. Fünfunddreißig Telegramme habe ich ihm aus Paris geschickt! Warum hast du mir kein Geld geschickt, frage ich dich? Du wirst rot? Du schämst dich?

TRILECKIJ Bitte lassen Sie das Geschrei, Euer Erlaucht! Wenn Sie hier Geschrei anfangen, schicke ich Ihre Visitenkarte dem Untersuchungsrichter und ziehe Sie wegen unrechtmäßiger Aneignung des Grafentitels zur Verantwortung! So etwas gehört sich nicht!

GLAGOLJEV 1 Mach keinen Skandal, Kirill! Ich war der Meinung, sechstausend würden genügen. Beruhige dich.

GLAGOLJEV 2 Gib mir Geld, und ich fahre wieder! Gib es mir sofort! Sofort! Ich fahre! Schnell! Ich habs eilig!

ANNA PETR. Wohin haben Sie es so eilig? Sie kommen schon noch zurecht! Erzählen Sie uns lieber etwas von Ihrer Reise ...

JAKOV *kommt* Es ist angerichtet ...

ANNA PETR. Ja? In diesem Falle, meine Herrschaften, bitte zu Tisch!

TRILECKIJ Essen? Hurra-a-a! *Packt mit der einen Hand Sašas Arm, mit der anderen Glagoljev 2 und läuft.*

SAŠA Laß los, Kindskopf! Ich kann allein gehen!

GLAGOLJEV 2 Lassen Sie los! So eine Schweinerei! Ich liebe solche Scherze nicht! *Reißt sich los.*

Saša und Trileckij laufen hinaus.

ANNA PETR. *hakt sich bei Glagoljev 2 ein* Kommen Sie, Graf von Paris! Das ist doch kein Grund, gleich wildzuwerden! Abram Abramyč, Timofej Gordeič ... Ich bitte sehr! *Geht mit Glagoljev 2 ab.*

PLATONOV *reicht Sofja Egorovna den Arm* Sie gestatten? Sie machen so ein erstauntes Gesicht! Für Sie ist dies eine unbekannte Welt! Das ist die Welt *leiser* der Dummköpfe, Sofja Egorovna, der verstocktesten, trostlosesten, hoffnungslosesten Dummköpfe ... *Geht mit Sofja Egorovna ab.*

VENGEROVIČ 1 *zu seinem Sohn* Hast du es jetzt gesehen?

VENGEROVIČ 2 Ein origineller Schuft! *Geht mit seinem Vater ab.*

VOJNICEV *gibt Ivan Ivanovič einen Stoß* Ivan Ivanyč! Ivan Ivanyč! Zu Tisch!

IVAN IVANOVIČ *springt auf* Wie? Wer ist da?

VOJNICEV Niemand ... Kommen Sie zu Tisch!

IVAN IVANOVIČ Sehr schön, mein Lieber! *Geht mit Vojnicev und Ščerbuk ab.*

Auftritt XVIII

Petrin und Glagoljev 1.

PETRIN Willst du?

GLAGOLJEV 1 Ich bin nicht dagegen ... Das habe ich dir bereits gesagt!

PETRIN Mein Guter ... Du heiratest sie also bestimmt?

GLAGOLJEV I Ich weiß nicht, Bruder. Will sie denn noch?

PETRIN Und ob sie will! Strafe mich Gott, sie will!

GLAGOLJEV I Wer weiß? Man sollte sich dessen nicht so sicher sein ... Fremde Seele ist ein Rätsel. Aber wieso scherst du dich darum?

PETRIN Worum soll ich mich scheren, mein Lieber? Du bist ein guter Mensch, sie ist eine wunderbare Frau ... Willst du, daß ich mit ihr rede?

GLAGOLJEV I Ich werde selbst mit ihr reden. Sei du einstweilen still und ... wenn es geht, mach bitte keine Scherereien. Ich schaffe es schon allein mit dem Heiraten. *Geht ab.*

PETRIN *allein* Wenn er es nur schaffen würde! Heiliger Gott, versetze dich in meine Lage! ... Wenn die Generalin ihn heiratet, bin ich ein reicher Mann! Dann bekomme ich mein Geld auf die Wechsel! Dieser frohe Gedanke verschlägt mir sogar den Appetit. Es vermählen sich die Knechte Gottes Anna und Porfirij, oder richtiger Porfirij und Anna ... *Anna Petrovna kommt.*

Auftritt XIX

Petrin und Anna Petrovna.

ANNA PETR. Warum kommen Sie nicht zu Tisch?

PETRIN Anna Petrovna, Matuška, darf ich Ihnen einen kleinen Wink geben?

ANNA PETR. Geben Sie ihn mir, nur schnell, bitte ... Ich habe keine Zeit ...

PETRIN Hm ... Wollen Sie mir nicht ein bißchen Geld geben, Matuška?

ANNA PETR. Was ist das für ein Wink? Das ist alles andere als ein Wink. Wieviel brauchen Sie? Einen Rubel, zwei?

PETRIN Lösen Sie die Wechsel ein. Ich bin es leid, immerzu auf diese Wechsel zu starren ... Wechsel sind nichts als Trug, verschwommener Traum. Wechsel sagen einem: du wirst besitzen! In Wirklichkeit dagegen besitzt man nichts.

ANNA PETR. Sie reden immer noch von diesen sechzehntausend? Sie sollten sich schämen. Rührt sich nichts in Ihnen, wenn Sie ständig um diese Schuld betteln? Daß Sie sich nicht schämen!

Weshalb sollte ich Ihnen, einem alten Hagestolz, dies Geld zurückgeben, an dem die Sünde klebt?

PETRIN Deshalb, Matuška, weil es mir gehört.

ANNA PETR. Sie haben diese Wechsel meinem Mann entlockt, als er nicht nüchtern war, er war krank ... Erinnern Sie sich?

PETRIN Was soll das bedeuten, Matuška? Darum sind es ja Wechsel, weil auf sie Geld erbeten und gezahlt worden ist. Geld will verrechnet sein.

ANNA PETR. Gut, gut ... Schluß jetzt. Geld habe ich keins, und ich werde auch keins haben! Bittesehr, klagen Sie sie ein! Ach, Sie Kandidat der Rechte! Sie sterben doch sowieso in ein paar Tagen, wie können Sie sich da noch mit Gaunereien abgeben? Komisch sind Sie!

PETRIN Matuška, darf ich Ihnen einen kleinen Wink geben?

ANNA PETR. Nein. *Geht zur Tür.* Kommen Sie, es gibt was zu beißen.

PETRIN Gestatten Sie, Matuška! Auf eine Minute, meine Liebe! Gefällt Ihnen Porfiša?

ANNA PETR. Was geht das Sie an? Was geht Sie an, was mir gefällt, sie komischer Kandidat!

PETRIN Was es mich angeht? *Schlägt sich vor die Brust.* Und wer, gestatten Sie die Frage, wer war der beste Freund des seligen Herrn Generalmajors? Wer hat ihm auf dem Sterbebett die Augen zugedrückt?

ANNA PETR. Sie, Sie, Sie! Und ewig seien Sie bedankt dafür!

PETRIN Ich gehe auf den Frieden seiner Seele trinken ... *Seufzt.* Und auf Ihre Gesundheit! Sie sind stolz und hochmütig, gnädige Frau! Stolz ist ein Laster ... *Geht ab.*

Platonov kommt.

Auftritt XX

Anna Petrovna und Platonov.

PLATONOV Weiß der Teufel, was für ein Ehrgeiz! Du jagst ihn fort, und er sitzt da, als wäre überhaupt nichts geschehen ... Das ist schon wirklich der pöbelhafte Ehrgeiz eines Wucherers! Woran denken Sie, Exzellenz?

ANNA PETR. Haben Sie sich beruhigt?

PLATONOV Ja ... Aber wir wollen uns nicht böse sein. *Küßt ihr die Hand.* Alle diese Gäste, teure Generalin, sind so viel wert, daß jedermann das Recht hat, sie aus Ihrem Haus hinauszujagen.

ANNA PETR. Mit welchem Vergnügen ich diese Gäste selbst hinausjagen würde, unerträglicher Michail Vasiljič! ... Darin liegt ja unser Unglück, daß die Ehre, die Sie heute auf meine Kosten traktierten, nur in der Theorie zu verdauen ist, nicht aber in der Praxis. Weder ich noch Ihre Beredsamkeit haben das Recht, sie hinauszujagen. Es sind doch alles unsere Wohltäter, Gläubiger ... Wenn ich die nur einmal schief ansehe, gibt es uns morgen hier auf diesem Gut nicht mehr ... Entweder das Gut oder die Ehre, wie Sie sehen ... Ich wähle das Gut ... Verstehen Sie das wie Sie wollen, lieber Abenteurer, und wenn Sie wünschen, daß ich dies schöne Fleckchen Erde nicht verlasse, erinnern Sie mich nicht wieder an die Ehre und wecken Sie meine Gänse nicht ... Man ruft mich ... Heute nach dem Essen wollen wir spazierenfahren ... Gehen Sie ja nicht weg! *Haut ihm auf die Schulter.* Wir wollen leben! Kommen Sie zu Tisch! *Geht ab.*

PLATONOV *nach einer Pause* Und trotzdem werd ich ihn verjagen ... Alle werde ich verjagen! ... Es ist dumm, untaktisch, aber ich jag sie hinaus ... Ich habe mir geschworen, daß ich dieses Schwein in Ruhe lasse, aber was kann ich machen? Charakter ist eine Elementargewalt, und Charakterlosigkeit erst recht ... *Vengerovič 2 kommt.*

Auftritt XXI

Platonov und Vengerovič 2.

VENGEROVIČ 2 Hören Sie, Herr Lehrer, ich möchte Ihnen raten, meinen Vater in Ruhe zu lassen.

PLATONOV Merci für den guten Rat.

VENGEROVIČ 2 Ich scherze nicht. Mein Vater kennt sehr viele Leute und könnte Sie daher leicht um Ihre Stellung bringen. Ich warne Sie.

PLATONOV Edler Jüngling! Wie heißen Sie mit Vornamen?

VENGEROVIČ 2 Isaak.

PLATONOV Und Abraham zeugte Isaak. Ich danke Ihnen, edler Jüngling! Geruhen Sie Ihrerseits Ihrem Herrn Papa auszurichten, ich wünschte ihm und vielen anderen, daß der Erdboden sie verschluckt! Gehen Sie essen, junger Mann, sonst essen die alles ohne Sie auf!

VENGEROVIČ 2 *zuckt die Achseln und geht zur Tür* Merkwürdig, wenn nicht sogar dumm ... *Bleibt stehen.* Meinen Sie vielleicht, ich ärgerte mich über Sie, weil Sie meinen Vater nicht in Ruhe lassen? Nicht im mindesten. Ich betreibe Studien, ich ärgere mich nicht ... An Ihnen studiere ich die Čackijs von heute und ... ich kann Sie verstehen! Wenn Sie es lustig hätten, wenn Sie sich in Ihrer Tatenlosigkeit nicht so langweilen würden, dann, glauben Sie mir, würden Sie meinen Vater in Ruhe lassen. Sie, mein Herr Čackij, suchen nicht nach Wahrheit und Gerechtigkeit, sondern nur Ihren Spaß, Ihr Vergnügen ... Hausgesinde haben Sie nicht mehr, also müssen Sie jetzt jemand anderen schikanieren. Und so schikanieren Sie eben alle und jeden ...

PLATONOV *lacht* Mein Gott, ist das toll! Und Sie, wissen Sie, haben eine hübsche kleine Kombinationsgabe ...

VENGEROVIČ 2 Bemerkenswert ist der widerwärtige Umstand, daß Sie mit meinem Vater nie Auge in Auge streiten, tête-à-tête; Sie wählen für Ihre Vergnügungen den Salon, um den Dummköpfen in ganzer Größe zu erscheinen! Oh, Sie Theatraliker!

PLATONOV Ich würde Sie gern in zehn Jahren wieder sprechen, oder auch schon in fünfen ... Ob Sie sich so lange halten können? Ob es bleibt bei diesem Ton, diesem Glanz der Augen? Verkommen werden Sie, junger Mann! Wie stehts bei Ihnen mit der Wissenschaft? ... Schlecht, ich sehe es Ihnen an ... Verkommen werden Sie! Aber was solls, gehen Sie, essen Sie was! Ich werde mich nicht mehr mit Ihnen unterhalten. Mir mißfällt Ihre böse Physiognomie ...

VENGEROVIČ 2 *lacht* Ästhet. *Geht zur Tür.* Besser eine böse Physiognomie als eine, die nach der Ohrfeige schreit.

PLATONOV Ja, das ist besser ... Aber ... gehen Sie essen!

VENGEROVIČ 2 Wir sind keine Bekannten ... vergessen Sie das bitte nicht ... *Geht ab.*

PLATONOV *allein* Ein Jüngling, der keine Ahnung hat, viel denkt und hintenherum viel redet. *Schaut zur Eßzimmertür.* Sie schaut mich aus den Augenwinkeln an ... Sucht nach mir mit ihren samtenen Augen. Wie hübsch sie noch ist! Wieviel Schönheit in ihrem Gesicht! Ihr Haar immer noch dasselbe! Dieselbe Farbe, dieselbe Frisur ... Wie oft habe ich dieses Haar geküßt! Wunderbare Erinnerungen, die dieser Kopf in mir wachruft ... *Pause.* Ist etwa auch für mich die Zeit schon da, in der man sich nur noch mit Erinnerungen zufriedengeben muß? *Pause.* Erinnerungen sind etwas Schönes, aber ... ist das für mich ... schon das Ende? Oh, Gott bewahre mich davor, bewahre mich davor! Dann lieber den Tod ... Ich muß leben ... Leben ... Ich bin noch jung! *Vojnicev kommt.*

Auftritt XXII

Platonov und Vojnicev und dann Trileckij.

VOJNICEV *kommt herein und wischt sich mit einer Serviette die Lippen* Kommen Sie, trinken wir auf das Wohl von Sophie, was verstecken Sie sich! ... Nun?

PLATONOV Ich sehe Ihre Gattin an und freue mich an ihr ... Eine wunderbare Frau!

VOJNICEV *lacht.*

PLATONOV Sie sind ein Glückspilz!

VOJNICEV Ja ... Ich gebe es zu ... Ich bin glücklich. Nicht ganz glücklich, von dem Gesichtspunkt ... kann man nicht sagen, ich sei es vollkommen ... Aber im allgemeinen bin ich sehr glücklich!

PLATONOV *schaut zur Eßzimmertür* Ich kenne sie schon sehr lange, Sergej Pavlovič! Ich kenne sie wie meine fünf Finger. Sie ist schön, aber wie schön sie einmal war! Schade, daß Sie sie damals nicht gekannt haben! Wie schön sie war!

VOJNICEV Ja.

PLATONOV Diese Augen!

VOJNICEV Und das Haar?!

PLATONOV Sie war ein wunderbares Mädchen! *Lacht.* Und meine Saša hier, meine Avdotja, Matrëna, Pelageja. Da sitzt sie! Kaum zu sehen hinter der Vodkakaraffe! Gereizt, erregt, empört über mein Benehmen! Die Arme, sie quält der Gedanke, daß mich jetzt alle verurteilen und hassen, weil ich Vengerovič beschimpft habe!

VOJNICEV Entschuldige die Unbescheidenheit meiner Frage. Bist du glücklich mit ihr?

PLATONOV Die Familie, Bruder ... Nimm mir die Familie, und ich glaube, ich bin endgültig ruiniert ... Das Nest! Du wirst es schon noch erleben. Nur schade, daß du so wenig gelumpt hast, da kannst du den Wert der Familie nicht richtig einschätzen. Meine Saša verkaufe ich nicht für eine Million. Wir sind aufeinander eingespielt wie es besser nicht sein könnte ... Sie ist dumm, und ich bin ein Taugenichts ...

TRILECKIJ *kommt herein.*

PLATONOV *zu Trileckij* Hast du dich vollgefressen?

TRILECKIJ Furchtbar. *Schlägt sich auf den Bauch.* Eine Festung! Kommt, ihr Graugänse, trinken wir, Herrschaften, wir müssen, auf die Ankunft der Herrschaft ... Ach, Brüder ... *Umarmt beide zugleich.* Dann trinken wir auch! Ach! *Räkelt sich.* Ach, unser Menschenleben! Selig ist der Ehemann, der dem Rat der Falschen nicht folgt ... *Räkelt sich.* Ihr Graugänse! Gauner! ...

PLATONOV Warst du schon bei deinen Kranken, heute?

TRILECKIJ Davon später ... Oder machen wir es so, Michel ... Ich sage dir ein für allemal: Mich laß in Ruhe! Deine Belehrungen habe ich satt, satter als den schärfsten Rettich. Merke dir endlich, ich bin die Wand, und du die Erbse, die von ihr abprallt! Oder wenns unbedingt notwendig ist, wenn dich die Zunge so juckt, dann gib mir schriftlich, was du willst. Ich lerne es auswendig! Oder gib mir deine Belehrungen wenigstens zu einer bestimmten Tageszeit. Ich gebe dir eine Stunde am Tag ... Von vier bis fünf Uhr nachmittags zum Beispiel ... Willst du? Ich zahle dich sogar für diese Stunde. *Räkelt sich.* Den ganzen Tag, den ganzen Tag ...

PLATONOV *zu Vojnicev* Erklär mir bitte, was hat die Veröffentlichung in den ›Nachrichten‹ zu bedeuten? Ist es wirklich schon soweit?

VOJNICEV Nein, keine Sorge! *Lacht.* Nur eine kleine kommerzielle Kombination ... Es wird zu einer Versteigerung kommen, und Glagoljev wird unser Gut kaufen. Porfirij Semënyč befreit uns damit von der Bank, und wir zahlen die Zinsen in Zukunft direkt an ihn, nicht mehr an die Bank. Es war seine Idee.

PLATONOV Verstehe ich nicht. Was hat er davon für einen Vorteil? Will er euch eine Schenkung machen, ja? Ich verstehe nicht den Grund für so ein Geschenk, das habt ihr doch nicht nötig.

VOJNICEV Nein ... Im übrigen verstehe ich es selbst nicht ganz. Frag maman, sie wird es dir erklären ... Ich weiß nur, daß das Gut auch nach dem Verkauf uns gehören wird und wir an Glagoljev weiterzahlen werden. Maman überschreibt ihm jetzt ihre fünftausend als Anzahlung. In jedem Falle ist es bequemer, mit ihm zu tun haben als mit der Bank. Ach, und mir geht diese Bank auf die Nerven. Du gehst Trileckij nicht so auf die Nerven wie mir diese Bank! Lassen wir die Kommerzien. *Hakt sich bei Platonov ein.* Komm, trinken wir auf unser »du«! Nikolaj Ivanyč! *Hakt sich bei Trileckij ein.* Trinken wir auf unsere guten Beziehungen, Freunde! Soll das Schicksal mir doch alles nehmen! Soll all die kommerziellen Kombinationen der Teufel holen! Wenn nur die Menschen gesund und munter bleiben, die ich liebe – ihr, meine Sofja, meine Stiefmutter! Ihr seid mein Leben! Kommt!

PLATONOV Ja. Ich werde jetzt auf alles trinken und alles austrinken! Ich war schon lange nicht mehr betrunken, ich will mich heute betrinken.

ANNA PETR. *in der Tür* O Freundschaft, da bist du! Eine schöne Trojka. *Singt.* Spann ich an die schnelle Trojka ...

TRILECKIJ Der dunkelbraunen Pferde ... Angefangen wird mit dem Kognak, Kinder!

ANNA PETR. *in der Tür* Kommt, ihr Schmarotzer, kommt essen! Es ist kaltgeworden!

PLATONOV Ach, o Freundschaft, da bist du! Ich hatte immer Glück in der Liebe, aber nie Glück in der Freundschaft. Herrschaften, ich habe Angst, daß auch Sie einmal weinen müssen über meine Freundschaft. Trinken wir auf den guten Ausgang aller Freundschaften, also auch der unseren! Möge ihr Ende ebenso windstill und sanft sein wie ihr Beginn! *Geht in das Eßzimmer.*

Ende des ersten Akts.

Zweiter Akt

Erstes Bild

Garten. Im Vordergrund eine Blumenrabatte mit einem runden Weg darum. Mitten in der Blumenrabatte eine Statue. Die Statue trägt auf dem Kopf eine Schale, in der Öl brennt. Bänke, Stühle, Tischchen. Rechts die Fassade des Hauses. Eine Freitreppe. Die Fenster stehen offen. Aus den Fenstern dringt Gelächter, Stimmengewirr, Geigenspiel mit Klavierbegleitung (Quadrillen, Walzer u. a.). Im Hintergrund des Gartens ein chinesischer Pavillon, mit Lampions behängt. Über der Eingangstür zum Pavillon das Monogramm »S. V.« Hinter dem Pavillon werden Kegel gespielt, man hört das Rollen der Kugeln und Rufe: »Fünf Gute! Vier Schlechte!« usw. Garten und Haus sind illuminiert. Durch den Garten schlendern Gäste und Dienstboten. Vasilij und Jakov (in schwarzen Fräcken, betrunken) hängen Lampions auf und zünden Lampen und Laternen an.

Auftritt I

Bugrov und Trileckij (in Schirmmütze mit Kokarde).

TRILECKIJ *kommt, bei Bugrov eingehakt, aus dem Haus* Also gib es mir, Timofej Gordeič! Was kostet es dich schon! Ich will es doch nur geliehen haben!

BUGROV Bei Gott, ich kann es nicht! Bitte seien Sie nicht beleidigt, Nikolaj Ivanyč!

TRILECKIJ Du kannst es, Timofej Gordeič! Du kannst alles! Du kannst dir die ganze Welt kaufen, du willst es nur nicht. Ich will es nur geliehen haben! Versteh das doch, du Kauz! Mein Ehrenwort gebe ich dir allerdings nicht!

BUGROV Sehen Sie, sehen Sie? Jetzt haben Sie sich verplappert, Sie werden es mir nicht zurückgeben!

TRILECKIJ Nichts sehe ich! Ich sehe nur deine Hartherzigkeit. Gib es mir, großer Mann. Nein? Gib her, sage ich dir! Ich bitte, ich flehe dich an! Bist du wirklich so hartherzig? Wo hast du dein Herz?

BUGROV *seufzt* Ach-ach-ach, Nikolaj Ivanyč! Heilen können Sie einen nicht, aber immer wollen Sie Geld . . .

TRILECKIJ Das hast du gut gesagt! *Seufzt.* Du hast recht.

BUGROV *zückt das Portemonnaie* Und im Spott sind Sie ein Meister . . . Beim geringsten Anlaß: ha-ha-ha! Darf man das denn? Eben, ich finde, nein . . . Wir sind zwar nicht gebildet, aber doch getauft, wie euer gelehrter Bruder . . . Wenn ich etwas Dummes sage, sollten Sie mich belehren, nicht auslachen . . . So ist es. Wir sind Bauernmenschen, wir pudern uns nicht, unsere Haut ist gegerbt, aber nach unsereins fragt ihr nicht viel . . . *Öffnet das Portemonnaie.* Zum letztenmal, Nikolaj Ivanyč! *Zählt.* Eins . . . sechs . . . zwölf . . .

TRILECKIJ *wirft einen Blick in das Portemonnaie* Großer Gott! Und da sagt man noch, die Russen hätten kein Geld! Wo hast du das bloß alles her?

BUGROV Fünfzig . . . *Gibt ihm das Geld.* Zum letztenmal.

TRILECKIJ Und was ist das da für ein Schein? Den gib mir auch. Er schaut mich so liebevoll an! *Nimmt das Geld.* Dieses Scheinchen gib mir auch noch.

BUGROV *gibt ihm den Schein* Nehmen Sie! Eine Habsucht haben Sie, Nikolaj Ivanyč!

TRILECKIJ Und alles in Einrubelscheinen, lauter Einrubelscheine . . . Hast du die zusammengebettelt, hm? Sind sie auch nicht falsch?

BUGROV Wenn sie falsch sind, geben Sie sie mir zurück!

TRILECKIJ Zurückgeben würd ich sie dir, wenn ich wüßte, du brauchst sie . . . Merci, Timofej Gordeič! Ich wünsche dir, daß du noch dicker wirst und eine Medaille bekommst. Bitte sag mir, Timofej Gordeič, weshalb führst du so ein unnormales Leben? Du trinkst zuviel, sprichst Baß, du schwitzt, gehst nicht rechtzeitig schlafen . . . Jetzt zum Beispiel, wieso gehst du jetzt nicht schlafen? Du bist ein Vollblutmann, jähzornig, aufbrausend, hitzig, du mußt früh schlafengehen! Du hast auch mehr Adern als andere Menschen. Wie kann man sich nur selber umbringen wollen?

BUGROV Und?

TRILECKIJ Hier hast du dein »Und«! Übrigens, erschrick nicht . . . Ich mache nur Spaß . . . Du hast noch Zeit mit dem Sterben . . . Du lebst noch ein Weilchen! Hast du viel Geld, Timofej Gordeič?

BUGROV Für unsere Tage reicht es.

TRILECKIJ Du bist ein guter, ein kluger Mann, Timofej Gordeič, aber ein großer Gauner! Entschuldige schon ... Das sage ich in Freundschaft ... Wir sind doch Freunde? Ein großer Gauner! Weshalb kaufst du die Wechsel der Vojnicevs auf? Weshalb leihst du ihm Geld?

BUGROV Sie werden das nicht verstehen, Nikolaj Ivanyč!

TRILECKIJ Du willst zusammen mit Vengerovič das Bergwerk der Generalin an dich reißen? Aber die Generalin wird mit ihrem Stiefsohn Mitleid haben, sie wird ihn nicht untergehen lassen, und da wird sie dir ihr Bergwerk geben? Du bist ein großer Mann, aber ein Gauner! Ein Spitzbube!

BUGROV Was ich jetzt mache, Nikolaj Ivanyč ... Ich gehe hinter, an die Laube, und mach ein kleines Schläfchen, und wenn es Essen gibt, kommen Sie und wecken mich.

TRILECKIJ Hervorragend! Geh schlafen.

BUGROV *geht* Und wenn es kein Essen gibt, dann wecken Sie mich um halb elf! *Geht zum Pavillon.*

Auftritt II.

Trileckij und dann Vojnicev.

TRILECKIJ *betrachtet das Geld* Riecht nach Bauer ... Ganz zerknüllt hat er es, die Kanaille! Wohin jetzt damit? *Zu Vasilij und Jakov.* He, ihr Mietlinge! Vasilij, ruf Jakov, Jakov, ruf Vasilij! Kommt her! Ein bißchen plötzlich!

Jakov und Vasilij gehen auf Trileckij zu.

TRILECKIJ Frack tragen sie! Zum Teufel! Genau wie Herren seht ihr aus! *Gibt Jakov einen Rubel.* Da hast du einen Rubel! *Zu Vasilij.* Da hast du einen Rubel! Dafür, daß ihr so lange Nasen habt.

Jakov und Vasilij verbeugen sich Vielen Dank, Herr Ivanyč!

TRILECKIJ Slaven, ihr torkelt? Besoffen? Beide wie ein Rohr im Wind? Ihr kriegt was ab von der Generalin, wenn die es erfährt! Auf die Schnauze kriegt ihr was! *Gibt beiden noch je einen Rubel.* Da habt ihr noch einen Rubel! Dafür, daß du Jakov heißt und er Vasilij, und nicht umgekehrt. Verbeugt euch! *Jakov und Vasilij verbeugen sich.* So ists recht! Und da habt ihr noch einen Rubel, dafür daß ich Nikolaj Ivanyč heiße und nicht Ivan Nikolaevič! *Gibt ihnen noch je einen Rubel.* Verbeugt euch! So! Aber nicht versaufen! Sonst verschreib ich euch bittre Arznei! Furchtbar, genau wie Herren seht ihr aus! Weggetreten zum Laternenanzünden! Marsch! Schluß jetzt!

Jakov und Vasilij gehen weg.

VOJNICEV *geht über die Bühne.*

TRILECKIJ *zu Vojnicev* Hier hast du drei Rubel!

VOJNICEV *nimmt das Geld und steckt es automatisch in die Tasche und geht in den Hintergrund des Gartens.*

TRILECKIJ Sag wenigstens danke! *Aus dem Haus kommen Ivan Ivanovič und Saša.*

Auftritt III

Trileckij, Ivan Ivanovič und Saša.

SAŠA *im Kommen* Mein Gott! Wann wird dieses alles ein Ende nehmen? Und wofür strafst du mich so? Der ist betrunken, Nikolaj ist betrunken, Miša ebenfalls ... Wenn ihr wenigstens Gott fürchten würdet, wenn ihr euch schon vor den Menschen nicht schämt, Gewissenlose! Alle schauen auf euch! Und ich, ich muß zusehen, wie alle mit Fingern auf euch zeigen!

IVAN IVANOVIČ Nicht doch, nicht doch! Halt ... Ich habe den Faden verloren ... Halt ...

SAŠA Euch darf man in kein anständiges Haus lassen! Ihr seid noch nicht einmal zur Tür herein und schon betrunken! Uh, du Liederlicher! Und das in deinem Alter! Du hast mit gutem Beispiel voranzugehen, und nicht mit ihnen zu trinken!

IVAN IVANOVIČ Halt, halt ... Ich habe den Faden verloren ... Wo war ich stehengeblieben? Ja! Und ich lüge nicht, Bruder Saša! Glaube mir! Wenn ich noch fünf Jahre im Dienst geblieben wäre, wäre ich General geworden! Und wieso glaubst du, ich wäre nicht General geworden? Pfui! ... *Lacht schallend.* Mit meinem Charakter, und nicht General werden? Mit meiner Bildung? Du hast demnach keine Ahnung ... Du hast keine Ahnung ...

SAŠA Komm! Generale trinken nicht so.

IVAN IVANOVIČ Alle trinken sie, aus Enthusiasmus! Ich wäre

General geworden! Und schweig jetzt, tu mir die Liebe! Ganz wie deine Mutter! Su-su-su ... Herr du mein Gott! Ja, manchmal, da haben wir Tag und Nacht, Tag und Nacht ... Mal war dies, mal war das nicht so ganz ... Su-su-su ... Wo war ich stehengeblieben? Ja! Du bist ganz wie deine selige Mutter, mein Kleines! Ganz wie sie ... Ganz ... Die Augen, das Haar ... Und auch derselbe Gang, watschelt wie ein kleines Gänschen ... *Küßt sie.* Mein Engel! Du bist wie deine Mutter selig ... Ich habe sie schrecklich geliebt!

SAŠA Es reicht jetzt ... Gehen wir! Im Ernst, Papa ... Du solltest langsam aufhören mit dem Trinken, mit den Skandalen. Überlaß das den Gesundheitsprotzen ... Die sind jung, dir, einem Greis immerhin, steht das wirklich nicht zu Gesicht ...

IVAN IVANOVIČ Zu Befehl, mein Freund! Ich verstehe! Ich tu es nicht mehr ... Zu Befehl ... Jaja, jaja ... Ich verstehe ... Wo war ich stehengeblieben?

TRILECKIJ *zu Ivan Ivanovič* Da hast du hundert Kopeken, Euer Hochwohlgeboren! *Gibt ihm einen Rubel.*

IVAN IVANOVIČ Tjaa ... Ich nehme sie, mein Sohn! Merci ... Von einem Fremden würde ich sie nicht annehmen, aber von meinem eigenen Sohn immer ... Ich nehme sie und freue mich ... Ach meine Kinder, ich mag keine fremden Finanzen. Mein Gott, ich mag sie einfach nicht! Die Ehre, Kinder! Euer Vater ist ein Ehrenmann! Ich hab das Vaterland mein Lebtag nicht beraubt und auch nicht die Penaten! Dabei hätte ich nur irgendwo ein bißchen die Finger hineinzustecken brauchen, und ich wäre heute reich und berühmt!

TRILECKIJ Äußerst löblich, Vater, aber gib nicht so an!

IVAN IVANOVIČ Ich gebe nicht an, Nikolaj! Ich erteile euch eine Belehrung, Kinder! Ich bringe euch Vernunft bei ... Für euch werde ich mich vor dem Schöpfer zu verantworten haben!

TRILECKIJ Wo wollt ihr hin?

IVAN IVANOVIČ Nach Hause. Ich begleite diesen kleinen Käfer nach Hause ... Begleitung, dann eben Begleitung ... Sie hat mich dazu verpflichtet ... Und nun begleite ich sie eben. Allein hat sie Angst. Ich begleite sie nach Hause und komme dann wieder.

TRILECKIJ Selbstverständlich kommst du wieder. *Zu Saša.* Dir auch was geben? Auch dir, dir auch? Drei Rubel! Dir – drei Rubel!

SAŠA Leg noch zwei drauf, und ich kann Miša eine Sommerhose kaufen, er hat nur eine. Und nichts ist schlimmer, als nur ein Paar Hosen zu haben. Wenn die eine in der Wäsche ist, muß er die Winterhosen anziehn ...

TRILECKIJ Ich würd ihm gar keine anziehn, weder Sommer- noch Winterhosen, wenn es nach mir ginge: soll er herumlaufen wie er will! Aber was ist dir schon zu helfen? Da hast du noch zwei! *Gibt ihr das Geld.*

IVAN IVANOVIČ Wo war ich stehengeblieben? Ja ... Ich weiß es noch wie heute ... Ja ja ... Ich habe im Generalstab gedient, Kinder. Ich habe den Feind mit dem Kopfe bekämpft, mit dem Gehirn hab ich das Blut der Türken vergossen ... Ich weiß nicht, was ein Bajonett ist, nein, ich weiß es nicht ... Ja ja ...

SAŠA Was stehen wir hier herum? Es ist Zeit. Leb wohl, Kolja! Gehen wir, Papa!

IVAN IVANOVIČ Halt! Schweig, um Christi willen! Tar-tar-tar ... Ja, so muß man leben, Kinder! Ehrlich, vornehm, frei von Lastern ... Jaja, jaja ... Den Vladimirorden dritter Klasse habe ich bekommen ...

SAŠA Genug, Papa! Gehen wir!

TRILECKIJ Wir wissen auch ohne deine schönen Reden, was für ein Mensch du bist ... Geh, begleite sie nach Hause!

IVAN IVANOVIČ Du bist ein sehr kluger Mensch, Nikolaj! Du wirst noch ein Pirogov!

TRILECKIJ Geh, geh.

IVAN IVANOVIČ Wo war ich stehengeblieben? Ja ... Ich habe Pirogov mit eigenen Augen gesehen ... Als ich noch in Kiev war ... Jaja, jaja ... Ein sehr kluger Mensch ... Kann man nicht anders sagen ... Also, ich gehe ... Gehen wir, Sašurka! Kinder, ich bin abgehalftert ... Reif für die Seelenmesse ... Ach, Herr, verzeih uns Sündern! Sei uns und allen Sündern gnädig. Jaja, jaja ... Ich habe gesündigt, Kinder! Jetzt diene ich dem Mammon, in meiner Jugend hab ich nie zu Gott gebetet. Es gab keinen größeren Windhund als mich ... Eine Materia! *Stoff und Kraft!* Ach, Herrgott! ... Jaja ... Betet, Kinder, daß ich nicht sterbe! Du bist schon gegangen, Sašuročka? Wo bist du? Ach da bist du ... Gehen wir ...

ANNA PETR. *schaut zum Fenster hinaus.*

TRILECKIJ Und rührt sich nicht vom Fleck ... Ist ins Rapportieren gekommen, der Junge ... Na, nun geht schon! Geht nicht an der Mühle vorbei, da ist ein bissiger Hund.

SAŠA Kolja, du hast seine Mütze auf. Gib sie ihm, er erkältet sich sonst ...

TRILECKIJ *nimmt die Mütze ab und setzt sie seinem Vater auf* Ziehe hin in Frieden, alter Mann! Links um ... Marsch!

IVAN IVANOVIČ Links schwe-e-e-enkt Ma-a-arsch! Jaja, jaja ... Du bist gerecht, Nikolaj! Bei Gott, du bist gerecht! Und Michajlo, mein Schwiegersohn, ist ebenfalls gerecht! Freidenker, aber gerecht! Ich komme, ich komme ... *Sie gehen.* Gehen wir, Saša ... Kommst du? Komm, ich trage dich!

SAŠA Auch das noch!

IVAN IVANOVIČ Komm, ich trage dich! Ich habe deine Mutter immer getragen ... Ich trage sie, und komme dabei manchmal selbst ins Torkeln ... Einmal bin ich mit ihr einen Abhang hinuntergekugelt ... Sie hat nur gelacht, die Gute, sie war kein bißchen böse ... Komm, ich trage dich!

SAŠA Laß das ... Setz die Mütze auf, wie es sich gehört. *Rückt ihm die Mütze zurecht.* Ein Prachtkerl bist du, immer noch!

IVAN IVANOVIČ Jaja, jaja ... *Sie gehen ab.*

Es kommen Petrin und Ščerbuk.

Auftritt IV

Trileckij, Petrin und Ščerbuk.

PETRIN *kommt, mit Ščerbuk untergehakt, aus dem Haus* Leg mir fünfzigtausend hin, und ich werde sie stehlen ... Ehrenwort, ich stehle sie ... Wenn bloß danach nichts geschähe ... Ich würde sie stehlen ... Und wenn man sie dir hinlegen würde, würdest du sie auch stehlen.

ŠČERBUK Ich würde sie nicht stehlen, Gerasja! Nein!

PETRIN Leg mir einen Rubel hin, und ich stehle auch einen Rubel. Ehrlichkeit! Ta-ta-ta! Wer braucht schon deine Ehrlichkeit? Wer ehrlich ist, ist ein Dummkopf ...

ŠČERBUK Ich bin ein Dummkopf ... Gut, bin ich eben ein Dummkopf ...

TRILECKIJ He, ihr Greise, hier habt ihr jeder einen Rubel! (Gibt jedem einen Rubel.)

PETRIN *nimmt das Geld* Geben Sie her ...

ŠČERBUK *lacht schallend und nimmt das Geld* Merci, Herr Doktor!

TRILECKIJ Hier habt ihr noch einen Rubel zum Andenken an eure Seelen! Ihr seid doch Sünder? Nehmt schon! Eigentlich gehörte euch ein feuchter Dreck, aber heute, zu Ehren des Festtags ... bin ich freigiebig, hols der Teufel!

ANNA PETR. *durchs Fenster* Trileckij, geben Sie mir auch einen Rubel! *Verschwindet.*

TRILECKIJ Nicht einen Rubel, Sie bekommen fünf, Witwe eines Generalmajors! Sofort! *Geht ab ins Haus.*

PETRIN *schaut zum Fenster hinauf* Ist sie weg, die Fee?

ŠČERBUK *schaut zum Fenster hinaus* Ja.

PETRIN Ich kann sie nicht ausstehen! Eine schlechte Frau! So etwas von Stolz ... Eine Frau muß still sein, ehrfürchtig ... *Schüttelt den Kopf.* Hast du gesehen, Glagoljev? Auch so eine Vogelscheuche! Sitzt da wie ein Pilz, rührt sich nicht von der Stelle, schweigt, und glotzt sie an! Macht man einer Dame so etwa den Hof?

ŠČERBUK Er wird sie heiraten!

PETRIN Und wann wird das geschehen? In hundert Jahren? Ergebensten Dank! In hundert Jahren habe ich nichts mehr davon.

ŠČERBUK Er sollte sie nicht heiraten, Gerasja, als Greis. Soll er, wenn er schon unbedingt heiraten muß, doch irgend etwas Einfaches nehmen ... Er taugt nicht für sie ... Sie ist jung, voll Feuer, eine Dame, europäisch gebildet ...

PETRIN Wenn er sie bloß heiraten würde! Ich wünsche es mir so, daß ich es gar nicht in Worte fassen kann! Die hat doch so gut wie nichts mehr, seit dem Tode des seligen Generals, Gott schenke ihm das Himmelreich! Sie hat ein Bergwerk, aber auf das hat Vengerovič ein Auge ... Und wer bin ich, daß ich Vengerovič Konkurrenz mache? Was kann ich schon bekommen auf ihre Wechsel? Klagte ich jetzt die Wechsel ein, was würde ich bekommen?

ŠČERBUK Nihil.

PETRIN Und wenn sie Glagoljev heiratet, dann weiß ich, was ich habe ... Ich klage sofort die Wechsel ein, belege sie mit Verbot ... Sie wird ihren Stiefsohn ja nicht ruinieren wollen, also wird sie zahlen. He-he-he! Erfülle dich, mein Traum! Sechzehntausend, Pavočka!

ŠČERBUK Und ich dreitausend ... Mein alter Feuerhaken befiehlt, daß ich sie mir hole ... Aber wie soll ich sie mir holen? Ich kann das nicht ... Das sind schließlich keine Bauern ... Das sind Freunde ... Soll sie selber herkommen und sie sich holen ... Gehn wir in den Seitenflügel, Gerasja!

PETRIN Wozu?

ŠČERBUK Der Damenpolonaise Balladen ins Ohr flüstern ...

PETRIN Ist da auch Dunjaša?

ŠČERBUK Ja. *Sie gehen.* Bei denen ist es lustiger ... *Singt.* Ach, untröstlich bin ich, seit ich nicht mehr wohne dort!

PETRIN Tick-tack, tick-tack ... *Ruft.* Jaa! *Singt.* Das neue Jahr begehn wir froh in unsrer wahren Freunde Hort ... *Geht ab.*

Auftritt V

Vojnicev und Sofja Egorovna kommen aus dem Hintergrund des Gartens.

VOJNICEV Woran denkst du?

SOFJA EGOR. Ich weiß es wirklich nicht.

VOJNICEV Du schlägst meine Hilfe aus ... Kann ich dir nicht helfen? Was sind das für Geheimnisse, Sophie? Geheimnisse vor dem eigenen Mann ... Hm ... *Sie setzen sich.*

SOFJA EGOR. Wieso Geheimnisse? Ich weiß selbst nicht, was in mir vorgeht ... Quäl dich nicht umsonst, Sergej! Achte einfach nicht auf meinen Spleen. *Pause.* Fahren wir fort von hier, Sergej!

VOJNICEV Fort?

SOFJA EGOR. Ja.

VOJNICEV Weshalb?

SOFJA EGOR. Ich will es ... Meinetwegen ins Ausland. Fahren wir?

VOJNICEV Du willst es ... Aber weshalb?

SOFJA EGOR. Es ist schön hier, es ist gesund, es ist lustig, aber ich kann es nicht ertragen ... Es ist alles schön und gut, nur ... wir müssen fahren. Du hast mir versprochen, du würdest mich nicht ausfragen.

VOJNICEV Morgen schon werden wir fahren ... Morgen schon

werden wir nicht mehr hier sein! *Küßt seiner Frau die Hand.* Du langweilst dich hier! Und es ist ja auch nur verständlich! Ich verstehe dich! Weiß der Teufel, was für eine Umgebung! Diese Petrins, Ščerbuks . . .

SOFJA EGOR. Die trifft keine Schuld . . . Lassen wir sie in Ruhe. *Pause.*

VOJNICEV Woher kommt bei euch Frauen nur diese Melancholie? Warum bist du melancholisch? *Gibt seiner Frau einen Kuß auf die Wange.* Schluß jetzt! Sei fröhlich! Leb, solang du leben kannst! Kann man dieser Trauer, wie Platonov sagt, nicht eins auf den Hut hauen? Ja! Platonov ist mir im rechten Augenblick eingefallen! Warum unterhältst du dich nur so selten mit ihm? Das ist kein Mann von geringem Format, er ist gebildet und sehr unterhaltsam! Sprich offen mit ihm, ganz frei! Er wird diese Traurigkeit wie mit einer Hand von dir nehmen! Sprich öfter mit maman, mit Trileckij . . . *Lacht.* Sprich mit ihnen, und schau nicht von oben auf sie herab! Du hast diese Leute noch nicht einmal berochen . . . Ich empfehle sie dir, denn dies sind die Menschen nach meinem Geschmack. Ich liebe sie. Und auch du wirst sie lieben, wenn du sie näher kennengelernt hast.

ANNA PETR. *durchs Fenster* Sergej! Sergej! Wer ist da? Rufen Sie Sergej Pavlovič!

VOJNICEV Sie befehlen?

ANNA PETR. Du bist hier? Auf einen Augenblick!

VOJNICEV Sofort. *Zu Sofja Egorovna.* Morgen fahren wir, wenn du es dir nicht noch anders überlegst. *Geht ins Haus.*

SOFJA EGOR. *nach einer Pause* Das ist doch beinahe schon ein Unglück! Ich bin bereits soweit, daß ich ganze Tage nicht an meinen Mann denke, seine Anwesenheit vergesse, seine Worte gar nicht beachte . . . Er fällt mir lästig . . . Was tun? *Denkt nach.* Entsetzlich! Vor so kurzem erst war unsere Hochzeit, und schon . . . Und dann dieser Platonov! Ich habe nicht genug Kraft, nicht genug Charakter, nichts, was mir hülfe, diesem Menschen zu widerstehen! Er verfolgt mich von früh bis spät, sucht mich, läßt mir keine Ruhe vor seinen verständnisinnigen Blicken . . . Es ist entsetzlich . . . und dumm obendrein! Ich habe nicht einmal die Kraft, für mich zu garantieren! Tut er nur einen Schritt, kann alles Mögliche geschehen!

Auftritt VI

Sofja Egorovna und Platonov.

Platonov kommt aus dem Haus.

SOFJA EGOR. Da kommt er! Läßt den Blick schweifen und sucht! Wen er sucht? Ich sehe schon an seinem Gang, wen! Wie unanständig von ihm, mich nicht in Ruhe zu lassen!

PLATONOV Eine Hitze! Ich sollte lieber nichts trinken ... *Hat Sofja Egorovna gesehen.* Sie hier, Sofja Egorovna? So einsam? *Lacht.*

SOFJA EGOR. Ja.

PLATONOV Sie meiden die Sterblichen?

SOFJA EGOR. Dazu habe ich keinen Grund. Die Leute widern mich nicht an, noch stören sie mich.

PLATONOV Nein? *Setzt sich neben sie.* Sie gestatten? *Pause.* Aber wenn Sie die Leute nicht meiden, warum meiden Sie dann mich, Sofja Egorovna? Weshalb? Gestatten Sie, lassen Sie mich ausreden! Ich freue mich sehr, endlich mit Ihnen reden zu können. Sie meiden mich, gehen mir aus dem Weg, sehen mich nicht an. Was soll das? Ist das Komödie oder Ernst?

SOFJA EGOR. Ich habe nie daran gedacht, Sie zu meiden. Wie kommen Sie darauf?

PLATONOV Zu Anfang war es so, als seien Sie mir wohlgesonnen, als hielten Sie mich Ihrer geneigten Aufmerksamkeit für würdig, aber inzwischen wollen Sie mich ja nicht einmal sehen! Ich komme in ein Zimmer – Sie gehen in ein anderes, ich in den Garten – Sie aus dem Garten, ich beginne ein Gespräch mit Ihnen, Sie winken ab oder sagen ein trockenes, hitziges »ja« und gehen ... Unser Verhältnis hat sich in Befremden verwandelt ... Bin ich daran schuld? Widere ich Sie an? *Steht auf.* Ich fühle mich absolut unschuldig. Bitte befreien Sie mich aus dieser dummen Lage! Ich habe nicht die Absicht, das länger zu ertragen!

SOFJA EGOR. Ich gebe zu, ich habe Sie ... ein wenig gemieden ... Wenn ich gewußt hätte, daß Ihnen das so unangenehm ist, hätte ich es anders angestellt ...

PLATONOV Sie haben mich gemieden? *Setzt sich.* Sie geben es zu? Aber ... weshalb, aus welchem Grunde?

SOFJA EGOR. Schreien Sie nicht, das heißt ... sprechen Sie nicht so laut! Ich hoffe, Sie wollen mir keinen Tadel aussprechen. Ich lasse mich nicht gern anschreien. Ich habe eigentlich nicht Sie gemieden, sondern die Unterhaltungen mit Ihnen ... Sie sind, soviel ich weiß, ein guter Mensch ... Hier werden Sie von allen geliebt, geachtet, einige verehren Sie sogar, rechnen es sich zur Ehre an, sich mit Ihnen zu unterhalten ...

PLATONOV Nana, nana ...

SOFJA EGOR. Als ich hierherkam, schloß ich mich sofort, schon nach unserer ersten Unterhaltung, dem Kreise Ihrer Zuhörer an, aber ich hatte kein Glück, Michail Vasiljič, ich hatte einfach kein Glück ... Sie wurden mir bald geradezu unerträglich ... Ich suche nicht nach einem milderen Wort, entschuldigen Sie ... Sie haben mir fast jeden Tag gesagt, wie sehr Sie mich einmal geliebt haben, wie ich Sie damals geliebt habe undsoweiter ... Der Student liebte das kleine Mädchen, das kleine Mädchen liebte den Studenten ... Eine allzu alte und allgemeine Geschichte, als daß sie wert wäre, oft erzählt zu werden und ihr für uns heute irgendeine Bedeutung beizumessen ... Darum geht es im übrigen auch gar nicht ... Es geht darum, daß Sie, als Sie von der Vergangenheit sprachen, so ... so sprachen, als wollten Sie um etwas bitten, so, als hätten Sie damals, in der Vergangenheit, etwas nicht bekommen, was Sie sich jetzt nehmen wollten ... Jeden Tag war Ihr Ton qualvoll gleich, und jeden Tag kam es mir so vor, als spielten Sie auf eine Art Verpflichtung an, die unsere gemeinsame Vergangenheit uns gleichsam auferlegt hätte ... Und dann kam es mir so vor, als mäßen Sie dem eine allzu große Bedeutung bei ... um mich klarer auszudrücken: als überschätzten Sie unser Verhältnis, denn das ist eines von guten Bekannten! Sie schauen irgendwie merkwürdig drein, geraten außer sich, schreien, halten mich am Arm fest und verfolgen mich ... Sie spionieren mir regelrecht nach! Wozu das? ... Mit einem Wort, Sie lassen mich nicht in Ruhe ... Wozu diese Aufsicht? Wer bin ich für Sie? Man könnte wirklich meinen, Sie warteten auf eine günstige Gelegenheit, um sie für irgend etwas auszunützen ... *Pause.*

PLATONOV Ist das alles? *Steht auf.* Merci für Ihre Offenheit! *Geht auf die Tür zu.*

SOFJA EGOR. Sie sind böse? *Steht auf.* Halt, Michail Vasiljič! Warum so prätenziös? Ich wollte doch nicht ...

PLATONOV *bleibt stehen* Ach Sie! *Pause.* Ich falle Ihnen also nicht auf die Nerven, sondern Sie haben Angst, Sie sind feige ... Sie sind feige, Sofja Egorovna? *Geht auf sie zu.*

SOFJA EGOR. Hören Sie auf, Platonov! Sie lügen! Ich hatte keine Angst und werde auch keine haben!

PLATONOV Wo bleibt nur Ihr Charakter, wo die Kraft des gesunden Menschenverstands, wenn Ihnen jeder zufällige, nur nicht gerade allzu banale Mann für Ihren Sergej Pavlovič gefährlich erscheint? Ich war jeden Tag hier, auch als es Sie hier noch nicht gab, und gesprochen habe ich mit Ihnen, weil ich Sie für eine kluge, verständnisvolle Frau hielt! Was für eine tiefe Verkommenheit! Übrigens ... Pardon, ich habe mich hinreißen lassen ... Ich hatte nicht das Recht, Ihnen all das zu sagen ... Verzeihen Sie diesen ungehörigen Ausfall ...

SOFJA EGOR. Niemand hat Ihnen das Recht gegeben, mir solche Dinge zu sagen! Wenn Ihnen alle hier zuhören, so folgt daraus nicht, daß Sie das Recht besitzen, alles zu sagen, was Ihnen gerade durch den Kopf schießt! Gehen Sie fort von mir!

PLATONOV *lacht schallend* Sie werden verfolgt?! Ihnen wird nachspioniert, Sie werden am Arm festgehalten?! Sie Arme, man will Sie Ihrem Mann wegnehmen?! Platonov, der Original-Platonov ist in Sie verliebt?! Welch ein Glück! Die Seligkeit! Aber das ist doch ein Konfekt für unseren kleinen Ehrgeizling, wie es noch kein Konfektfabrikant gegessen hat! Lächerlich ... Einer gebildeten Frau stehen diese Süßigkeiten nicht! *Geht ab ins Haus.*

SOFJA EGOR. Sie sind dreist und schroff, Platonov! Sie sind verrückt geworden! *Geht ihm nach und bleibt an der Tür stehen.* Entsetzlich! Warum hat er das alles gesagt? Er hat mich betäuben wollen ... Nein, das ertrage ich nicht ... Ich muß es ihm sagen ... *Geht ab ins Haus.*

Hinter dem Pavillon hervor kommt Osip.

Auftritt VII

Osip, Jakov und Vasilij.

OSIP *kommt* Fünf Gute! Sechs Schlechte! Weiß der Teufel, was die da treiben! Die sollten lieber Preference spielen ... Ein Zehntel das Spiel ... Oder Stukolka ... *Zu Jakov* Tag, Jaša! Der ... hm-m-m ... Ist Vengerovič hier?

JAKOV Ja.

OSIP Hol ihn her! Aber leise! Sag ihm, ich habe ein großes Ding für ihn ...

JAKOV In Ordnung. *Geht ab ins Haus.*

OSIP *reißt einen Lampion ab, löscht die Kerze und steckt ihn in die Tasche* Letztes Jahr hab ich Stukolka gespielt, in der Stadt, bei Darja Ivanovna, die Gestohlenes aufkauft und in ihrer Schenke Mädchen freihält. Drei Kopeken das Spiel ... Remisen brachten bis zu zwei Rubel ... Hab ich acht Rubel gewonnen. *Reißt einen zweiten Lampion ab.* Lustig ist es in der Stadt!

VASILIJ Die hängen nicht für Sie da! Weshalb reißen Sie sie herunter?

OSIP Dich hab ich ja gar nicht gesehen! Tag, Esel! Wie gehts? *Geht auf ihn zu.* Wie gehn die Geschäfte? *Pause.* Ach, du altes Pferd! Ach, du Schweinehirt! *Reißt ihm die Mütze vom Kopf.* Lächerlicher Kerl! Lächerlich, bei Gott! Hast du auch nur einen Funken Verstand? *Schleudert die Mütze in den Baum hinauf.* Schlag mir ins Gesicht, dafür daß ich ein schädlicher Mensch bin!

VASILIJ Soll das ein anderer tun, ich werde Sie nicht schlagen!

OSIP Du würdest mich lieber gleich totschlagen? Nein, wenn du Verstand hast, machs nicht übers Artel, sondern selbst! Spuck mich an, dafür daß ich ein schädlicher Mensch bin!

VASILIJ Ich werde Sie nicht anspucken. Warum suchen Sie Streit?

OSIP Du willst mich nicht anspucken? Du hast also Angst vor mir? Knie vor mir nieder! *Pause.* Na? Knie nieder! Mit wem rede ich? Einer Wand oder einem lebenden Menschen? *Pause.* Mit wem rede ich?

VASILIJ *kniet nieder* Sie sollten sich schämen, Osip Ivanyč!

OSIP Mich schämen, weil ich stehe? Das find ich sehr angenehm

... Ein Herr in Frack, auf den Knien vor einem Räuber ... So, und jetzt schreist du Hurra, so laut du kannst ... Na? *Vengerovič I kommt.*

Auftritt VIII

Osip und Vengerovič I.

VENGEROVIČ I *kommt aus dem Haus* Wer hat mich rufen lassen?
OSIP *nimmt schnell die Mütze ab* Ich, Euer Gnaden!
VASILIJ *erhebt sich, setzt sich auf eine Bank und weint.*
VENGEROVIČ I Was willst du?
OSIP Sie geruhten, mich suchen zu lassen, Sie haben in der Schenke nach mir gefragt – da bin ich.
VENGEROVIČ I Ach ja ... Aber ... hast du dir dafür keinen besseren Ort aussuchen können?
OSIP Guten Menschen, Euer Exzellenz, ist jeder Ort recht.
VENGEROVIČ I Ich brauche dich in einer Sache ... Gehen wir ein wenig ... Dort, zu der Bank da hinten! *Geht auf eine Bank im Hintergrund des Gartens zu.* Stell dich weiter weg von mir, als ob du gar nicht mit mir reden würdest ... Ja, so! Der Wirt, Lev Solomonyč schickt dich?
OSIP Genau der.
VENGEROVIČ I Das war falsch ... Ich wollte nicht dich, aber ... was soll ich machen? Mit dir ist nichts zu machen. Mit dir will ich nichts zu tun haben ... Du bist ein schlechter Mensch ...
OSIP Sehr schlecht sogar! Schlechter als alle auf Erden.
VENGEROVIČ I Sprich leiser! Wieviel Geld ich dir gegeben habe, es ist entsetzlich, und du spürst es gar nicht, so als sei mein Geld ein Haufen Steine oder irgendein anderer unnützer Gegenstand ... Du nimmst dir viel heraus, du stiehlst und raubst ... Da wendest du dich ab? Dir gefällt die Wahrheit nicht? Die Wahrheit blendet?
OSIP Ja schon, nur nicht die Ihre, Euer Exzellenz! Haben Sie mich rufen lassen, nur um mir Belehrungen zu erteilen?
VENGEROVIČ I Sprich leiser ... Du kennst ... Platonov?
OSIP Den Lehrer? Wer kennt den nicht?
VENGEROVIČ I Ja, den Lehrer. Den Lehrer, der nur das Schimp-

fen lehrt und nichts sonst. Für wieviel würdest du ihn zum Krüppel schlagen, diesen Lehrer?

OSIP Wie ist das gemeint: zum Krüppel schlagen?

VENGEROVIČ I Nicht tot, nur zum Krüppel ... Menschen umbringen soll man nicht ... Wozu sie umbringen? Mord ist so eine Sache ... Zum Krüppel schlagen, das heißt, ihn verprügeln, daß er sein Lebtag daran denkt.

OSIP Kann ich machen ...

VENGEROVIČ I Brich ihm irgendetwas, zerschneid ihm das Gesicht ... Wieviel willst du dafür? Pssst ... Da kommt jemand ... Gehen wir ein Stückchen weiter weg ... *Sie gehen in den Hintergrund des Gartens. Aus dem Hause kommen Platonov und die Grekova.*

Auftritt IX

Vengerovič I und Osip im Hintergrund der Bühne, Platonov und die Grekova.

PLATONOV *lacht* Was, was? Wie war das? *Lacht schallend.* Ich habe es nicht genau gehört ...

GREKOVA Nicht genau gehört? Ja und? Ich kann es wiederholen ... Ich werde es sogar noch schärfer formulieren ... Sie wird es selbstverständlich nicht beleidigen ... Sie sind an jede Art von Schroffheiten gewöhnt, so daß meine Worte Sie wohl kaum in Erstaunen versetzen werden ...

PLATONOV Sprechen Sie, sprechen Sie, meine Schönheit!

GREKOVA Ich bin keine Schönheit. Wer mich für eine Schönheit hält, hat keinen Geschmack ... Ganz offen – ich bin doch häßlich? Wie ist Ihre Meinung?

PLATONOV Die sag ich Ihnen später. Sprechen Sie jetzt!

GREKOVA Also hören Sie zu ... Sie sind entweder ein außergewöhnlicher Mensch, oder ... ein Schuft, eins von beiden.

PLATONOV *lacht schallend.*

GREKOVA Sie lachen ... Es ist übrigens auch zum Lachen ... *Stimmt in das Gelächter ein.*

PLATONOV *lacht schallend* Das hat sie gesagt! Kleines dummes Hühnchen! Nun sagt mir bloß! *Nimmt sie um die Taille.*

GREKOVA *setzt sich* Erlauben Sie ...

PLATONOV Kocht auch nur mit Wasser! Philosophiert, befaßt

sich mit Chemie und läßt dann solche Sprüche los! Was macht man nur mit so einer! *Küßt sie.* Ein originelles, hübsches, kleines, wildes Tier ...

GREKOVA Erlauben Sie ... Was soll das bedeuten? Ich ... ich habe nicht gesagt ... *Steht auf und setzt sich wieder.* Wieso küssen Sie mich? Ich bin ganz ...

PLATONOV Sagt es und macht mich ganz baff! Komm, ich sag dir was, und du bist platt! Soll er mal sehen, wie klug ich bin! *Küßt sie.* Sie wird verlegen ... verlegen ... Macht ein dummes Gesicht ... Ach, ach ...

GREKOVA Sie ... Sie lieben mich? Ja? ... Ja?

PLATONOV *pfeift* Und du liebst mich?

GREKOVA Wenn ... wenn ... dann ... ja ... *Weint.* Du liebst mich? Sonst hättest du das nicht getan ... Liebst du mich?

PLATONOV Nicht so viel, meine Bezaubernde! Ich mag keine Dummköpfe, ich sündiger Mensch! Ich liebe eine, die ist dumm, und das auch nur, weil ich nichts Besseres zu tun habe ... Oh! Auf einmal so blaß! Ihre Augen blitzen! Da soll sich einer auskennen! ...

GREKOVA *erhebt sich* Sie verspotten mich, ja? *Pause.*

PLATONOV Wofür Sie mich jetzt ohrfeigen werden ...

GREKOVA Ich habe meinen Stolz ... Ich werde mir die Hände nicht beschmutzen ... Ich sagte Ihnen bereits, gnädiger Herr, Sie sind entweder ein außergewöhnlicher Mensch oder ein Schuft, und jetzt sage ich Ihnen, Sie sind ein außergewöhnlicher Schuft! Ich verachte Sie! *Geht zum Haus.* Ich brauche jetzt nicht zu weinen ... Ich bin froh, endlich erkannt zu haben, was für ein Vogel Sie sind ... *Trileckij kommt.*

Auftritt X

Die Vorigen und Trileckij im Zylinder

TRILECKIJ *kommt* Die Kraniche schrein! Wo kommen denn die her? *Schaut nach oben.* So früh ...

GREKOVA Nikolaj Ivanyč, wenn Sie mich achten ... und nur ein klein wenig Selbstachtung haben, dann verkehren Sie nicht mehr mit diesem Menschen! *Zeigt auf Platonov.*

TRILECKIJ *lacht* Um Gottes willen! Das ist mein hochverehrter Herr Verwandter!

GREKOVA Und Freund?

TRILECKIJ Und Freund.

GREKOVA Sie sind nicht zu beneiden. Und er, scheint mir, ist ebenfalls nicht zu beneiden. Sie sind ein guter Mensch, aber ... dieser witzelnde Tonfall ... Manchmal wird einem übel von Ihren Witzen ... Ich will Sie damit nicht kränken, aber ... ich bin beleidigt worden, und Sie ... reißen Witze! *Weint.* Ich bin beleidigt worden ... Aber ich will nicht weinen ... Ich habe meinen Stolz. Verkehren Sie ruhig weiter mit diesem Menschen, lieben Sie ihn, verehren Sie seinen Geist, fürchten Sie ihn ... Sie alle finden, er sei Hamlet ähnlich ... Also bewundern Sie ihn ruhig! Mich geht das nichts an ... Ich will nichts von Ihnen ... Erzählen Sie Ihre Witze ihm, solange Sie Lust haben, diesem ... Schuft! *Geht ab ins Haus.*

TRILECKIJ *nach einer Pause* Hast du sie gebissen?

PLATONOV Keinen Bissen habe ich zu mir genommen ...

TRILECKIJ Es wird langsam Zeit, Michail Vasiljič, ehrlich, aufs Gewissen, daß du sie in Ruhe läßt. Schäm dich, wirklich ... So ein kluger und großer Mann, und du machst weiß der Teufel was ... Jetzt hat man dich schon einen Schuft genannt ... *Pause.* Ich kann mich wirklich nicht in zwei Hälften zerreißen, um mit der einen dich zu achten und mit der anderen ein Mädchen zu lieben, das dich einen Schuft genannt hat ...

PLATONOV Verachte mich, dann brauchst du diese Zweiteilung nicht.

TRILECKIJ Ich kann dich nicht verachten! Du weißt nicht, was du redest.

PLATONOV Bleibt also nur das eine: sie nicht zu lieben. Ich verstehe dich nicht, Nikolaj! Was findest du, ein kluger Mensch, an diesem dummen Huhn?

TRILECKIJ Hm ... Die Generalin wirft mir oft vor, ich sei kein Gentleman, und stellt mir dich als Beispiel für einen Gentleman hin ... Meiner Ansicht nach ist dieser Vorwurf voll und ganz auch auf dich zu beziehen, das Beispiel ... Ihr alle, und du besonders, schreit es an jeder Ecke aus, daß ich in sie verliebt wäre, lacht darüber, hänselt mich, verfolgt mich mit Argwohn ...

PLATONOV Drück dich klarer aus ...

TRILECKIJ Mir scheint, ich drücke mich klar aus ... und gleichzeitig habt ihr die Stirn, sie in meiner Gegenwart ein dummes Huhn zu nennen, einen Dreck ... Du bist kein Gentleman! Gentlemen wissen, daß Verliebte eine gewisse Eigenliebe haben ... Sie ist kein dummes Huhn, mein Lieber! Sie ist keine dumme Gans! Ein unnötiges Opfer, das ist sie! Es gibt Minuten, mein Freund, in denen man Lust hat, jemanden zu hassen, sich in ihn zu verbeißen, ihm irgendeine Gemeinheit zu sagen ... Weshalb das nicht an ihr ausprobieren? Sie ist ein geeignetes Objekt! Schwach, nicht schlagfertig, bis zur Dummheit zutraulich ... Ich verstehe das alles sehr wohl ... *Steht auf.* Komm, trinken wir!

OSIP *zu Vengerovič* Wenn ich den Rest dann nicht bekomme, stehle ich ihn mir hundertfach! Da können Sie sicher sein!

VENGEROVIČ I *zu Osip* Sprich leiser! Wenn du ihn zusammenschlägst, vergiß nicht zu sagen: »vom dankbaren Gastwirt!« Psst ... Geh jetzt! *Geht zum Haus.*

OSIP *geht ab.*

TRILECKIJ Hols der Teufel! Abram Abramyč! *Zu Vengerovič.* Du bist nicht zufällig krank, Abram Abramyč?

VENGEROVIČ I O nein ... Gott sei Dank, ich bin gesund.

TRILECKIJ Wie schade! Und ich brauche so dringend Geld! Glaubst du mir? Ich bin total abgebrannt, wie man so sagt ...

VENGEROVIČ I Aus Ihren Worten, Doktor, folgt: Sie brauchen Kranke, um wieder zu brennen? *Lacht.*

TRILECKIJ Ein gelungener Witz! Plump, aber dafür gelungen! Ha-ha-ha und nochmals ha-ha-ha! Lach doch, Platonov! Gib mir was, mein Lieber, wenn du kannst!

VENGEROVIČ I Sie schulden mir sowieso schon sehr viel, Doktor!

TRILECKIJ Wozu das überhaupt erwähnen? Wer wüßte das nicht? Und wieviel schulde ich dir?

VENGEROVIČ I Rund ... Ja nun ... Zweihundertfünfundvierzig Rubel, scheint mir.

TRILECKIJ Gib mir was, großer Mann! Tu mir den Gefallen, ich tue dir auch einmal einen Gefallen! Sei so gut, so hochherzig und mutig! Der mutigste Jude ist der, der Geld ohne Schuldschein verleiht! Sei mal der mutigste Jude!

VENGEROVIČ I Hm ... Jude ... Immerfort Jude, immer nur Jude ... Ich versichere Sie, meine Herren, ich habe mein Leben lang keinen einzigen Russen gesehen, der Geld ohne Schuldschein geliehen hätte, und ich versichere Sie, nirgends wird das Geldverleihen ohne Schuldschein in größerem Umfange praktiziert wie unter den unehrlichen Juden! ... Gott nehme mir das Leben, wenn ich lüge! *Seufzt.* Viel, sehr viel könntet ihr jungen Leute mit Nutzen und Gewinn von uns, den Juden, lernen, und insbesondere von uns alten Juden ... Sehr viel ... *Zieht das Portemonnaie aus der Tasche.* Man leiht euch das Geld doch gern, mit Vergnügen, und ihr ... lacht und witzelt darüber ... Das ist nicht schön, Herrschaften! Ich bin ein alter Mann ... Ich habe Kinder ... Halte jemanden für einen Schurken, aber behandle ihn menschlich ... Das haben Sie doch auf der Universität gelernt ...

TRILECKIJ Gut gesagt, Abram Abramyč!

VENGEROVIČ I Das ist nicht schön, Herrschaften, das ist häßlich ... Man könnte meinen, zwischen euch, den gebildeten Menschen, und meinen Verwaltern bestünde nicht der geringste Unterschied ... Auch mich zu duzen hat Ihnen niemand erlaubt ... Wieviel wollen Sie? Sehr häßlich ist das, junger Mensch ... Wieviel wollen Sie?

TRILECKIJ Soviel du mir gibst ... *Pause.*

VENGEROVIČ I Ich gebe Ihnen ... Geben kann ich Ihnen ... fünfzig Rubel ... *Gibt ihm das Geld.*

TRILECKIJ So üppig! *Nimmt das Geld.* Du bist groß!

VENGEROVIČ I Sie haben meinen Hut auf, Doktor!

TRILECKIJ Das ist deiner? Hm ... *Nimmt den Hut ab.* Hier, nimm ... Warum gibst du ihn nicht mal zum Reinigen? Das ist doch nicht teuer! Was heißt auf hebräisch Zylinder?

VENGEROVIČ I Wie Sie wollen. *Setzt den Hut auf.*

TRILECKIJ Steht dir gut, der Zylinder. Ein Baron, ganz ein Baron! Warum kaufst du dir nicht den Baronstitel?

VENGEROVIČ I Ich weiß es nicht! Lassen Sie mich bitte!

TRILECKIJ Du bist groß! Warum will dich niemand verstehen?

VENGEROVIČ I Fragen Sie lieber: warum will mich niemand in Ruhe lassen? *Geht ins Haus.*

Auftritt XI

Platonov und Trileckij.

PLATONOV Warum hast du ihn angepumpt?
TRILECKIJ Nur so ... *Setzt sich.*
PLATONOV Wie – »nur so«?
TRILECKIJ Ich habe ihn angepumpt und basta! Er tut dir wohl leid, wie?
PLATONOV Darum geht es nicht, Bruder!
TRILECKIJ Worum dann?
PLATONOV Das weißt du nicht?
TRILECKIJ Ich weiß es nicht.
PLATONOV Du lügst, du weißt es! *Pause.* Heiß und innig würde ich dich lieben, mein Bester, wenn du wenigstens eine Woche, wenigstens einen Tag lang nach irgendwelchen Grundsätzen leben würdest, und seien es die allermiserabelsten! Subjekte wie du brauchen Grundsätze wie das tägliche Brot ... *Pause.*
TRILECKIJ Nichts weiß ich ... Es ist nicht an uns, Bruder, unser sündiges Fleisch zu ändern! Es zu überwinden. Das wußte ich schon, als wir zusammen im Gymnasium schlechte Noten in Latein bekamen ... Lassen wir das leere Gerede ... Soll die Zunge am Gaumen festkleben! *Pause.* Vorgestern habe ich bei einer meiner Damen die Porträts der ›Menschen von heute‹ durchgeblättert, und ihre Biographien gelesen, Bruder. Und was glaubst du, mein Lieber? Wir sind nicht dabei, nein nein! Ich hab uns nicht gefunden, so sehr ich auch gesucht habe! Lasciate, Michail Vasiljič, ogni speranza! wie die Italiener sagen. Ich habe weder dich noch mich gefunden unter den Menschen von heute, und – stell dir vor! Ich bin ruhig! Sofja Egorovna zum Beispiel ist es nicht ... die ist beunruhigt darüber ...
PLATONOV Was hat Sofja Egorovna damit zu tun?
TRILECKIJ Sie ist dauernd beleidigt, daß sie nicht in den ›Menschen von heute‹ steht ... Sie bildet sich doch ein, sie bräuchte nur den kleinen Finger zu rühren, und der Erdball reißt das Maul auf, die Menschheit verliert vor Freude den Hut ... Bildet sie sich ein ... Hm ... In keinem klugen Roman findest du so viel albernen Quatsch wie in ihrem Gerede ... Und in Wirklichkeit ist sie keinen Kupfergroschen wert. Eis! Stein!

Eine Statue! Drum hat man auch dauernd Lust, ihr ein Klümpchen Gips von der Nase zu kratzen ... Und beim geringsten Anlaß ... gleich Hysterie, erhobene Stimme und Geseufze ... Kraft nicht für einen Groschen ... Eine neunmalkluge Puppe ... Mich schaut sie verächtlich an, hält mich für einen Bummelanten ... Und worin ist ihr Serëženka besser als wir? Worin? Doch nur darin, daß er keinen Vodka trinkt, hochtrabendes Zeug denkt und sich ohne jede Gewissensbisse für den Menschen der Zukunft ausgibt. Übrigens, richten wir nicht, auf daß wir nicht gerichtet werden ... *Steht auf.* Komm, trinken wir!

PLATONOV Nein. Ich finde es so schwül da drinnen.

TRILECKIJ Dann gehe ich eben allein. *Räkelt sich.* Was bedeuten eigentlich das S und das V in dem Monogramm? Sofja Vojniceva oder Sergej Vojnicev? Wem hat unser Philologe mit diesen Buchstaben die Ehre erweisen wollen: sich selber oder seiner Frau Gemahlin?

PLATONOV Mir scheint, diese Buchstaben bedeuten: »Sieger – Vengerovič«. Mit seinem Geld machen wir uns ein lustiges Leben.

TRILECKIJ Ja ... Was ist heute eigentlich mit der Generalin los? Sie lacht, stöhnt, küßt sich mit allen ... Als ob sie verliebt wäre ...

PLATONOV In wen soll sie hier schon verliebt sein? In sich selbst vielleicht? Traue ihrem Lachen nicht. Dem Lachen einer klugen Frau, die nie weint, ist nicht zu trauen; sie lacht immer dann viel, wenn sie weinen möchte. Und unsere Generalin möchte nicht weinen, sondern sich am liebsten erschießen ... Das sieht man an ihren Augen ...

TRILECKIJ Frauen erschießen sich nicht, sondern nehmen Gift ... Aber wollen wir nicht philosophieren ... Wenn ich ins Philosophieren komme, rede ich den gröbsten Unsinn ... Ein tolles Weib, unsere Generalin! Mir kommen immer schrecklich miese Gedanken, wenn ich eine Frau ansehe, aber das ist die einzige Frau, von der alle meine tollkühnen Vorhaben abprallen wie die Erbse von der Wand. Die einzige ... Wenn ich ihr Gesicht sehe, fange ich an, an platonische Liebe zu glauben. Kommst du?

PLATONOV Nein.

TRILECKIJ Dann gehe ich eben allein ... Und trinke mit dem

Popen ... *Geht und stößt in der Tür mit Glagoljev 2 zusammen.* Ach! Euer Erlaucht, der selbsternannte Graf! Da haben Sie drei Rubel! *Drückt ihm drei Rubel in die Hand und geht ab.*

Auftritt XII

Platonov und Glagoljev 2.

GLAGOLJEV 2 Eine merkwürdige Person! Aus heiterem Himmel: da haben Sie drei Rubel! *Ruft.* Ich kann Ihnen selber drei Rubel schenken! Hm ... So ein Idiot! *Zu Platonov.* Seine Dummheit verblüfft mich immer wieder schrecklich. *Lacht.* Dumm bis zur Unverschämtheit!

PLATONOV Warum tanzen Sie nicht, großer Tänzer?

GLAGOLJEV 2 Tanzen? Hier? Mit wem, gestatten Sie die Frage? *Setzt sich neben Platonov.*

PLATONOV Sie wissen nicht mit wem?

GLAGOLJEV 2 All diese Typen! Lauter Typen, wen man auch anschaut! Diese Fressen, Adlernasen, dieses affektierte Getue ... Und die Damen? *Lacht schallend.* Weiß der Teufel! Bei solchem Publikum ziehe ich das Buffet dem Tanzen vor. *Pause.* Was ist das doch für ein Mief in Rußland! Was für eine ranzige, stickige Luft ... Ich kann Rußland nicht ausstehen ... Unbildung, Gestank. Brrr ... Das ist es eben ... Waren Sie schon einmal in Paris?

PLATONOV Nein.

GLAGOLJEV 2 Schade. Aber Sie werden schon noch mal hinkommen. Wenn Sie fahren, sagen Sie es mir vorher. Ich eröffne Ihnen alle Geheimnisse von Paris. Ich gebe Ihnen dreihundert Empfehlungsbriefe, und dreihundert der elegantesten französische Kokotten stehen zu Ihrer Verfügung.

PLATONOV Ich danke Ihnen, ich bin satt. Sagen Sie mir, ist es wahr, was die Leute sagen, Ihr Vater will Platonovka kaufen?

GLAGOLJEV 2 Ich weiß es wirklich nicht. Ich halte mich von den Kommerzien fern. Aber haben Sie bemerkt, wie mon père Ihrer Generalin den Hof macht? *Lacht schallend.* Das ist auch so eine Type! Der alte Dachs will heiraten! Dumm wie ein Auerhahn! Ihre Generalin ist charmant! Gar nicht übel!

Pause. Das ist ein Frauchen, das ist ein Frauchen ... Und ihre Formen?! Ta, ta! *Haut Platonov auf die Schulter.* Glückspilz! Schnürt sie sich? Schnürt sie sich sehr?

PLATONOV Ich weiß es nicht. Ich bin nicht zugegen, wenn sie Toilette macht ...

GLAGOLJEV 2 Aber man hat mir gesagt ... Sind Sie denn nicht ...

PLATONOV Graf, Sie sind ein Idiot!

GLAGOLJEV 2 Aber es war doch nur ein Scherz ... Warum denn gleich bösewerden? Was sind Sie für ein komischer Kauz, wirklich! *Leise.* Und ist es wahr, was die Leute sagen, daß sie ... Eine etwas heikle Frage, aber unter uns, nehme ich an ... Ist es wahr, daß sie Geld manchmal bis zum Schwachwerden liebt?

PLATONOV Fragen Sie sie das selbst. Ich weiß es nicht.

GLAGOLJEV 2 Sie selbst fragen? *Lacht schallend.* Was für eine Idee?! Platonov! Was sagen Sie da?!

PLATONOV *setzt sich auf eine andere Bank* Ein Meister im Belästigen anderer!

GLAGOLJEV 2 *lacht schallend* Und was, wenn ich tatsächlich frage? Warum, warum eigentlich nicht?

PLATONOV Selbstverständlich ... *Beiseite.* Frag sie ruhig ... Sie haut dir eine rein, daß du dich nicht wiedererkennst! *Zu ihm.* Fragen Sie sie.

GLAGOLJEV 2 *springt auf* Ich schwöre, das ist eine exzellente Idee! Eine Million Teufel! Ich werde sie fragen, Platonov, und ich gebe Ihnen mein Ehrenwort, sie ist mein! Ich habe es im Gefühl! Ich frage sie jetzt sofort! Ich halte die Wette, sie ist mein! *Läuft zum Haus und stößt in der Tür mit Anna Petrovna und Trileckij zusammen.* Mille pardons, madame! *Macht einen Kratzfuß und geht ab.*

PLATONOV *setzt sich an seinen alten Platz.*

Auftritt XIII

Platonov, Anna Petrovna und Trileckij.

TRILECKIJ *auf der Freitreppe* Da sitzt er, Ihr großer Weiser und Philosoph! Da sitzt er auf der Lauer und wartet voller Ungeduld auf Beute: wem er als nächstem den Kopf waschen kann?

ANNA PETR. Er beißt nicht an, Michail Vasiljič!

TRILECKIJ Das ist schlimm! Er beißt heute einfach nicht an! Armer Moralist! Ich bedauere dich, Platonov! Obwohl ich betrunken bin und ... obwohl da drinnen der Diakon auf mich wartet! Leben Sie wohl! *Geht ab.*

ANNA PETR. *geht auf Platonov zu* Warum sitzen Sie hier?

PLATONOV In den Räumen ist es schwül, dieser schöne Himmel ist besser als Ihr verräucherter Plafond!

ANNA PETR. *setzt sich* Herrlich, dieses Wetter! Frische Luft, Kühle, Sternenhimmel und Mond! Schade, daß man als Aristokratin nicht draußen unter freiem Himmel schlafen darf. Als kleines Mädchen habe ich im Sommer immer im Garten übernachtet. *Pause.* Ist die Krawatte neu?

PLATONOV Ja. *Pause.*

ANNA PETR. Ich bin heute in einer ganz besonderen Stimmung ... Mir gefällt heute alles ... Ich lasse mich gehen! Nun sagen Sie schon etwas, Platonov! Warum schweigen Sie? Ich bin doch extra herausgekommen, damit Sie etwas sagen ... Sie sind mir einer!

PLATONOV Was soll ich Ihnen sagen?

ANNA PETR. Sagen Sie mir irgend etwas Neues, Hübsches, Pikantes ... Sie sind heute so gescheit, so hübsch ... Wirklich, mir scheint, ich bin heute noch mehr in Sie verliebt als sonst ... Sie sind heute eine Seele von einem Menschen! Und stiften so wenig Aufruhr!

PLATONOV Auch Sie sind heute so schön ... Übrigens, Sie sind immer schön!

ANNA PETR. Sind wir Freunde, Platonov?

PLATONOV Höchstwahrscheinlich ... Ja, Freunde wahrscheinlich ... Was, wenn nicht dies, könnte man Freundschaft nennen?

ANNA PETR. Freunde auf jeden Fall? Ja?

PLATONOV Ich würde sagen, große ... Ich habe mich sehr an Sie gewöhnt, fühle mich Ihnen verbunden ... Es bräuchte viel Zeit, wenn ich mir Sie abgewöhnen sollte ...

ANNA PETR. Große Freunde?

PLATONOV Wozu diese Fragen? Lassen Sie das, Matuška! Freunde ... Freunde ... Wie eine alte Jungfer ...

ANNA PETR. Gut ... Wir sind Freunde, aber wissen Sie, gnädiger Herr, daß es von der Freundschaft von Mann zu Frau bis zur Liebe nur ein einziger Schritt ist? *Lacht.*

PLATONOV So! *Lacht.* Warum sagen Sie das? Wir beide wecken die Teufelchen nicht, so laut wir auch rufen würden.

ANNA PETR. Liebe – Teufelchen ... Was für ein Vergleich! Du redest nicht mit deiner Frau! Pardon, ich habe Sie geduzt ... Bei Gott, Michel, aus Versehen! Und warum sollten wir sie nicht wecken? Sind wir keine Menschen, hm? Liebe ist etwas Schönes ... Was werden Sie denn rot!

PLATONOV *schaut sie fest an* Ich sehe: entweder erlauben Sie sich einen hübschen Scherz, oder Sie wollen ... auf etwas hinaus ... Gehen wir, den Walzer da tanzen!

ANNA PETR. Sie können nicht tanzen! *Pause.* Ich muß mit Ihnen reden, wie es sich gehört ... Es ist Zeit ... *Schaut sich um.* Bemühen Sie sich, mon cher, und hören Sie zu, philosophieren Sie nicht!

PLATONOV Gehen wir tanzen, Anna Petrovna!

ANNA PETR. Setzen wir uns ein wenig weiter weg ... Kommen Sie hierher! *Sie setzt sich auf eine andere Bank.* Ich weiß nur nicht, womit ich anfangen soll ... Sie sind so schwerfällig und verlogen ...

PLATONOV Soll nicht lieber ich anfangen, Anna Petrovna?

ANNA PETR. Wenn Sie anfangen, reden Sie doch nur um den heißen Brei herum! Nun sagt mir bloß! Er wird verlegen! Das kann ich einfach nicht glauben! *Haut Platonov auf die Schulter.* Miša, Spaßvogel! Also gut, sprechen Sie, sprechen Sie ... Nur machen Sie es kurz ...

PLATONOV Ich mache es ganz kurz. Was ich Ihnen sagen will: wozu? *Pause.* Ehrenwort, Anna Petrovna, es lohnt nicht!

ANNA PETR. Aber warum denn nicht? Also hören Sie zu ... Sie werden mich nicht verstehen ... Wären Sie frei, würde ich, ohne lange zu überlegen, Ihre Frau werden, würde ich meine Exzellenz auf ewig Ihrem Befehl unterstellen, aber so ... Nun? Schweigen als Zeichen des Einverständnisses? Ja? *Pause.* Hören Sie, Platonov, im gegebenen Falle ist es unanständig zu schweigen!

PLATONOV *springt auf* Vergessen wir dieses Gespräch, Anna Petrovna! Bitte, um Gottes willen, tun wir so, als hätte es dieses Gespräch nie gegeben! Es hat es nie gegeben!

ANNA PETR. *zuckt die Achseln* Merkwürdiger Mensch! Warum denn?

PLATONOV Weil ich Sie verehre! Und diese Verehrung für Sie ist mir so viel wert, daß es mir leichter fiele, im Erdboden zu versinken, als mich von ihr zu trennen! Ich bin ein freier Mann, meine Freundin, ich bin nicht dagegen, daß man seine Zeit angenehm verbringt, ich bin kein Feind von Liaisons mit Frauen, ich bin nicht einmal ein Feind von vornehmen kleinen Intrigen, aber ... eine Intrige mit Ihnen, Sie zum Gegenstand meiner müßigen Ansinnen zu machen, Sie kluge, schöne, freie Frau?! Nein! Das wäre zu viel! Verbannen Sie mich lieber ans Ende der Welt! Ein-zwei Monate zusammen leben, und dann ... auseinandergehen und dabei erröten müssen?!

ANNA PETR. Es handelt sich um Liebe!

PLATONOV Und liebe ich Sie etwa nicht? Ich liebe Sie, Sie sind gut, klug, weich. Ich liebe Sie verzweifelt, rasend! Ich gebe mein Leben für Sie, wenn Sie es wollen! Ich liebe Sie als Frau und als Menschen! Muß denn jede Liebe in die gewisse Art Liebe eingereiht werden? Meine Liebe zu Ihnen ist mir tausendfach teurer als die, die Ihnen vorschwebt ...

ANNA PETR. *steht auf* Geh, Liebster, schlaf dich aus! Schlaf dich aus, dann reden wir weiter ...

PLATONOV Vergessen wir dieses Gespräch ... *Küßt ihr die Hand.* Seien wir Freunde, aber spielen wir nicht miteinander; wir sind unserem Verhältnis zueinander ein besseres Schicksal schuldig ... Und außerdem bin ich doch ... wenn auch nur ein bißchen, verheiratet! Lassen wir dieses Gespräch! Lassen wir alles beim alten!

ANNA PETR. Geh, Liebster, geh! Verheiratet ... Du liebst mich doch? Was redest du da von deiner Frau? Marsch! Wir reden später weiter, in ein, zwei Stunden ... Im Augenblick haben Sie einen Anfall von Verlogenheit ...

PLATONOV Sie belügen kann ich nicht ... *Ihr leise ins Ohr.* Wenn ich dich belügen könnte, wäre ich schon lange dein Liebhaber ...

ANNA PETR. *schroff* Scheren Sie sich fort!

PLATONOV Unsinn, Sie sind mir nicht böse ... Das sagen Sie nur so dahin ... *Geht ab ins Haus.*

ANNA PETR. Ein komischer Mensch! *Setzt sich.* Er weiß nicht, was er da redet ... Jede Liebe in die gewisse Art Liebe einreihen ... So ein Quatsch! Wie die Liebe eines Schriftstellers zu einer Schriftstellerin ... *Pause.* Ein unerträglicher Mensch! So reden können wir noch bis zum Jüngsten Gericht, mein

Teurer! Und bist du nicht willig, so brauch ich Gewalt ... Und zwar noch heute! Es ist Zeit, daß wir hinauskommen über diese blöde Situation der gegenseitigen Erwartung ... Ich habe es satt ... Ich nehme dich mir mit Gewalt ... Da kommt jemand? Glagoljev ... er sucht mich ...

Glagoljev 1 kommt.

Auftritt XIV

Anna Petrovna und Glagoljev 1.

GLAGOLJEV 1 So etwas Langweiliges! Da reden diese Leute nun, und es ist genau dasselbe, was ich schon vor einem Jahr gehört habe; sie denken, und genau dasselbe, was ich schon als kleines Kind gedacht habe ... Ich werde jetzt mit ihr reden, dann fahre ich weg.

ANNA PETR. Was murmeln Sie da vor sich hin, Porfirij Semënyč? Darf man es erfahren?

GLAGOLJEV 1 Sie hier? *Geht auf sie zu.* Ich beschimpfe mich selbst, weil ich hier überflüssig bin ...

ANNA PETR. Nicht, weil Sie anders sind als wir? Nicht doch! Menschen gewöhnen sich an Kellerschaben, da werden Sie sich doch an Menschen wie uns gewöhnen! Setzen Sie sich, unterhalten wir uns!

GLAGOLJEV 1 *setzt sich neben sie* Ich habe nach Ihnen gesucht, Anna Petrovna! Ich muß mit Ihnen über einiges reden ...

ANNA PETR. Dann reden wir doch ...

GLAGOLJEV 1 Ich wollte mit Ihnen reden ... Ich wüßte gern Ihre Antwort auf meinen ... Brief ...

ANNA PETR. Hm ... Wozu habe ich Sie verführt, Porfirij Semënyč?

GLAGOLJEV 1 Ich entsage, wissen Sie ... den Rechten des Ehemanns ... Es geht mir nicht um Rechte! Ich brauche einen Freund, eine Frau im Hause ... Bei mir ist das Paradies, nur, es gibt in ihm keine ... Engel.

ANNA PETR. *beiseite* Jetzt ist das Zuckerbrot an der Reihe! *Zu ihm.* Ich stelle mir oft die Frage, was ich in diesem Paradies tun soll, ich – bin ein Mensch, kein Engel, wenn ich da hinein geriete?

GLAGOLJEV I Wie können Sie wissen, was Sie im Paradies tun werden, wenn Sie nicht wissen, was Sie morgen tun werden. Ein guter Mensch findet überall Arbeit – im Himmel wie auf Erden ...

ANNA PETR. Das ist alles schön und gut, aber wird mein Leben an Ihrer Seite das wert sein, was ich dafür bekommen werde? Es ist ein bißchen merkwürdig, Porfirij Semënyč? Entschuldigen Sie, Porfirij Semënyč, aber Ihr Antrag erscheint mehr als merkwürdig ... Wozu wollen Sie heiraten? Wozu hat Sie Ihr Freund im Rock verführt? Es ist nicht meine Sache, entschuldigen Sie ... aber wenn wir schon dabei sind, will ich ausreden. Wenn ich so alt wäre wie Sie, wenn ich so viel Geld, Geist und Gerechtigkeit besäße wie Sie, ich würde nichts auf dieser Welt mehr suchen, nur noch das Gemeinwohl ... das heißt, um mich so auszudrücken, ich würde nichts anderes suchen als die Erfüllung der Liebe zu meinem Nächsten ...

GLAGOLJEV I Ich bin außerstande, mich zu schlagen für das Wohlergehen des Volkes ... Dazu gehören eiserner Wille und Fähigkeiten, doch die hat Gott mir nicht gegeben! Ich bin nur dazu geboren, große Taten zu lieben und eine Masse kleiner zu verrichten, die alle nichts wert sind ... Nur um zu lieben bin ich da! Kommen Sie zu mir!

ANNA PETR. Nein, verlieren Sie kein Wort mehr darüber ... Messen Sie meiner Absage keine schicksalhafte Bedeutung bei ... Es ist eitel, mein Freund! Wären wir Herr über alles, was wir lieben, würde der Platz nicht ausreichen ... für das zu Beherrschende ... Das bedeutet, man handelt nicht ganz unklug und lieblos, wenn man Absagen erteilt ... *Lacht schallend.* Ein Stückchen Philosophie zum Nachtisch! Was ist da für ein Lärm? Hören Sie? Ich wette um meine Hypothek, da hat Platonov wieder Aufruhr gestiftet ... Was für ein Charakter! *Es kommen die Grekova und Trileckij.*

Auftritt XV

Anna Petrovna, Glagoljev 1, Grekova und Trileckij.

GREKOVA *kommt* Das ist der Gipfel der Beleidigungen. *Weint.* Der Gipfel! Dem schweigend zusehen – können nur verdorbene Menschen!

TRILECKIJ Das will ich gern glauben, das will ich gern glauben, aber was habe denn ich damit zu tun? Was habe ich damit zu tun? Ich kann doch nicht mit dem Knüppel auf ihn losgehen, sagen Sie doch selbst!

GREKOVA Sie hätten mit dem Knüppel auf ihn losgehen müssen, wenn Sie keine anderen Mittel haben! Gehen Sie fort von mir! Ich als Frau, ich hätte nicht geschwiegen, wenn man Sie in meiner Gegenwart so niedrig, so schamlos und unverdient beleidigt hätte!

TRILECKIJ Aber ich habe doch ... Urteilen Sie klar und vernünftig! ... Worin besteht meine Schuld? ...

GREKOVA Sie sind ein Feigling, das sind Sie! Scheren Sie sich fort von mir an Ihr geliebtes Buffet! Leben Sie wohl! Bemühen Sie sich nicht weiter, mich zu besuchen! Wir brauchen einander nicht ... Leben Sie wohl!

TRILECKIJ Bitte sehr, leben Sie wohl, leben Sie wohl! Ich habe es satt, es widert mich alles an! Tränen, Tränen ... Ah, mein Gott! Mir ist selber ganz schwindlig ... coenurus cerebralis! He-e-e ... *Winkt ab und geht ab.*

GREKOVA Coenurus cerebralis ... *Geht.* Er hat mich beleidigt ... Weshalb? Was habe ich ihm getan?

ANNA PETR. *geht auf sie zu* Marja Efimovna ... Ich will Sie nicht halten ... Ich an Ihrer Stelle wäre auch gegangen ... *Küßt sie.* Weinen Sie nicht, meine Gute. Der Großteil der Frauen ist geschaffen, um von den Männern alle möglichen Kränkungen zu erfahren ...

GREKOVA Nur ich nicht ... Ich ... lasse ihn hinaussetzen! Er wird hier nicht länger Lehrer sein! Er hat nicht das Recht, Lehrer zu sein! Morgen noch fahre ich zum Direktor der Volksbildungsanstalten ...

ANNA PETR. Aber nicht doch ... Ich werde Sie in ein paar Tagen besuchen kommen, und wir verurteilen Platonov gemeinsam, einstweilen beruhigen Sie sich ... Hören Sie auf zu weinen ...

Sie werden Genugtuung erhalten ... Auf Trileckij seien Sie nicht böse, meine Gute ... Er hat Sie nicht verteidigt, weil er zu gut und zu weich ist, solche Leute sind außerstande, jemanden zu verteidigen ... Was hat er Ihnen denn getan?

GREKOVA Er hat mich vor aller Augen geküßt ... ein dummes Huhn genannt und ... mich auf den Tisch gesetzt ... Glauben Sie bloß nicht, daß er das ungestraft getan hat! Er ist entweder verrückt, oder ... Dem werde ichs zeigen! *Geht ab.*

ANNA PETR. *ruft ihr nach* Leben Sie wohl! Wir sehen uns bald! *Zu Jakov* Jakov! Die Equipage von Marja Efimovna! Ach, Platonov, Platonov ... Der reitet sich noch einmal ins Verderben ...

GLAGOLJEV 1 Ein sehr gutes Mädchen! Unser guter Michail Vasiljič kann sie nicht leiden ... Ständig muß er sie beleidigen ...

ANNA PETR. Ach was! Heute beleidigt er sie, morgen entschuldigt er sich bei ihr ... So ist dieser Herr nun einmal ... *Glagoljev 2 kommt.*

Auftritt XVI

Die Vorigen und Glagoljev 2.

GLAGOLJEV 2 *beiseite* Er ist bei ihr! Schon wieder bei ihr! Weiß der Teufel, was das soll! *Fixiert seinen Vater.*

GLAGOLJEV 1 *nach einer Pause* Was willst du?

GLAGOLJEV 2 Du sitzt hier, und dort suchen dich alle! Geh, man ruft nach dir!

GLAGOLJEV 1 Wer ruft nach mir?

GLAGOLJEV 2 Die Leute!

GLAGOLJEV 1 Daß es Leute sind, weiß ich ... *Steht auf.* Wie Sie wollen, Anna Petrovna, aber ich werde nicht von Ihnen lassen! Sie werden anders reden, wenn Sie mich erst verstanden haben! Wir sehen uns noch ... *Geht ab ins Haus.*

Auftritt XVII

Anna Petrovna und Glagoljev 2.

GLAGOLJEV 2 *setzt sich neben Anna Petrovna* Alter Dachs! Esel! Niemand hat nach ihm gerufen! Reingelegt hab ich ihn!

ANNA PETR. Wenn Sie erst mal vernünftig geworden sind, werden Sie sich wegen Ihres Vaters große Vorwürfe machen!

GLAGOLJEV 2 Sie scherzen ... Weshalb ich gekommen bin ... Zwei Worte ... Ja oder nein?

ANNA PETR. Das heißt?

GLAGOLJEV 2 Als verstünden Sie nicht! Ja oder nein?

ANNA PETR. Ich verstehe absolut nicht!

GLAGOLJEV 2 Sie werden mich sofort verstehen ... Geld hilft alles verstehen ... Wenn »ja«, möchten Sie dann nicht, Generalissima meines Herzens, mir in die Tasche greifen und mein Portemonnaie mit dem Geld meines Herrn Papa herausholen? ... *Hält ihr die Tasche auf.*

ANNA PETR. Das war offen! Für solche Worte bekommen vernünftige Leute Ohrfeigen!

GLAGOLJEV 2 Von einer angenehmen Dame ist auch eine Ohrfeige angenehm ... Zuerst gibt sie einem die Ohrfeige, und dann sagt sie nach einer Weile bald auch »ja« ...

ANNA PETR. *steht auf* Nehmen Sie Ihren Hut und scheren Sie sich augenblicklich fort!

GLAGOLJEV 2 *steht auf* Fort, wohin?

ANNA PETR. Wohin es Ihnen beliebt! Scheren Sie sich fort und wagen Sie ja nicht, hier noch einmal zu erscheinen!

GLAGOLJEV 2 Fis donc ... Weshalb denn so böse? Ich werde nicht gehen, Anna Petrovna!

ANNA PETR. Nun, dann lasse ich Sie hinausbegleiten! *Geht ab ins Haus.*

GLAGOLJEV 2 Wie böse Sie sind! Ich habe doch nichts gesagt, nichts Besonderes. Was habe ich gesagt? Deswegen muß man doch nicht gleich bösewerden ... *Geht ihr nach.*

Auftritt XVIII

Platonov und Sofja Egorovna kommen aus dem Haus.

PLATONOV In der Schule bekleide ich noch immer nicht meine eigentliche Stelle, sondern die eines Lehrers ... Das ist alles, was geschehen ist, seit wir uns das letzte Mal gesehen haben! ... *Sie setzen sich.* Das Böse brodelt um mich her, vergiftet die Erde, verschlingt meine Brüder in Christo und Landsleute, und ich sitze da, mit gefalteten Händen, wie nach einer schweren Arbeit; sitze da, schaue zu und schweige ... Ich bin siebenundzwanzig Jahre alt, dreißig Jahre lang wird es so bleiben – Veränderungen sehe ich keine! – was folgt, ist Verfettung im Schlafrock, Abstumpfen, vollkommene Gleichgültigkeit gegenüber allem, was nicht Fleisch ist, und das ist der Tod! Mein Leben ist vertan! Mir stehen die Haare zu Berge, wenn ich an diesen Tod denke! *Pause.* Wie sich dagegen wehren, Sofja Egorovna? *Pause.* Sie schweigen, Sie wissen es nicht ... Woher sollten Sie es auch wissen? Sofja Egorovna, nicht ich bin es, der mir leidtut! Zum Teufel mit mir! Aber was ist mit Ihnen geschehen? Wo ist Ihre reine Seele, Ihre Ehrlichkeit, Ihr Gerechtigkeitssinn, Ihr Mut? Wo Ihr gesundes Wesen? Wo ist das alles geblieben? Sofja Egorovna! Ganze Jahre tatenlos verbringen, fremde Hände für sich arbeiten lassen, sich an fremden Leiden ergötzen und einem noch gerade in die Augen sehen können – das ist Verkommenheit!

SOFJA EGOR. *steht auf.*

PLATONOV *setzt sich wieder hin* Das ist mein Schlußwort, warten Sie! Was hat Sie zu einer affektierten Faulenzerin, einer Phrasendrescherin gemacht? Wer hat Sie das Lügen gelehrt? Und was waren Sie früher! Erlauben Sie! Ich entlasse Sie gleich! Lassen Sie mich ausreden! Was waren Sie schön, Sofja Egorovna, was waren Sie schön! Liebste, Sofja Egorovna, vielleicht können Sie noch aufbegehren, vielleicht ist es noch nicht zu spät! Überlegen Sie es sich! Nehmen Sie all Ihre Kraft zusammen, und begehren Sie auf, um Gottes willen! *Nimmt ihre Hand.* Meine Teure, sagen Sie mir offen, was hat Sie veranlaßt, diesen Menschen zu heiraten? Was hat Sie an dieser Heirat verlockt?

SOFJA EGOR. Er ist ein guter Mensch ...

PLATONOV Das glauben Sie doch selbst nicht!

SOFJA EGOR. *steht auf* Er ist mein Mann, und ich möchte Sie bitten ...

PLATONOV Soll er sein, was er will, ich sage die Wahrheit! Setzen Sie sich! *Setzt sie wieder hin.* Warum haben Sie nicht jemanden gewählt, der etwas tut, der leidet? Warum haben Sie sich keinen anderen Mann genommen, sondern ausgerechnet diesen Pygmäen, der versackt ist in Schulden und Nichtstun? ...

SOFJA EGOR. Lassen Sie mich! Schreien Sie nicht so! Da kommt jemand ... *Gäste gehen vorüber.*

PLATONOV Zum Teufel mit denen! Sollen es doch alle hören! *Leise.* Entschuldigen Sie, ich war schroff ... Aber ich habe Sie doch geliebt! Ich habe Sie mehr geliebt als alles auf der Welt, darum sind Sie mir teuer. Wie habe ich dieses Haar geliebt, diese Hände, dieses Gesicht ... Weshalb pudern Sie sich, Sofja Egorovna? Lassen Sie das! Ach! Wären Sie an einen anderen geraten, Sie würden bald gegen all das aufbegehren, hier werden Sie nur noch tiefer versacken! Sie Arme ... Wenn ich Unglücksmensch nur die Kraft hätte, mit Stumpf und Stiel würde ich mich und Sie aus diesem Sumpf reißen ... *Pause.* Leben! Warum leben wir nur nicht so, wie wir könnten?!

SOFJA EGOR. *steht auf und schlägt die Hände vors Gesicht* Lassen Sie mich! *Im Haus Lärm.* Gehen Sie! *Geht zum Haus.*

PLATONOV *geht ihr nach* Nehmen Sie die Hände vom Gesicht! Ja, so! Sie reisen nicht ab? Sie reisen nicht? Wollen wir Freunde sein, Sophie! Sie reisen doch nicht ab? Wir werden noch miteinander reden? Ja? *Im Haus verstärkter Lärm und schnelle Schritte auf der Treppe.*

SOFJA EGOR. Ja.

PLATONOV Wir wollen Freunde sein, meine Gute ... Warum sollten wir Feinde sein? Erlauben Sie ... Noch ein paar Worte ... *Aus dem Haus kommt Vojnicev gelaufen, ihm folgen Gäste.*

Auftritt XIX

Die Vorigen, Vojnicev und Gäste, dann Anna Petrovna und Trileckij.

VOJNICEV *kommt herbeigelaufen* Ach . . . Da sind sie, die Hauptpersonen! Wir machen jetzt das Feuerwerk! *Ruft.* Jakov, an den Fluß, marsch! *Zu Sofja Egorovna.* Hast du es dir nicht anders überlegt, Sophie?

PLATONOV Sie fährt nicht weg, sie bleibt hier . . .

VOJNICEV Ja? Also dann: Hurra! Die Hand, Michail Vasiljič! *Drückt Platonov die Hand.* Ich habe immer an deine Überredungskünste geglaubt. Machen wir jetzt das Feuerwerk! *Geht mit den Gästen in den Hintergrund des Gartens.*

PLATONOV *nach einer Pause* Ja, so ist das, Sofja Egorovna . . . Hm . .

VOJNICEVS STIMME Maman, wo bleiben Sie? Platonov? *Pause.*

PLATONOV Zum Teufel, geh ich eben auch . . . *Ruft.* Sergej Pavlovič, warte, fang nicht ohne mich an! Schick Jakov zu mir, den Ballon holen. *Läuft in den Garten.*

ANNA PETR. *kommt aus dem Haus gelaufen* Wartet! Sergej, warte, es sind noch nicht alle da! Feuert erst mal aus der Kanone! *Zu Sophie.* Kommen Sie, Sophie! Was ist, haben Sie einen Kummer?

PLATONOVS STIMME Hierher, schöne Frau! Wir singen das alte Lied, wenn wir kein neues können!

ANNA PETR. Ich komme, mon cher! *Läuft davon.*

PLATONOVS STIMME Wer kommt mit mir ins Boot? Sofja Egorovna, wollen wir nicht auf den Fluß hinaus?

SOFJA EGOR. Gehen oder nicht gehen. *Denkt nach.*

TRILECKIJ *kommt* He, wo seid ihr? *Singt.* Ich komme, ich komme! *Schaut Sofja Egorovna durchdringend an.*

SOFJA EGOR. Was wollen Sie?

TRILECKIJ Nichts . . .

SOFJA EGOR. Dann gehen Sie schon! Ich bin heute nicht zu Unterhaltungen aufgelegt . . .

TRILECKIJ Ich weiß, ich weiß . . . *Pause.* Ich möchte schrecklich gern mal mit dem Finger über Ihre Stirn fahren: aus was die wohl gemacht ist? Ich möchte es schrecklich gern . . . Nicht um

Sie zu beleidigen, sondern nur so ... zur eigenen Beruhigung ...

SOFJA EGOR. Witzbold! *Wendet sich ab.* Aber nicht im Sinne von Komiker, sondern Witzbold, Hanswurst!

TRILECKIJ Ja ... Witzbold ... Dafür bekomme ich ja auch was zu beißen von der Generalin ... Na ja ... und ein Taschengeld ... Und wenn wir uns erst auf die Nerven gehen, jagt sie mich mit Schimpf und Schande davon. Stimmt doch, was ich sage? Ich bin übrigens nicht der einzige, der das sagt ... Auch Sie haben das gesagt, als Sie bei Glagoljev zu Gast waren, diesem modernen Freimaurer ...

SOFJA EGOR. Gut, gut ... Freut mich sehr, daß man es Ihnen hinterbracht hat ... Jetzt wissen Sie also, daß ich durchaus imstande bin, zwischen Hanswursten und geistreichen Menschen zu unterscheiden! Als Schauspieler wären Sie der Favorit der Galerie, das Parterre würde Sie auszischen ... Ich zische Sie aus.

TRILECKIJ Eine überaus geistreiche Spitze, geradezu übernatürlich geistreich ... Sehr löblich ... Habe die Ehre mich zu verbeugen. *Verbeugt sich.* Auf ein angenehmes Wiedersehen! Ich würde gern noch ein wenig mit Ihnen plaudern, aber ... ich fürchte, jetzt bin ich vernichtet! *Geht in den Hintergrund des Gartens.*

SOFJA EGOR. *stampft mit dem Fuß auf* Nichtswürdiger! Wenn er wüßte, was ich von ihm denke! Banaler Kerl!

PLATONOVS STIMME Wer rudert mit mir auf den Fluß hinaus?

SOFJA EGOR. Tja ... Dem Unvermeidlichen entgeht man nicht! *Ruft.* Ich komme! *Läuft davon.*

Auftritt XX

Glagoljev 1 und Glagoljev 2 kommen aus dem Haus.

GLAGOLJEV 1 Du lügst! Du lügst, du schlimmer Bengel!

GLAGOLJEV 2 So ein Quatsch! Weshalb sollte ich lügen? Frag sie doch selber, wenn du es nicht glaubst! Kaum bist du weggewesen, da habe ich ihr hier auf derselben Bank zwei-drei Worte ins Ohr gesagt, sie umarmt, abgeküßt ... Zuerst wollte sie dreitausend, na und dann habe ich mit ihr herumgefeilscht und sie auf eintausend heruntergehandelt! Gib mir die tausend Rubel!

GLAGOLJEV 1 Kirill, es geht um die Ehre einer Frau! Besudele diese Ehre nicht, sie ist heilig! Schweig!

GLAGOLJEV 2 Ich schwöre es, bei meiner Ehre! Du glaubst mir nicht? Ich schwöre, bei allem was mir heilig ist! Gib mir die tausend Rubel! Ich bringe sie ihr sofort ...

GLAGOLJEV 1 Entsetzlich ... Du lügst! Sie hat sich einen Scherz erlaubt mit dir Dummkopf!

GLAGOLJEV 2 Aber ... wenn ich dir sage, ich habe sie umarmt. Was ist daran so erstaunlich? Heutzutage sind die Frauen so! Glaube bloß nicht an deren Unschuld! Die kenne ich! Und du hast sie sogar heiraten wollen! *Lacht schallend.*

GLAGOLJEV 1 Um Gottes willen, Kirill! Weißt du, daß das eine Verleumdung ist?

GLAGOLJEV 2 Gib mir die tausend Rubel! Ich händige sie ihr vor deinen Augen aus! Auf dieser Bank habe ich sie umarmt, geküßt und mit ihr herumgefeilscht ... Ich schwöre! Was willst du noch? Ich habe dich doch nur verjagt, um in Ruhe mit ihr handeln zu können! Er glaubt nicht, daß ich Frauen besiegen kann! Biete du ihr zweitausend, und sie gehört dir! Ich kenne die Frauen, mein Lieber!

GLAGOLJEV 1 *zieht die Brieftasche und wirft sie auf den Boden* Da, nimm!

GLAGOLJEV 2 *hebt die Brieftasche auf und zählt das Geld ab.*

VOJNICEVS STIMME Ich fange an! Maman, geben Sie Feuer! Trileckij, klettre auf den Pavillon! Wer ist auf die Schachtel getreten? Sie!

TRILECKIJS STIMME Also gut, ich klettre rauf, zum Teufel! *Lacht schallend.* Wer ist das? Bugrov ist erstickt! Ich bin Bugrov auf den Hals getreten! Wo sind die Streichhölzer?

GLAGOLJEV 2 *beiseite* Ich bin gerächt! *Ruft.* Hurra-a-a! *Läuft davon.*

TRILECKIJ Wer brüllt da so? Haut ihm eine rein!

VOJNICEVS STIMME Fertig?

GLAGOLJEV 1 *faßt sich an den Kopf* Mein Gott! Ein Abgrund! Eiterbeule! Ich habe sie angebetet! Verzeih ihr, Gott! *Setzt sich auf die Bank und schlägt die Hände vors Gesicht.*

VOJNICEVS STIMME Wer hat mir die Zündschnur weggenommen? Maman, Sie sollten sich schämen! Wo ist die Zündschnur, die hier lag?

ANNA PETROVNAS STIMME Hier, du Maulaffe!

GLAGOLJEV I *stürzt von der Bank.*

ANNA PETROVNAS STIMME Sie! Wer sind Sie! Trampeln Sie nicht hier herum! *Ruft.* Hierher! Hierher! *Sofja Egorovna stürzt herein.*

Auftritt XXI

Sofja Egorovna allein.

SOFJA EGOR. *blaß, mit zerzauster Frisur* Ich kann nicht mehr! Das ist zu viel, das geht über meine Kräfte! *Faßt sich an die Brust.* Mein Untergang oder ... das Glück! Es ist so stickig hier! ... Entweder richtet er mich zugrunde, oder ... er ist der Bote des neuen Lebens! Ich grüße, ich segne dich ... dich, neues Leben! Es ist beschlossen!

VOJNICEVS STIMME *ruft* Achtung! *Feuerwerk.*

Zweites Bild

Wald. Eine Schneise. Zu Beginn der Schneise, auf der linken Seite – das Schulgebäude. Die Schneise entlang, sich in der Ferne verlierend, verläuft ein Eisenbahnkörper, der an der Schule rechts abbiegt. Eine Reihe von Telegraphenmasten. Es ist Nacht.

Auftritt I

Saša sitzt am offenen Fenster und Osip steht, ein Gewehr geschultert, vor dem Fenster.

OSIP Wie das kam? Ganz einfach. Ich gehe die Schlucht entlang, auf dem Kamm, im Wald, gar nicht weit von hier, schaue hin, da steht sie, auf einem Baumstamm: das Kleid gerafft und schöpft Wasser aus dem Bach, wie ein Bauernmädchen. Sie schöpft und trinkt, schöpft und trinkt, dann macht sie sich auch noch die Haare naß ... Ich geh an den Bach runter, ganz nah heran und schaue ihr zu. Sie beachtet mich gar nicht: Trottel, denkt sie, Bauernflegel, was soll ich dich überhaupt beachten in so einem Fall? »Gnädige Frau«, sage ich, »Euer Exzellenz haben Lust auf kaltes Wasser bekommen?« – »Was geht das dich an?« sagt sie. »Scher dich da hin, wo du hergekommen bist!« Sagt es und schaut mich nicht an... Mir wurde ganz anders ... Ich schämte mich und ärgerte mich, daß ich vom Bauernstand bin ... »Was glotzt du mich so an, Idiot?« sagt sie. »Hast du noch nie einen Menschen gesehen, oder?« sagt sie. Und dabei sah sie mir grad ins Gesicht ... »Oder«, sagt sie, »gefalle ich dir?« – »Schrecklich!« sage ich. »Sie, Euer Exzellenz, sind so vornehm, so schön und so voller Gefühl ... Eine schönere Frau«, sage ich, »als Sie hab ich mein Lebtag nicht gesehen ... Die Schönste bei uns im Dorf, Manka, die Schulzentochter, die ist ein Pferd gegen Sie, ein Kamel ... Sie sind so zart! Sie küssen«, sag ich, »und ich möchte auf der Stelle sterben!« Da fing sie an zu lachen ... »Na los«, sagt sie, »küß mich doch, wenn du willst!« Bei diesen Worten überlief es mich ganz heiß. Ich ging auf sie zu, faßte sie leicht an der Schulter und küßte sie mit vollem Schwung hierhin, auf diese Stelle, Wange und Hals zugleich ...

SAŠA *lacht schallend* Und sie?

OSIP »So«, sagte sie, »und jetzt – hau ab! Ein bißchen öfter waschen könntest du dich«, sagt sie, »und laß dir die Nägel nicht so lang wachsen!« Da bin ich weggegangen.

SAŠA Sie hat Mut! *Gibt Osip einen Teller Šči.* Hier, iß! Setz dich irgendwo hin!

OSIP Ich bin kein großer Herr, ich kann auch stehen ... Vielen vielen Dank für Ihre Freundlichkeit, Aleksandra Ivanovna! Ihnen tu ich dafür auch mal einen Gefallen ...

SAŠA Nimm die Mütze ab. Es ist eine Sünde, mit der Mütze auf dem Kopf zu essen. Und bete vor dem Essen!

OSIP *nimmt die Mütze ab* So fromm war ich schon lange nicht mehr ... *Ißt.* Und seitdem bin ich richtig verwildert ... Glauben Sie's mir? Ich esse nicht, ich schlafe nicht ... Dauernd sehe ich nur sie vor Augen ... Manchmal, wenn ich die Augen zumache – ich seh doch immer nur sie vor Augen ... Und dann ist mir so weh, daß ich mich am liebsten aufhängen würde! Ertrunken wär ich fast in meinem Leid, ich hab den General erschießen wollen ... Und als sie dann Witwe geworden war, fing ich an und tat ihr jeden erdenklichen Dienst ... Enten hab ich ihr geschossen, Wachteln für sie gefangen, die Laube in ihrem Garten gestrichen habe ich ... Einmal habe ich ihr einen lebendigen Wolf gebracht ... Alles, was schön ist, tu ich für sie ... Was sie auch befehlen mag, ich tue es ... Wenn sie befehlen würde, ich soll mich selber fressen, ich würd mich selber auffressen ... Das Gefühl ... Da kann man nichts dagegen machen.

SAŠA Ja ... Als ich mich in Michail Vasiljič verliebt hatte und noch nicht wußte, daß er mich liebte, habe ich auch so schrecklich gelitten ... Ein paar Mal habe ich Gott sogar um den Tod gebeten, ich Sünderin ...

OSIP Sehen Sie ... Das ist das Gefühl ... *Trinkt aus dem Teller.* Haben Sie nicht noch ein bißchen Šči? *Gibt ihr den Teller zurück.*

SAŠA *geht ab und erscheint eine halbe Minute später wieder am Fenster, eine Kasserolle in der Hand.* Die Šči sind alle, aber hier, willst du nicht ein paar Kartoffeln? In Gänsefett gebraten ...

OSIP Merci ... *Nimmt die Kasserolle und ißt.* Schrecklich, wie ich mich vollfresse! Und so ging ich und ging ich, wie verwildert ... Ich rede immer noch davon, Aleksandra Ivanovna ... Ich ging und ging ... Voriges Jahr, in der Osterwoche, bringe ich ihr einen Hasen. »Hier, bitte«, sage ich, »geruhen Sie, Euer Exzellenz ... dieses wilde Tier von mir anzunehmen!« Sie nahm ihn in die Hand, streichelte ihn und fragte mich: »Ist es wahr, was die Leute sagen, Osip, daß du ein Räuber bist?« – »Die reine Wahrheit«, sag ich. »Die Leute würdens nicht einfach so dahinsagen« ... Und da hab ich ihr alles erzählt ... »Du mußt dich bessern«, sagt sie da. »Geh«, sagt sie, »pilgere nach Kiev. Von Kiev gehst du nach Moskau, von Moskau nach Troickaja Lavra, von dort nach Novyj Ierusalim, und von dort wieder nach Haus. Geh, und in einem Jahr bist du ein anderer Mensch.« Und ich ließ die Frömmigkeit über mich kommen, nahm einen Sack über die Schulter und machte mich auf nach Kiev ... Aber das wars nicht. Ich hab mich gebessert, aber nicht ganz ... Großartig, die Kartoffeln! Vor Charkov traf ich ein paar Leute, versoff das Geld, prügelte mich herum und ging wieder nach Hause. Und hatte auch noch meinen Paß verloren ... *Pause.* Jetzt nimmt sie nichts mehr von mir an ... Sie ist böse auf mich.

SAŠA Warum gehst du nicht in die Kirche, Osip?

OSIP Ich würd ja gehen, aber da ... Das Volk würde mich auslachen ... Guck mal, würden die sagen, der kommt bereuen! Ich habe bei Tag sogar Angst, nur an der Kirche vorbeizugehen ... Die vielen Leute – die schlagen mich tot.

SAŠA Und warum tust du den armen Leuten so viel zuleide?

OSIP Warum sollte ich es nicht tun? Aber das ist nichts für Sie, Aleksandra Ivanovna! Roheiten können Sie nicht beurteilen. Das können Sie nicht verstehen. Und Michail Vasiljič, tut der niemandem was zuleid?

SAŠA Nein. Und wenn, dann tut er es nicht mit Absicht, sondern aus Versehen. Er ist ein guter Mensch!

OSIP Zugegeben, vor ihm habe ich am meisten Achtung ... Sergej Pavlyč, das Generalssöhnchen, ist dumm, nicht gescheit; Ihr Bruder auch, obwohl er Doktor ist, ja, Michail Vasiljič dagegen hat viele geistigen Fähigkeiten! Hat er auch einen Titel?

SAŠA Aber ja! Er ist Kollegienregistrator!

OSIP Na also! *Pause.* Prachtkerl! Also auch einen Titel hat er ... Hm ... Prachtkerl! Nur, er hat kein gutes Herz. Alle sind für ihn Trottel, alle sind für ihn Holzköpfe ... Geht das denn? Wenn ich ein guter Mensch wäre, ich würde das nicht so machen ... Ich wäre gut zu diesen Holzköpfen, Trotteln und Gaunern ... Das sind die Allerunglücklichsten, müssen Sie wissen! Mit ihnen muß man Mitleid haben ... Er hat kein gutes Herz, nein ... Hat keinen Stolz, ist Duzbruder mit jedem, er hat kein gutes Herz ... Sie können das nicht verstehen. Ergebensten Dank! Mein ganzes Leben möchte ich solche Kartoffeln essen ... *Gibt ihr die Kasserolle zurück.* Danke ...

SAŠA Keine Ursache ...

OSIP *seufzt* Sie sind eine gute Frau, Aleksandra Ivanovna! Warum geben Sie mir jedesmal zu essen? Haben Sie gar keinen Funken weiblicher Bosheit, Aleksandra Ivanovna? Sie sind eine fromme Frau! *Lacht.* So eine sehe ich zum erstenmal ... Heilige Aleksandra, bete für uns Sünder! *Verbeugt sich.* Freue dich, heilige Aleksandra!

SAŠA Da kommt Michail Vasiljič.

OSIP Da irren Sie sich. Der redet im Augenblick mit der jungen gnädigen Herrin über die zarten Gefühle ... Ein schöner Mann, den Sie da haben! Wenn er wollte, würde das ganze weibliche Geschlecht ihm folgen ... So ein Schönredner ... *Lacht.* Und immer schleicht er um die Generalin herum ... Und die sieht und sieht nicht, daß er schön ist ... Er möchte vielleicht, daß sie ...

SAŠA Du fängst an, Unsinn zu reden ... Ich mag das nicht ... Geh mit Gott!

OSIP Ich gehe sofort ... Sie müßten längst schlafengehen ... Sie warten sicher auf Ihren Mann?

SAŠA Ja ...

OSIP Eine gute Frau! Platonov hat sicher zehn Jahre nach so einer Frau gesucht, mit der Kerze bei Nacht und am hellichten Tag ... Und hat sie irgendwo gefunden ... *Verbeugt sich.* Leben Sie wohl, Aleksandra Ivanovna! Gute Nacht!

SAŠA *gähnt* Geh mit Gott!

OSIP Ich gehe. *Geht.* Ich gehe nach Hause ... Mein Haus ist, wo die Erde der Fußboden ist, die Decke der Himmel, und wo die Wände und das Dach sind, weiß niemand ... Wen Gott verflucht hat, der wohnt in diesem Haus ... Es ist groß, doch nirgends ist ein Platz, sein Haupt zu betten ... Es ist nur gut, daß man dafür nicht auch noch Steuern zu zahlen hat ... *Bleibt stehen.* Gute Nacht, Aleksandra Ivanovna! Kommen Sie mich mal besuchen! Im Wald! Fragen Sie nach Osip, den kennt jeder Vogel, jede Eidechse! Schauen Sie, wie der Baumstumpf da schimmert! Als ob ein Toter aus dem Grabe aufgestanden wäre ... Da, noch einer! Meine Mutter sagte immer, daß unter dem Baumstumpf, der nachts so leuchtet, ein Sünder vergraben liegt und der Stumpf leuchtet, damit man betet für den Sünder ... Der Baumstumpf über mir wird auch leuchten ... ich bin auch ein Sünder ... Da ist ja noch einer! Viele Sünder gibts auf dieser Erde! *Geht ab und pfeift ein, zwei Minuten später.*

Auftritt II

Saša

SAŠA *kommt aus der Schule, mit einer Kerze und einem Buch.* Wo Miša nur bleibt. *Setzt sich.* Wenn er doch auf seine Gesundheit achten würde ... Diese Trinkgelage schaden ihm ... Und ich möchte auch langsam schlafengehen ... Wo war ich stehengeblieben? *Liest.* »Es ist endlich an der Zeit, jene großen, ewigen Menschheitsideale zu verkünden, jene unsterblichen Prinzipien der Freiheit, die unsern Vätern Leitsterne waren und denen wir bedauerlicherweise untreu geworden sind.« Was soll das bedeuten? *Denkt nach.* Verstehe ich nicht ... Warum wird das nicht so geschrieben, daß alle es verstehen? Weiter ... Das Vorwort überspringe ich ... *Liest.* »Sacher Masoch« ... Komischer Name! ... Masoch ... Sicher kein Russe ... Weiter ... Miša will, daß ich es lese, also muß ich es lesen .. *Gähnt und liest.* »Eines heiteren Winterabends« ... Na, das kann ich überspringen ... Beschreibung ... *Blättert um und liest.* »Es war schwer zu unterscheiden, wer welches Instrument spielte ... Die lauten, majestätischen Klänge der Orgel, gespielt von eiserner Männerhand, wechselten plötzlich ab mit der zärtlichen, wie von reizendem Frauenmund geblasenen Flöte und erstarben schließlich ganz ...« Psst ... Da kommt jemand ... *Pause.* Das sind Mišas Schritte ... *Löscht die Kerze.* Endlich ... *Steht auf und ruft.* Huhu! Eins, zwei, eins, zwei! Links, rechts, links, rechts! Links! Links!

Platonov kommt.

Auftritt III

Saša und Platonov.

PLATONOV *kommt* Dir zum Schur – rechts, rechts! Und übrigens, Liebste, weder links noch rechts! Ein Betrunkener weiß nicht, wo links und wo rechts ist; der weiß nur: vorwärts, rückwärts, auf und ab ...

SAŠA Kommen Sie, Trunkenbold, setzen Sie sich her. Ich werde Ihnen zeigen, wie das geht mit auf und ab! Setzen Sie sich! *Stürzt auf Platonov zu und umarmt ihn.*

PLATONOV Setzen wir uns ... *Setzt sich.* Warum schläfst du denn nicht, du Infusionstierchen?

SAŠA Ich hatte keine Lust! *Setzt sich neben ihn.* Die haben dich aber spät weggelassen!

PLATONOV Ja, spät ... Ist der Personenzug schon durch?

SAŠA Noch nicht. Der Güterzug ist vor einer Stunde durchgefahren.

PLATONOV Es ist also noch nicht zwei Uhr. Bist du schon lange hier?

SAŠA Ich war schon um zehn zu Hause ... Als ich kam, brüllte Kolka, was das Zeug hielt ... Ich bin gegangen, ohne mich zu verabschieden, man möge mir verzeihen ... Habt ihr danach noch getanzt?

PLATONOV Getanzt, gegessen, und Skandale hat es auch wieder gegeben ... Übrigens ... weißt du schon? Warst du da noch da? Der alte Glagoljev hat einen Herzschlag erlitten!

SAŠA Was sagst du da?

PLATONOV Ja ... Dein Bruder hat ihn zur Ader gelassen und ihm das Ewige Gedächtnis gesungen ...

SAŠA Aber weshalb? Was ist mit ihm gewesen? Er wirkte doch so gesund, äußerlich ...

PLATONOV Es war nur ein leichter Schlag ... Zu seinem Glück, und zum Unglück des Esels, den er aus Dummheit seinen Sohn nennt ... Sie haben ihn nach Hause gebracht ... Es vergeht kein Abend ohne Skandal! Das ist unser Schicksal!

SAŠA Ich kann mir vorstellen, was Anna Petrovna und Sofja Egorovna für einen Schrecken bekommen haben! Ach, wunderbar ist Sofja Egorovna! Solch feine Damen bekomme ich nur selten zu Gesicht ... Sie hat so etwas Besonderes ... *Pause.*

PLATONOV Ach! Dumm und gemein wars ...

SAŠA Was?

PLATONOV Was habe ich getan?! *Schlägt die Hände vors Gesicht.* Ich schäme mich!

SAŠA Was hast du getan?!

PLATONOV Was? Nichts Gutes! Wann habe ich je etwas getan, worüber ich mich nachträglich nicht geschämt hätte?

SAŠA *beiseite* Er ist betrunken, der Arme! *Zu ihm.* Komm schlafen!

PLATONOV Ich war widerwärtig wie noch nie! Da soll man nachher noch Achtung haben vor sich selbst! Es gibt nichts Schlimmeres, als keine Selbstachtung mehr zu haben! Mein Gott! Ich habe nichts, woran ich mich klammern könnte, nichts, weshalb man mich achten und lieben könnte! *Pause.* Du liebst mich doch ... Verstehe ich nicht! Du hast also etwas an mir gefunden, das man lieben kann. Liebst du mich?

SAŠA Was für eine Frage! Wie könnte ich dich nicht lieben?

PLATONOV Ich weiß, aber nenn mir bitte das Gute, weshalb du mich liebst! Zeige mir das Gute, das du liebst an mir!

SAŠA Hm ... Warum ich dich liebe? Was bist du heute komisch, Miša! Wie sollte ich dich denn nicht lieben, wo du mein Mann bist?

PLATONOV Du liebst mich nur, weil ich dein Mann bin?

SAŠA Ich verstehe dich nicht.

PLATONOV Nein? *Lacht.* Ach, du dumme kleine genudelte Gans! Warum bist du keine Fliege? Als Fliege mit deinem Verstand wärst du die klügste Fliege der Welt! *Gibt ihr einen Kuß auf die Stirn.* Was wäre mit dir, wenn du mich verstehen würdest, wenn du nicht so herrlich wenig wüßtest? Wärst du dann so weiblich glücklich, wenn du mit deinem unberührten Köpfchen begreifen könntest, daß ich nichts habe, was man lieben kann? Versteh es nicht, mein Schatz, besser, du weißt gar nichts, wenn du mich lieben willst! *Küßt ihr die Hand.* Mein kleines Weibchen! Ich bin ja so glücklich, daß du so wenig weißt! Ich habe, wie anständige Leute, Familie ... Ich habe Familie ...

SAŠA *lacht* Du Kauz!

PLATONOV Du mein Schatz! Mein kleines dummes Weibchen! Dich sollte man nicht zur Frau haben, sondern auf dem Tisch unter der Glasplatte pressen! Wie haben wir es eigentlich fertiggebracht, Nikolka in Gottes Welt zu setzen? Du solltest keine Nikolkas in die Welt setzen, meine bessere Hälfte, sondern kleine Soldaten kneten, aus Teig, meine Hälfte!

SAŠA Du redest Unsinn, Miša!

PLATONOV Gott bewahre, daß du mich verstehst! Versteh mich bloß nicht! Steht die Erde auf Stengeln, und die Stengel auf Gabeln! Wo würden wir so beständige Ehefrauen herbekommen, wenn es euch nicht gäbe, euch Sašas? *Will sie küssen.*

SAŠA *wehrt ihn ab* Scher dich fort! *Zornig.* Warum hast du mich geheiratet, wenn ich so dumm bin? Hättest du dir doch eine klügere genommen! Ich habe dich nicht gezwungen!

PLATONOV *lacht schallend* Sie können auch böse sein? Ach, zum Teufel! Das ist ja direkt eine Entdeckung auf dem Gebiet ... Welchem Gebiet? Eine Entdeckung, Liebste! Du kannst also böse werden? Und du machst keinen Spaß?

SAŠA *steht auf* Geh lieber schlafen! Hättest du nicht getrunken, hättst du keine Entdeckungen gemacht! Säufer! Und das will ein Lehrer sein! Du bist kein Lehrer, sondern ein Schwein! Geh schlafen! *Haut ihm eins über den Rücken und geht ab in die Schule.*

Auftritt IV

Platonov allein.

PLATONOV Tatsächlich, bin ich betrunken? Das kann nicht sein, ich habe wenig getrunken ... Im Kopf bin ich allerdings nicht ganz klar ... *Pause.* Als ich mit Sofja sprach, war ich da auch ... betrunken? *Denkt nach.* Nein, da nicht! Nein, da leider nicht! Da war ich nicht betrunken! Verfluchte Nüchternheit! *Springt auf.* Was hat mir ihr unglücklicher Mann getan? Warum habe ich ihn heruntergeputzt vor ihr? Gewissen, das verzeihe mir nie! Ich habe ihr etwas vorgemacht, wie ein kleiner Junge, ich habe mich in Pose geworfen, Theater gespielt, angegeben ... *Äfft sich nach.* »Warum haben Sie keinen geheiratet, der etwas tut, der leidet?« Und warum sollte sie? Warum hast du Wahnsinniger Dinge gesagt, an die du selbst nicht glaubst? Ach! ... Sie hat mir geglaubt ... Sie hat den wirren Phantasien eines Idioten zugehört und die Augen niedergeschlagen! Ist weich geworden, die Unglückliche, schwach ... Wie dumm das alles, wie gemein und unsinnig! Es widert mich alles an ... *Lacht.* Eingebildeter Kerl! Die eingebildeten Kaufleute hat man ausgelacht, durch und durch ... Ein Lachen unter Tränen, Tränen im lachenden Gesicht ... Wer wird mich einmal auslachen? Wann? Ist doch zum Lachen! Nimmt keine Bestechungsgelder, stiehlt nicht, schlägt seine Frau nicht, denkt anständig, und ... ist ein Schuft! Ein lächerlicher Schuft! Ein außerordentlicher Schuft! ... *Pause.* Ich muß fort von hier ... Ich werde den Schulinspektor um eine andere Stelle bitten ... Noch heute schreibe ich in die Stadt ...

Vengerovič 2 kommt.

Auftritt V

Platonov und Vengerovič 2.

VENGEROVIČ 2 *kommt* Hm ... Die Schule, in der er ewig schläft, dieser halbfertige Weise ... Ob er jetzt schläft, wie gewöhnlich, oder ob er gerade jemanden beschimpft, wie gewöhnlich? *Hat Platonov gesehen.* Da ist er ja, der tönende Hohlkopf. Weder daß er schläft, noch daß er jemanden beschimpft ... Er ist also nicht in seiner normalen Verfassung ... *Zu ihm.* Sie schlafen noch nicht?

PLATONOV Wie Sie sehen! Warum bleiben Sie stehen? Gestatten, ich wünsche Ihnen eine gute Nacht.

VENGEROVIČ 2 Ich werde gleich gehen. Sie geben sich der Einsamkeit hin? *Sieht sich um.* Fühlen sich als Herr der Natur? In einer so wundervollen Nacht ...

PLATONOV Sie sind auf dem Weg nach Hause?

VENGEROVIČ 2 Ja ... Mein Vater ist mit dem Wagen gefahren, drum bin ich jetzt gezwungen, zu Fuß zu gehen. Sie genießen? Es ist ja auch angenehm – nicht wahr? – Champagner zu trinken und sich dann im Rausch selbst zu analysieren! Darf ich mich zu Ihnen setzen?

PLATONOV Sie dürfen.

VENGEROVIČ 2 Ich danke Ihnen. *Setzt sich.* Ich liebe es, mich für alles zu bedanken. Wie süß es doch ist, hier zu sitzen, auf diesen Stufen, und sich ganz als Herr im Hause fühlen zu können! Wo ist Ihre Gefährtin, Platonov? Zu diesem Raunen der Natur, zu diesem Gesang und dem Zirpen der Grillen fehlt doch nur das Flüstern der Liebe, und alles verwandelt sich in ein Paradies! Zu diesem kokettierenden, schmeichelnden Winde fehlt nur der heiße Atem der Geliebten, und Ihre Wangen beginnen zu brennen vor Glück! Zu dem Raunen von Mutter Natur fehlt nur das Liebeswort ... Die Frau!! Sie machen ein erstauntes Gesicht ... Ha – ha! Ich spreche nicht in meiner Sprache? Ja, das ist nicht meine Sprache ... Wäre ich nüchtern, würde ich nur zu oft erröten über diese Sprache ... Aber warum soll ich nicht auch einmal poetisch werden? Hm ... Wer wollte mir das verbieten?

PLATONOV Niemand.

VENGEROVIČ 2 Oder widerspricht diese Sprache der Götter womöglich meiner Situation, meiner Erscheinung? Mein Gesicht ist unpoetisch?

PLATONOV Ja.

VENGEROVIČ 2 Unpoetisch ... Hm ... Sehr erfreut. Alle Juden haben unpoetische Physiognomien. Ein Scherz der Natur, sie hat uns Juden keine poetischen Physiognomien gegeben! Wir werden gewöhnlich nach unseren Physiognomien beurteilt, und aufgrund dessen, daß wir bestimmte Physiognomien besitzen, wird uns jeder Sinn fürs Poetische abgesprochen ... Man sagt, die Juden hätten keine Dichter.

PLATONOV Wer sagt das?

VENGEROVIČ 2 Alle sagen es ... Und was ist das doch für eine gemeine Verleumdung!

PLATONOV Suchen Sie keinen Streit! Wer sagt das?

VENGEROVIČ 2 Alle sagen es, und dabei – was haben wir für wahre Dichter, keine Puškins, keine Lermontovs, sondern wahre Dichter: Auerbach, Heine, Goethe.

PLATONOV Goethe war Deutscher.

VENGEROVIČ 2 Jude!

PLATONOV Deutscher!

VENGEROVIČ 2 Jude! Ich weiß, was ich sage!

PLATONOV Ich weiß auch, was ich sage, aber meinetwegen behalten Sie recht! Mit einem halbgebildeten Juden ist nicht zu streiten.

VENGEROVIČ 2 Das ist zumindest schwer ... *Pause.* Und wenn wir keine Dichter hätten! Was spielt das schon für eine Rolle! Wir haben Dichter – schön, wir haben keine – um so besser! Der Dichter als Mensch des Gefühls ist in den meisten Fällen ein Schmarotzer, ein Egoist ... Hat Goethe als Dichter auch nur einem deutschen Proletarier ein Stück Brot gegeben?

PLATONOV Das ist alt! Es reicht, junger Mann! Er hat dem deutschen Proletarier kein Stück Brot weggenommen! Das ist, was zählt ... Und es ist immer noch besser, ein Dichter zu sein als gar nichts! Milliardenmal besser! Übrigens, schweigen wir lieber ... Lassen Sie all das in Ruhe, das Stück Brot, von dem Sie nicht die leiseste Ahnung haben, die Dichter, die Ihre verdorrte Seele nie begreifen wird, und mich, den Sie nicht in Ruhe lassen!

VENGEROVIČ 2 Ich werde, ich werde Ihr großes Herz nicht in Aufruhr versetzen, Sie Schaumschläger! Ich werde Ihnen nicht die warme Bettdecke wegziehen ... Schlafen Sie ruhig! *Pause.* Sehen Sie, den Himmel! Ja ... Hier ist es schön, und still, hier sind nur Bäume ... Hier sind nicht diese satten, zufriedenen Physiognomien ... Ja ... Die Bäume rauschen nicht für mich ... Auch der Mond blickt nicht so einladend auf mich herab wie auf diesen Platonov ... Mich versucht er, kalt anzuschauen ... Du gehörst nicht zu uns, will er sagen ... Scher dich fort, aus diesem Paradies, geh in deinen Judenkrämerladen ... Aber das ist Quatsch ... Ich rede zu viel ... Schluß jetzt! ...

PLATONOV Schluß jetzt ... Gehen Sie nach Hause, junger Mann! Je länger Sie hier sitzenbleiben, desto mehr reden Sie noch zusammen ... Und werden, wie Sie sagten, morgen erröten wegen diesem Gerede! Gehen Sie!

VENGEROVIČ 2 Ich will aber reden! *Lacht.* Ich bin jetzt ein Dichter!

PLATONOV Niemand ist ein Dichter, der sich seiner Jugend schämt. Sie sind jung, dann seien Sie doch auch jung! Das ist vielleicht komisch und dumm, dafür aber menschlich!

VENGEROVIČ 2 So ... Ist das ein Quatsch! Sie sind sehr komisch, Platonov! Ihr alle hier seid komisch ... Sie hätten zu Noahs Zeiten leben sollen ... Auch die Generalin ist komisch, Vojnicev ebenfalls ... Übrigens, in körperlicher Hinsicht ist die Generalin gar nicht übel ... Was für kluge Augen sie hat! Was für schöne Finger sie hat! Nicht übel, teilweise ... Der Busen, der Hals ... *Pause.* Warum? Bin ich denn etwas Schlechteres als Sie, hm? Wenigstens ein Mal im Leben! Wenn Gedanken so anziehend wirken auf mein ... Rückenmark, welche Seligkeit würde mich in Staub und Asche dahinschmelzen lassen, wenn jetzt zwischen den Bäumen sie erschiene und mich zu sich winkte mit ihren durchsichtigen Fingern! ... Schauen Sie mich nicht so an ... Ich bin im Augenblick dumm, ein kleiner Junge ... Aber wer wollte mir verbieten, wenigstens ein Mal im Leben dumm zu sein? Aus wissenschaftlichen Gründen möchte ich jetzt dumm sein, glücklich, wie Sie sagen würden ... Ich bin ja auch glücklich ... Wen geht das etwas an? Hm ...

PLATONOV Aber ... *Mustert Vengerovičs Uhrkette.*

VENGEROVIČ 2 Übrigens, persönliches Glück ist Egoismus!

PLATONOV Jaja! Persönliches Glück ist Egoismus, und persönliches Unglück eine Tugend! Aber wieviel Quatsch Sie zusammenreden! Was für eine schöne Uhrkette! Wie sie glitzert!

VENGEROVIČ 2 Sie interessiert diese Kette? *Lacht.* Sie verlockt dieser Flitter, dieser Glanz ... *Schüttelt den Kopf.* In einem Augenblick, wo Sie mir Belehrungen fast in Gedichtform erteilen, können Sie sich für Gold begeistern! Nehmen Sie diese Kette! Hier! *Reißt sich die Uhrkette ab und wirft sie beiseite.*

PLATONOV Wie sie klingt! Schon das Geräusch verrät, wie schwer sie ist!

VENGEROVIČ 2 Gold ist etwas Schweres, nicht nur seinem Gewicht nach! Sie Glücklicher, Sie können hier auf diesen schmutzigen Stufen sitzen! Hier spüren Sie nicht die ganze Schwere dieses schmutzigen Goldes! Oh, diese goldenen Ketten, goldenen Fesseln!

PLATONOV Die sind nicht immer was Schlechtes! Unsere Väter haben ihre versoffen.

VENGEROVIČ 2 Wieviele Unglückliche, wieviele Hungernde, wieviele Betrunkene unter dem Mond! Wann endlich wird die Million derer, die viel säen und nichts ernten, aufhören zu hungern? Wann, frage ich Sie? Platonov, weshalb antworten Sie nicht?

PLATONOV Lassen Sie mich in Ruhe! Tun Sie mir die Liebe! Ich mag keine Glocken, die ununterbrochen tönen ohne Sinn und Verstand! Entschuldigen Sie, lassen Sie mich in Ruhe! Ich möchte schlafen!

VENGEROVIČ 2 Ich eine Glocke? Hm ... Eher sind Sie eine Glocke ...

PLATONOV Ich bin eine Glocke, Sie sind eine Glocke, nur mit dem Unterschied, daß ich aus mir selbst heraus klinge, und Sie von anderen angeschlagen werden ... Gute Nacht! *Steht auf.*

VENGEROVIČ 2 Gute Nacht! *In der Schule schlägt es zwei Uhr.* Schon zwei Uhr ... Um diese Zeit muß man schlafen, und ich schlafe noch nicht ... Kein Schlaf, Champagner, Aufregungen ... Ein unnormales Leben, das den Organismus ruiniert ... *Steht auf.* Mir scheint, mir tut bereits die Brust weh ... Gute Nacht! Die Hand werde ich Ihnen nicht geben, und ich bin stolz darauf. Sie haben nicht das Recht auf meinen Händedruck ...

PLATONOV So ein Blödsinn! Ist mir doch egal.

VENGEROVIČ 2 Ich hoffe, unsere Unterhaltung und mein ... Geschwätz hat niemand außer uns gehört und bleibt auch unter uns. *Geht in den Hintergrund der Bühne und kommt wieder zurück.*

PLATONOV Sie wünschen?

VENGEROVIČ 2 Hier lag irgendwo meine Uhrkette ...

PLATONOV Hier ist sie, Ihre Kette! *Schlenzt ihm die Kette mit dem Fuß hin.* Hat sie doch nicht vergessen! Hören Sie, haben Sie die Liebenswürdigkeit und opfern Sie diese Kette zugunsten eines meiner Bekannten, der zur Klasse derer gehört, die viel säen und nichts ernten! Diese Kette könnte seine Familie Jahre hindurch ernähren! ... Darf ich sie ihm geben?

VENGEROVIČ 2 Nein ... Ich würde sie mit Vergnügen herschenken, aber Ehrenwort, ich kann es nicht! Sie ist ein Geschenk, ein Souvenir ...

PLATONOV Ja, ja ... Scheren Sie sich fort!

VENGEROVIČ 2 *hebt die Kette auf* Bitte lassen Sie mich in Frieden! *Geht und setzt sich, im Hintergrund der Bühne, erschöpft auf den Eisenbahnkörper und schlägt die Hände vors Gesicht.*

PLATONOV So etwas Fades! Jung sein und gleichzeitig keine leuchtende Persönlichkeit sein! Welch tiefe Verkommenheit! *Setzt sich.* Was sind uns Menschen zuwider, in denen wir so etwas wie eine Anspielung auf unsere eigene unreine Vergangenheit sehen! Ich war einmal ein wenig so wie der ... Och! *Man hört Pferdegetrappel.*

Auftritt VI

Platonov, und Anna Petrovna kommt im Reitkostüm, die Reitpeitsche in der Hand.

PLATONOV Die Generalin!

ANNA PETR. Wie hol ich ihn heraus? Soll ich etwa anklopfen? *Hat Platonov gesehen.* Sie hier? Wie gut sich das trifft! Ich wußte, daß Sie noch nicht schlafen ... Und kann man denn jetzt schlafen? Zum Schlafen hat Gott uns den Winter gegeben ... Guten Abend, Sie Ungeheuer in Menschengestalt! *Hält ihm die Hand hin.* Nun? Was ist? Ihre Hand!

PLATONOV *hält ihr die Hand hin.*

ANNA PETR. Sind Sie auch nicht betrunken?

PLATONOV Weiß der Teufel! Entweder nüchtern, oder betrunken wie der allerschlimmste Säufer ... Und Sie? Sie geruhen, etwas für die Figur zu tun, hochverehrte Nachtwandlerin?

ANNA PETR. *setzt sich neben ihn* Hm-ja-a ... *Pause.* Ja, liebster Michail Vasiljič! *Singt.* Solches Glück, solches Leid ... *Lacht schallend.* Was für große, erstaunte Augen! Nicht doch, haben Sie keine Angst, Freund meines Herzens! ...

PLATONOV Ich habe auch keine Angst ... jedenfalls nicht um mich ... *Pause.* Sie haben es sich also in den Kopf gesetzt, eine Dummheit zu begehen ...

ANNA PETR. Auf meine alten Tage ...

PLATONOV Alten Frauen ist das zu verzeihen ... Die sind dumm ... Aber sind Sie denn eine alte Frau? Sie sind jung wie der Sommer im Juni. Das Leben liegt vor Ihnen.

ANNA PETR. Ich will mein Leben jetzt, nicht irgendwann ... Ich und jung, Platonov, ja, schrecklich jung! Ich spüre es ... Wie ein kalter Wind überläuft mich diese Jugend! Verteufelt jung bin ich ... Mir ist kalt! *Pause.*

PLATONOV *springt auf* Ich will weder etwas verstehen noch erraten noch vermuten ... Nichts will ich! Gehen Sie! Nennen Sie mich einen Flegel und lassen Sie mich! Ich bitte Sie! hm ... Weshalb schauen Sie mich so an? Sie ... Sie müssen es sich überlegen!

ANNA PETR. Das habe ich bereits getan ...

PLATONOV Überlegen Sie doch, Sie stolze, kluge, wunderbare Frau! Wohin und weshalb sind Sie gekommen?! Ach ...

ANNA PETR. Nicht gekommen, geritten, Liebster!

PLATONOV Mit solchem Geist, solcher Schönheit, Jugend ... zu mir?! Ich traue meinen Augen, meinen Ohren nicht ... Sie ist gekommen, um mich zu besiegen, um die Festung zu nehmen! Ich bin aber keine Festung! Sie sind nicht gekommen, um mich zu besiegen ... Ich bin die Schwäche, die Schwäche in Person! Verstehen Sie das!

ANNA PETR. *steht auf und tritt dicht neben ihn hin* Selbsterniedrigung ist schlimmer als Stolz ... Was ist denn, Michel? Es muß doch irgendwo ein Ende haben? Gib zu, daß ...

PLATONOV Ich werde nirgendwo ein Ende setzen, weil ich nirgendwo angefangen habe!

ANNA PETR. Ach ... widerwärtige Philosophie! Und schämst du dich nicht, zu lügen? So eine Nacht, so ein Himmel ... und lügen? Lüg, wenn du willst, im Herbst, bei Schmutz und

Schlamm, nur nicht jetzt, nicht hier ... Alle hören, alle sehen dir zu ... Schau mal nach oben, du Kauz. *Pause.* Sogar die Sterne zwinkern, weil du lügst ... Laß das, Liebster! Sei so schön, wie alles hier schön ist! Störe mit deiner kleinen Person nicht diese Stille ... Treib die Dämonen aus dir aus. *Umarmt ihn mit einem Arm.* Es gibt keinen, den ich so geliebt hätte, wie ich dich liebe! Es gibt keine Frau, die du so geliebt hast wie du mich liebst ... Nehmen wir uns nur diese Liebe, das andere, das dich quält, darüber sollen die anderen entscheiden ... *Küßt ihn.* Nehmen wir uns nur diese Liebe ...

PLATONOV Odysseus war es wert, daß die Sirenen für ihn sangen, aber ich bin nicht König Odysseus, Sirene! *Umarmt sie.* Wenn ich dir das Glück bringen könnte! Wie schön du bist! Aber ich werde dir das Glück nicht bringen! Ich werde das aus dir machen, was ich aus allen Frauen gemacht habe, die sich mir an den Hals geworfen haben ... Ich mache dich nur unglücklich!

ANNA PETR. Wie viel du über dich nachdenkst! Bist du wirklich so schrecklich, Don Juan? *Lacht laut.* Wie hübsch du aussiehst im Mondlicht! So verführerisch!

PLATONOV Ich kenne mich! Nur die Romane enden gut, in denen ich nicht vorkomme ...

ANNA PETR. Setzen wir uns ... Hierher ... *Sie setzen sich auf den Bahnkörper.* Hast du noch was zu sagen, Philosoph?

PLATONOV Wenn ich ein anständiger Mensch wäre, würde ich jetzt weggehen von dir ... Ich habe es heute geahnt, vorausgesehen ... Warum bin ich Schuft bloß nicht weggegangen?

ANNA PETR. Vertreibe die Dämonen aus dir, Michel! Vergifte dich nicht ... Zu dir ist eine Frau gekommen, kein wildes Tier ... Ein Fastengesicht, Tränen ... Pfui! Wenn es dir nicht gefällt, dann gehe ich ... Willst du das? Ich gehe, und alles bleibt beim alten ... Einverstanden? *Lacht laut.* Du Idiot! Nimm mich, faß mich an, pack mich! ... Was willst du noch? Rauch mich wie eine Zigarette, preß mich aus, zerdrück mich in kleine Krümel ... Sei ein Mensch! *Rüttelt ihn.* Du komischer Kauz!

PLATONOV Bist du wirklich mein? Sollst du wirklich mir gehören? *Küßt ihre Hände.* Geh zu einem anderen, meine Gute ... Geh zu dem, der deiner wert ist ...

ANNA PETR. Ach ... Jetzt reicht es aber mit dem Quatsch! Die

Sache ist doch ganz einfach: die Frau ist zu dir gekommen, die dich liebt und die du liebst ... Das Wetter ist herrlich ... Was könnte einfacher sein? Wozu diese Philosophie, diese Politik? Spielst du Theater?

PLATONOV Hm ... *Steht auf.* Und wenn du gekommen bist, dich über mich lustig zu machen, mich zu verführen, mir eins auszuwischen? ... Was dann? Ich eigne mich nämlich nicht zum Gespielen auf Zeit ... Ich lasse nicht mit mir spielen! Von mir kommst du nicht so billig davon, nicht für Groschen und Kopeken! ... Ich bin zu teuer für kleine Intrigen ... *Faßt sich an den Kopf.* Dich achten, dich lieben, und gleichzeitig ... diese Kleinlichkeit, Trivialität, dies Kleinbürgerdenken, plebejisches Spiel.

ANNA PETR. *tritt auf ihn zu* Du liebst mich, du achtest mich, was feilschst du also hier mit mir herum, unruhige Seele, und sagst mir alle diese Gemeinheiten! Wozu dies »wenn« und »aber«? Ich liebe dich ... Was willst du noch? Ich will Ruhe ... *Lehnt den Kopf an seine Brust.* Ruhe ... Versteh doch endlich, Platonov! Ich will ausruhen ... Vergessen, mehr brauche ich nicht ... Du weißt nicht ... Du weißt nicht, wie schwer das Leben für mich ist, aber ich ... will leben!

PLATONOV Ich kann dir keine Ruhe geben!

ANNA PETR. Du solltest nur einmal nicht philosophieren können! ... Lebe! Alles lebt, bewegt sich ... Ringsumher ist Leben ... Laß uns auch leben! Morgen lösen wir alle Fragen, aber heute, in dieser Nacht wollen wir leben, leben ... Leben, Michel! *Pause.* Wirklich, was singe ich da für liebliche Weisen? *Lacht schallend.* Nun sagt mir bloß! Ich singe, und er windet sich!

PLATONOV *faßt sie am Arm* Hör zu! ... Zum letztenmal ... Ich sage dir als anständiger Mensch ... Geh! ... Zum letztenmal! Geh!

ANNA PETR. Wie bitte? *Lacht schallend.* Und du machst keinen Spaß? Das ist dummes Theater, Bruder! Jetzt lasse ich dich nicht mehr los! *Wirft sich ihm an den Hals.* Hörst du? Ich sage dir zum letztenmal, ich lasse dich nicht los! Koste es was es wolle, komme was da kommen mag! Richte mich zugrunde, geh selbst zugrunde, ich nehme dich doch! Leben! Trata-ta-ta ... ra-ra-ra ... Was zögerst du, komischer Kauz! Du bist mein! Laß sie sausen, deine Philosophie!

PLATONOV Noch einmal ... Als anständiger Mensch ...

ANNA PETR. Und bist du nicht willig, so brauch ich Gewalt ... Liebe, wenn du liebst, und mach keinen Narren aus dir! Tra-ta-ta-ta ... Siegesglocke, erschalle ... Zu mir, zu mir! *Bedeckt ihm den Kopf mit einem schwarzen Taschentuch.* Zu mir!

PLATONOV Zu dir? *Lacht.* Du bist töricht! Du willst nicht dein Gutes ... Du wirst noch weinen! Dein Mann kann ich nicht werden, weil du mir nicht gehören kannst, und spielen lasse ich nicht mit mir ... Wir werden schon noch sehen, wer mit wem spielen wird ... Wir werden ja sehen ... Du wirst noch weinen ... Also gehen wir?

ANNA PETR. *lacht laut* Allons! *Hakt sich bei ihm ein.* Halt ... Da kommt jemand ... Verstecken wir uns hinter dem Baum ... *Sie verstecken sich hinter einem Baum.* Jemand im Gehrock, kein Bauer ... Warum schreibst du keine fortschrittlichen Artikel in den Zeitungen? Das könntest du prima ... Ohne Spaß.

Trileckij kommt.

Auftritt VII

Die Vorigen und Trileckij.

TRILECKIJ *geht zur Schule und klopft ans Fenster* Saša! Schwesterlein! Sašurka!

SAŠA *öffnet das Fenster* Wer ist da? Du, Kolja? Was willst du?

TRILECKIJ Du schläfst noch nicht? Laß mich bei euch übernachten, Liebes!

SAŠA Bitte, gern ...

TRILECKIJ Leg mich ins Klassenzimmer ... Ja, bitte, daß nur Michel nicht erfährt, daß ich bei euch übernachte: der läßt einen ja nicht schlafen mit seiner Philosophie! Mir dreht sichs schrecklich im Kopf ... Ich sehe alles doppelt ... Ich stehe vor einem Fenster, und mir ist, als sähe ich zwei: zu welchem soll ich reinklettern? Berufen wir eine Kommission ein! Gut, daß ich nicht verheiratet bin! Wenn ich verheiratet wäre, dann hätt ich jetzt zwei Frauen ... Alles doppelt! Du hast zwei Hälse und darauf zwei Köpfe! Ja, à propos ... In der Nähe der gefällten Eiche, da überm Flüßchen – weißt du? – da hab ich mir die Nase geputzt und aus dem Taschentuch vierzig

Rubel verloren ... Heb sie mir auf, Liebes, morgen in der Frühe ... Such sie und nimm sie an dich ...

SAŠA Die heben morgen, eh der Hahn kräht, die Zimmerleute auf ... Was bist du bloß für ein schlampiger Mensch, Kolja! Ach, ja! Ich hätte es fast vergessen ... Die Kaufmannsfrau war da und läßt dich bitten, dringend zu kommen, so bald wie möglich ... Ihr Mann ist plötzlich krankgeworden ... Etwas am Kopf, als hätte ihn der Schlag getroffen ... Geh schnell zu ihnen!

TRILECKIJ Gott hab sie selig! Mir ist nicht danach ... Ich habe selber einen Kopf- und einen Bauchschuß ... *Klettert durchs Fenster.* Geh mal zur Seite ...

SAŠA Mach schnell! Du stehst auf meinem Fuß ... *Schließt das Fenster.*

PLATONOV Da schickt der Teufel noch jemand!

ANNA PETR. Bleib stehen.

PLATONOV Halt mich fest ... Ich gehe, wann ich will! Wer ist das?

ANNA PETR. Petrin und Ščerbuk.

Es kommen Petrin und Ščerbuk, ohne Gehrock, torkelnd. Der erste hat einen schwarzen, der zweite einen grauen Zylinder auf.

Aufrtitt VIII

Vengerovič 2 im Hintergrund der Bühne, Platonov, Anna Petrovna, Petrin und Ščerbuk.

PETRIN Vivat Petrin, Kandidat der Rechte! Hurra! Wo ist der Weg? Wo sind wir gelandet? Was ist das? *Lacht schallend.* Hier, Pavočka, die Volksbildungsanstalt! Hier lernen die Dummköpfe den Herrgott vergessen und wie man die Menschen über den Löffel balbiert! Da sind wir also gelandet ... Hm ... Tja ... Hier, Bruder, wohnt dieser – wie heißt er bloß, zum Teufel? – Platoška, Zivilisierte ... Pava, und wo ist Platoška jetzt? Sag deine Meinung, schäm dich nicht! Singt er gerade mit der Generalin im Duett? Oh, Herrgott, dein Wille ... *Schreit.* Glagoljev ist ein dummer Hund! Sie reibt ihm die Nase, und ihn trifft der Schlag!

ŠČERBUK Ich will nach Hause, Gerasja ... Ich möchte schlafen, schrecklich, wie! Zum Teufel mit ihnen allen!

PETRIN Wo sind unsre Röcke, Pava? Wir wollen zum Stationsvorsteher schlafengehen und haben keinen Rock an ... *Lacht schallend.* Waren das die Mädchen? Ach, du Kavalier, du Kavalier! Die Mädchen haben uns die Röcke abgeknöpft ... *Seufzt.* Ach, Pava, Pavočka ... Hast du Champagner getrunken? Bist du jetzt betrunken? Und wessen Champagner hast du getrunken? Meinen hast du getrunken ... Mein Eigentum hast du getrunken, mein Eigentum gegessen ... Die Generalin hat mein Kleid an, und auch Serëžkas Strümpfe sind mein ... Gehört alles mir! Alles habe ich ihnen gelassen! Bis auf den schiefen Stiefelabsatz ... Alles habe ich ihnen gegeben, alles habe ich an sie verschwendet, und was hab ich dafür bekommen? Frag mal, was ich dafür bekommen habe? Einen feuchten Dreck ... Jawohl ... Der Lakai übergeht mich bei Tisch und stößt mich noch mit dem Ellbogen an, und sie selber ist zu mir, als wär ich ein Schwein ...

PLATONOV Der geht mir auf die Nerven!

ANNA PETR. Warte ... Sie gehen gleich! So ein Vieh, dieser Petrin! Wie er lügt! Und dieser alte Jammerlappen glaubt es ihm auch noch ...

PETRIN Der Jude kann besser rechnen ... Der Jude sitzt am Kopfende, und wir am Fußende ... Und warum? Darum, weil der Jude mehr Geld rausrückt ... Und auf der Stirn die schicksalhaften Worte: wird auf öffentlicher Versteigerung verkauft!

ŠČERBUK Das ist Nekrasov ... Es heißt, Nekrasov sei gestorben ...

PETRIN In Ordnung! Keine Kopeke mehr! Hörst du? Keine Kopeke! Soll der Alte im Grabe ruhig bösesein ... Soll er dort mit ... mit den Totengräbern herumzanken! Basta! Ich klage die Wechsel ein! Und zwar morgen! Ich drücke sie mit dem Gesicht in den Dreck, für ihre Undankbarkeit.

ŠČERBUK Sie ist Gräfin, Baron! Sie hat ein Generalsgesicht! Und ich ... Kalmücke, nichts weiter ... Mich darf Dunjaša anhimmeln ... Wie holprig dieser Weg ist! Wir bräuchten eine Chaussee mit Telegraphenmasten ... mit Glocken ... Bim, bim, bim ... *Sie gehen ab.*

Auftritt IX

Die Vorigen ohne Petrin und Ščerbuk.

ANNA PETR. *kommt hinter dem Baum hervor* Sie sind weg?

PLATONOV Sie sind weg ...

ANNA PETR. *nimmt ihn an der Schulter* Gehen wir?

PLATONOV Gehen wir! Ich komme mit, aber wenn du wüßtest, wie ungern ich mitkomme! ... Nicht ich gehe jetzt zu dir, sondern der Teufel, der mich in den Nacken schlägt: geh, geh! Nicht ich bin es, sondern mein schwacher Körper ... Wie würde ich dich wegjagen, wenn dieser ungezogene Körper nicht wäre!

ANNA PETR. Das ist gemein ... *Schlägt Platonov mit der Reitpeitsche.* Red soviel du willst, aber verplappre dich nicht! *Geht von Platonov weg.* Wenn du willst, komm mit, wenn nicht, laß es bleiben! Drum betteln werde ich nicht! Das geht ein bißchen zu weit!

PLATONOV Aber ... Zum Beleidigtsein ist es jetzt zu spät! *Geht ihr nach und nimmt sie am Arm.*

ANNA PETR. *reißt sich los.*

PLATONOV Ich komme mit ... so oder so ... Jetzt hältst du den Dämon in mir nicht mehr zurück ... Du reißt dich los? Zum Beleidigtsein ist es zu spät! Sosehr wir jetzt die Würde des anderen beleidigen, wir kommen nicht mehr voneinander los ... Versteh doch! Wenn mein Gewissen deine Liebe nicht akzeptiert, dann nur, weil es fest davon überzeugt ist, daß du eine Dummheit begehst ...

SAŠA *am Fenster* Miša! Miša! Wo bist du?

PLATONOV Zum Teufel!

SAŠA *am Fenster* Ach ... Ich sehe dich ... Mit wem stehst du da? *Lacht laut.* Anna Petrovna! Ich hätte Sie fast nicht erkannt! Sie sind so schwarz! Was haben Sie an? Guten Abend!

ANNA PETR. Guten Abend, Aleksandra Ivanovna!

SAŠA Sie haben das Reitkostüm an? Sie reiten aus? Sehr schön! Die Nacht ist so herrlich! Reiten wir auch mit, Miša!

ANNA PETR. Ich bin schon lange unterwegs, Aleksandra Ivanovna! Ich reite jetzt nach Hause ...

SAŠA Dann natürlich ... Komm herein, Miša! ... Ich weiß wirklich nicht, was ich machen soll! Kolja geht es nicht gut ...

PLATONOV Welchem Kolja?

SAŠA Meinem Bruder Nikolaj. Er hat bestimmt zu viel getrunken ... Bitte komm! Kommen Sie mit herein, Anna Petrovna! Ich gehe rasch in den Keller und hole süße Sahne herauf ... Trinken wir ein Glas ... Kalte Sahne!

ANNA PETR. Ich danke Ihnen ... Ich reite jetzt nach Hause ... *Zu Platonov.* Geh ... Ich warte auf dich ...

SAŠA Sonst wäre ich rasch in den Keller gegangen ... Komm, Miša! *Verschwindet vom Fenster.*

PLATONOV Ich hatte sie völlig vergessen. Sie glaubt, sie glaubt an mich?! Geh ... Ich bringe sie zu Bett und komme ...

ANNA PETR. So schnell du kannst ...

PLATONOV Fast hätte es einen Skandal gegeben! Leb wohl, bis bald ... *Geht in die Schule.*

Auftritt X

Anna Petrovna, Vengerovič 2 und dann Osip.

ANNA PETR. Welch Überraschung ... Auch ich hatte sie vollkommen vergessen ... *Pause.* Das ist hart ... Aber es ist ja nicht das erste Mal, daß er dies arme Mädchen betrügt! ... E-e-e ... Sünder sind wir, sündigen wir also! Nur Gott allein wird es erfahren! Es ist ja nicht das erste Mal ... Schweinerei! Jetzt kann ich warten, bis er sie zu Bett gebracht hat! Das dauert eine Stunde, wenn nicht länger ...

VENGEROVIČ 2 *geht auf sie zu* Anna Petrovna ... *Fällt vor ihr auf die Knie.* Anna Petrovna ... *Ergreift ihre Hand.* Anna!

ANNA PETR. Wer ist das? Wer sind Sie? *Beugt sich zu ihm hinab.* Wer ist das? Sie, Isak Abramyč? Sie? Was ist Ihnen?

VENGEROVIČ 2 *küßt ihre Hand* Anna!

ANNA PETR. Gehen Sie! Das gehört sich nicht! Sie sind ein Mann!

VENGEROVIČ 2 Anna!

ANNA PETR. Was klammern Sie sich an mich! Gehen Sie fort! *Gibt ihm einen leichten Stoß gegen die Schulter.*

VENGEROVIČ 2 *stürzt der Länge nach zu Boden* Oh! So etwas Dummes ... So etwas Dummes!

OSIP *kommt* Komödianten! Das sind doch nicht etwa Sie, Euer

Exzellenz? *Verbeugt sich.* Wie kommen Sie in unsre heiligen Gefilde?

ANNA PETR. Du, Osip? Guten Abend! Du hast uns beobachtet? Du spionierst uns nach? *Nimmt ihn am Kinn.* Du hast alles gesehen?

OSIP Alles.

ANNA PETR. Und weshalb bist du so blaß? hm? *Lacht.* Du bist in mich verliebt, Osip?

OSIP Wie Sie belieben ...

ANNA PETR. Du liebst mich?

OSIP Ich verstehe Sie nicht ... *Weint.* Ich habe Sie für eine Heilige gehalten ... Wenn Sie es befohlen hätten, ich wäre für Sie durchs Feuer gegangen ...

ANNA PETR. Und weshalb bist du nicht nach Kiev gegangen?

OSIP Was soll ich in Kiev? Ich habe Sie für eine Heilige gehalten ... Es gab für mich keinen heiligeren Menschen als Sie ...

ANNA PETR. Schluß jetzt, Dummkopf ... Du könntest mir wieder mal einen Hasen bringen ... Ich werde ihn wieder annehmen ... Also, leb wohl ... Komm morgen zu mir, ich gebe dir Geld für den Zug nach Kiev ... Einverstanden? Leb wohl ... Und rühr mir Platonov nicht an! Hörst du?

OSIP Sie können mir nicht mehr befehlen ...

ANNA PETR. Nun sagt mir bloß! Befehlen Sie mir vielleicht, ins Kloster zu gehen? Was geht das dich an? ... Nun, nun ... Da weint er ... Bist du ein kleiner Junge, oder was? Genug jetzt ... Wenn er losgeht, gibst du einen Schuß ab! ...

OSIP Auf ihn?

ANNA PETR. Nein, in die Luft ... Leb wohl, Osip! Einen lauten Schuß! Tust du das?

OSIP Ja.

ANNA PETR. Kluger Junge ...

OSIP Nur wird er nicht zu Ihnen kommen ... Er ist jetzt bei seiner Frau.

ANNA PETR. Red du nur ... Leb wohl, Mörder! *Geht eilig ab.*

Auftritt XI

Osip und Vengerovič 2.

OSIP *schleudert seine Mütze zu Boden* Es ist zu Ende! Alles ist zu Ende, der Erdboden soll ihn verschlingen!

VENGEROVIČ 2 *liegend* Was sagt er da?

OSIP Ich habe alles gesehen und gehört! Die Augen taten mir weh, und für die Ohren wars, als hätt mir einer mit dem Hammer davorgehauen! Ich habe alles gehört! Wie soll ich ihn jetzt nicht umbringen, wo ich ihn in Stücke reißen möchte, zerfetzen ... *Setzt sich auf den Bahndamm, mit dem Rücken zur Schule.* Ich muß ihn umbringen ...

VENGEROVIČ 2 Was sagt er da? Wen will er umbringen?

Auftritt XII

Die Vorigen, Platonov und Trileckij.

PLATONOV *stößt Trileckij vor sich her* Raus! Du gehst jetzt umgehend zum Kaufmann! Marsch!

TRILECKIJ *räkelt sich* Hättest du mich morgen lieber mit einem großen Knüppel rausgehauen, statt mich heute zu wecken!

PLATONOV Du bist ein Schuft, Nikolaj, ein Schuft! Verstehst du?

TRILECKIJ Was soll ich tun? So hat mich der liebe Herrgott nun einmal erschaffen!

PLATONOV Und was, wenn der Kaufmann schon tot ist?

TRILECKIJ Wenn er tot ist, dann schenke Gott ihm das Himmelreich, und wenn der Kampf ums Dasein noch andauert, sagst du diese schrecklichen Wörter umsonst ... Ich gehe nicht zu dem Kaufmann! Ich möchte schlafen!

PLATONOV Du gehst, du Vieh! Du gehst! *Stößt ihn an.* Ich lasse dich nicht schlafen! Wer bist du eigentlich? Was machst du aus dir? Warum tust du nichts? Weshalb führst du hier ein Schmarotzerleben, vertust deine besten Jahre?

TRILECKIJ Aufdringlicher Kerl ... Wirklich, Bruder, was bist du bloß ... für eine Zecke!

PLATONOV Und was bist du für ein Wesen, sag mir das mal bitte! Entsetzlich! Wofür lebst du? Weshalb beschäftigst du dich nicht mir deiner Wissenschaft? Weshalb vertiefst du nicht deine wissenschaftliche Bildung? Weshalb beschäftigst du dich nicht mit deiner Wissenschaft, du Tier?

TRILECKIJ Über diesen interessanten Gegenstand können wir reden, wenn ich nicht schlafen möchte, aber jetzt laß mich schlafen ... *Kratzt sich.* Hols doch der Teufel! Aus heiterem Himmel – aufstehn, du Schuft! ... Hm ... Anstandsregeln ... Der Teufel soll sie fressen, diese Anstandsregeln!

PLATONOV Welchem Gott dienst du, merkwürdiges Wesen? Was bist du für ein Mensch? Nein, es hat keinen Sinn mit uns! Nein, es hat keinen Sinn!

TRILECKIJ Hör zu, Michail Vasiljič, wer hat dir das Recht gegeben, deine kalten Klauen in fremde Herzen zu schlagen? Deine Rücksichtslosigkeit ist wirklich höchst erstaunlich, Bruder!

PLATONOV Aus uns wird nichts werden, außer Erdflechten! Wir sind ein verlorenes Volk! Keinen Groschen sind wir wert! *Weint.* Kein Mensch, auf dem das Auge ruhen könnte! Wie ist das alles niedrig, schmutzig, zerschlissen ... Geh fort, Nikolaj! Geh!

TRILECKIJ *zuckt die Achseln.* Du weinst? *Pause.* Ich gehe zu dem Kaufmann! Hörst du? Ich gehe zu ihm!

PLATONOV Wie du willst!

TRILECKIJ Ich gehe zu ihm! Hier, ich gehe ...

PLATONOV *stampft mit dem Fuß auf* Mach daß du fortkommst!

TRILECKIJ Gut ... Geh du nur schlafen, Michel! Es lohnt nicht, daß du dich aufregst! Leb wohl! *Geht und bleibt stehen.* Ein Wort zum Abschied. Gib allen Predigern, darunter auch dir, den Rat, ihr Predigerwort mit Predigertaten zu verbinden ... Wenn deine Augen nicht auf dir selber ruhen können, dann verlange nicht von mir, daß ich deinen Augen Ruhe biete, die, à propos, im Mondlicht sehr hübsch aussehen! Sie glitzern wie grünes Glas ... Und noch etwas ... Mit dir sollte man überhaupt nicht reden ... Dich sollte man nur verprügeln, in Stücke schlagen, brechen sollte man mit dir wegen der Geschichte mit dem Mädchen ... Ich möchte dir etwas sagen, was du dein Lebtag noch nicht gehört hast! Aber ... ich kann es nicht! Ich bin nicht gut in Duellen! Und das ist dein Glück! ... *Pause.* Leb wohl! *Geht ab.*

Auftritt XIII

Platonov, Vengerovič 2 und Osip.

PLATONOV *faßt sich an den Kopf* Ich bin nicht als einziger so, alle sind so! Alle! Wo sind nur die Menschen, mein Gott? Was bin ich für einer? Geh nicht zu ihr! Sie gehört nicht dir! Sie ist fremdes Gut! Du zerstörst ihr Leben, zerstörst es für immer! Weggehen von hier? Nein! Ich werde um sie sein, ich werde weiter hier leben, saufen, Stoff für Klatschgeschichten abgeben ... Verkommen, dumm, betrunken ... Ewig betrunken! Die Mutter dumm, der Vater Säufer! Vater ... Mutter! Vater ... Oh, daß euch im Jenseits die Knochen ausgerenkt werden, so wie ihr aus Trunksucht und Dummheit mein armes Leben ausgerenkt habt! *Pause.* Nein ... Was habe ich da gesagt? Gott wird mir verzeihen ... Gott schenke ihnen das Himmelreich ... *Stößt gegen den am Boden liegenden Vengerovič.* Wer ist das?

VENGEROVIČ 2 *hebt sich auf die Knie* Eine wilde, häßliche, schändliche Nacht!

PLATONOV Aaaa ... Geh hin und schreib dir diese wilde Nacht in dein idiotisches Tagebuch, schreib sie auf mit der Tinte aus dem Gewissen deines Vaters! Fort von hier!

VENGEROVIČ 2 Ja ... Ich werde sie aufschreiben ... *Geht ab.*

PLATONOV Was hat er hier gemacht? Gehorcht? *Zu Osip.* Wer bist du? Warum bist du hier, Freischütz? Hast du auch gehorcht? Fort von hier! Oder halt! ... Lauf Vengerovič nach und nimm ihm die Kette ab!

OSIP *steht auf* Was für eine Kette?

PLATONOV Quer über die Brust hat er eine schwere goldene Uhrkette! Lauf ihm nach und nimm sie ihm ab! Schnell! *Stampft mit dem Fuß auf.* Schnell, sonst holst du ihn nicht mehr ein! Er rennt jetzt wie verrückt ins Dorf!

OSIP Und Sie zur Generalin?

PLATONOV Lauf schnell, Schuft! Nicht verprügeln, nimm ihm nur die Kette ab! Los! Was stehst du hier herum? Lauf!

OSIP *läuft davon.*

PLATONOV *nach einer Pause.* Gehen ... Gehen oder nicht gehen? *Seufzt.* Gehen ... Gehen, ein langes, im Grunde langweiliges, häßliches Lied singen ... Ich dachte, ich trüge einen festen

Panzer! Und was stellt sich heraus? Eine Frau sagt ein Wort, und in mir erhebt sich ein Sturm ... Andere Leute haben Fragen von weltgeschichtlicher Bedeutung, ich habe – die Frau! Mein ganzes Leben ist – die Frau! Caesar hatte den Rubikon, ich habe – die Frau ... Läppischer Weiberheld! Es wäre nicht schade, wenn du nicht kämpfen würdest, aber so kämpfe doch! Schwach bist du, unendlich schwach!

SAŠA *am Fenster* Miša, bist du da?

PLATONOV Ja, mein armes Goldstück!

SAŠA Komm ins Zimmer!

PLATONOV Nein, Saša! Ich möchte ein bißchen an der frischen Luft bleiben. Ich habe Kopfschmerzen. Schlaf, mein Engel!

SAŠA Gute Nacht! *Schließt das Fenster.*

PLATONOV Es ist schwer, jemanden zu betrügen, der einem grenzenlos vertraut! Ins Schwitzen bin ich gekommen, rotgeworden ... Ich gehe! *Geht. Ihm entgegen kommen Katja und Jakov.*

Auftritt XIV

Platonov, Katja und Jakov.

KATJA *zu Jakov* Warte hier ... ich bin gleich wieder da ... Ich hole mir nur das Buch ... Geh ja nicht weg! *Geht Platonov entgegen.*

PLATONOV *hat Katja gesehen* Du? Was willst du?

KATJA *erschrocken* Ach ... das sind Sie? Ich will zu Ihnen.

PLATONOV Katja, du? Alle, angefangen von der Herrin bis hin zum Zimmermädchen, – lauter Nachtvögel! Was willst du?

KATJA *leise* Meine Herrin schickt Ihnen einen Brief.

PLATONOV Was?

KATJA Meine Herrin schickt Ihnen einen Brief!

PLATONOV So ein Quatsch! Welche Herrin?

KATJA *noch leiser* Sofja Egorovna ...

PLATONOV Was? Bist du verrückt geworden? Halt mal den Kopf unter kaltes Wasser! Scher dich fort!

KATJA *gibt ihm den Brief* Hier ist er!

PLATONOV *reißt ihr den Brief aus der Hand* Ein Brief ... ein Brief ... Was für ein Brief! Hättest du mir ihn nicht auch morgen bringen können? *Reißt das Siegel auf.* Wie soll ich ihn denn hier lesen?

KATJA Meine Herrin bat, möglichst bald ...

PLATONOV *zündet ein Streichholz an* Hol euch der Teufel! *Liest.* »Ich tue den ersten Schritt. Komm, laß ihn uns gemeinsam tun. Du hast mich zum Leben erweckt. Komm und nimm mich. Ich bin Dein.« Weiß der Teufel ... Wie ein Telegramm! »Ich warte bis vier Uhr in der Laube bei den vier Säulen. Mein Mann ist betrunken mit dem jungen Glagoljev auf die Jagd gefahren. Ganz Deine S.« Das hat noch gefehlt! Mein Gott! Das hat gerade noch gefehlt. *Zu Katja.* Was schaust du so?

KATJA Was soll ich nicht schauen, wenn ich Augen habe?

PLATONOV Stich sie dir aus! Der Brief ist an mich?

KATJA Ja ...

PLATONOV Blödsinn! Scher dich fort!

KATJA Zu Befehl. *Geht mit Jakov ab.*

Auftritt XV

Platonov allein.

PLATONOV *nach einer Pause* Da sind sie, die Folgen ... Jetzt hat er ausgespielt, der Kleine! Einer Frau, einem lebendigen Wesen, einfach so, sinnlos, ohne jede Notwendigkeit den Kopf verdreht ... Verfluchte Zunge! Sie hat dich so weit gebracht ... Was soll ich jetzt tun! Auf auf, gescheiter Kopf, überlege! Beschimpfe dich, rauf dir die Haare ... *Denkt nach.* Wegfahren! Sofort wegfahren von hier und bis zum Jüngsten Gericht hier nicht wieder auftauchen! Marsch, fort von hier, in alle vier Himmelsrichtungen, in die Zwangsjacke der Not, der Arbeit! Lieber ein schlechteres Leben als dieses mit dieser Geschichte! *Pause.* Ich fahre fort ... Aber ... liebt Sofja mich denn wirklich? Ja? *Lacht.* Weshalb? Wie dunkel und merkwürdig ist alles auf dieser Welt! *Pause.* Merkwürdig ... Ist diese wunderbare, marmorne Frau mit dem herrlichen Haar imstande, sich in einen bettelarmen komischen Kauz zu verlieben? Liebt sie mich wirklich? Unwahrscheinlich! *Zündet ein Streichholz an und überfliegt den Brief.* Ja ... Mich? Sofja? *Lacht laut.* Sie liebt mich? *Faßt sich an die Brust.* Das Glück! Aber das ist doch das Glück! Das ist mein Glück! Das ist das neue Leben, mit neuen Gesichtern, neuen Kulissen! Ich komme! Marsch zur Laube bei den vier Säulen! Warte, meine Sofja! Du warst und wirst mein sein! *Geht und bleibt stehen.* Ich komme nicht zu dir! *Kehrt um.* Meine Familie zerstören? *Ruft.* Saša, ich komme jetzt! Mach auf! *Faßt sich an den Kopf.* Ich gehe nicht, ich gehe nicht ... Ich gehe nicht! *Pause.* Ich gehe doch! *Geht.* Geh hin, zerschlage, zertrample, tritt in den Schmutz ... *Stößt mit Vojnicev und Glagoljev 2 zusammen.*

Auftritt XVI

Platonov, Vojnicev und Glagoljev 2.

Vojnicev und Glagoljev 2 kommen mit geschultertem Gewehr herbeigelaufen.

VOJNICEV Da ist er! Da ist er! *Umarmt Platonov.* Nun? Fahren wir auf die Jagd!

PLATONOV Nein ... Warte!

VOJNICEV Worüber grübelst du, Freund? *Lacht schallend.* Betrunken bin ich, betrunken! Zum ersten Mal in meinem Leben betrunken! Mein Gott, bin ich glücklich! Mein Freund! *Umarmt Platonov.* Fahren wir? Sie hat mich fortgeschickt ... befohlen, Wild für sie zu schießen ...

GLAGOLJEV 2 Fahren wir, schnell! Es wird schon hell ...

VOJNICEV Hast du gehört, was wir uns ausgedacht haben? Ist das nicht genial? Wir wollen Hamlet aufführen! Ehrenwort! So ein Theater werden wir hinstellen, daß sogar den Teufeln davon schlecht wird! *Lacht schallend.* Wie blaß du bist ... Bist du auch betrunken?

PLATONOV Laß mich ... Ja, ich bin betrunken ...

VOJNICEV Warte ... Es war meine Idee! Morgen schon fangen wir an, die Kulissen zu malen! Ich – bin Hamlet, Sophie – Ophelia, du – bist Claudius, Trileckij – Horaz ... Bin ich glücklich! Zufrieden! Shakespeare, Sophie, du und maman! Mehr brauche ich nicht! Nur noch Glinka. Mehr nicht ... Ich bin Hamlet ...

Und diesem Missetäter.
Hast du, vergessend Scham der Frau, der Gattin, Mutter,
Hingeben können dich! ...

Lacht schallend. Hamlet selbst!

PLATONOV *reißt sich los und läuft davon* Schurke! *Läuft davon.*

VOJNICEV Tirili! Ich bin betrunken! Als ob das eine Rolle spielt! *Lacht schallend.* Wie finden Sie unseren Freund?

GLAGOLJEV 2 Hochgradig alkoholisiert ... Fahren wir!

VOJNICEV Fahren Sie ... Auch Sie könnten mein Freund sein, wenn Sie ... Die reizende Ophelia. Nymphe, schließ in dein Gebet all meine Sünden ein! *Geht ab.*

Man hört den näherkommenden Zug.

Auftritt XVII

Osip und dann Saša.

OSIP *kommt mit der Kette angelaufen* Wo ist er? *Schaut sich um* Wo ist er? Er ist weg? Nicht mehr da? *Pfeift.* Michail Vasiljič! Michail Vasiljič! Huhu! *Pause.* Nicht da? *Läuft zum Fenster und klopft.* Michail Vasiljič! Michail Vasiljič! *Schlägt ein Fenster ein.*

SAŠA *am Fenster* Wer ist da?

OSIP Rufen Sie Michail Vasiljič! Schnell!

SAŠA Was ist geschehen? Er ist nicht im Zimmer!

OSIP *schreit* Nein? Also ist er zur Generalin gegangen! Die Generalin war hier und hat ihn zu sich gerufen! Alles ist verloren, Aleksandra Ivanovna! Er ist zur Generalin gegangen, der Verfluchte!

SAŠA Du lügst!

OSIP Strafe mich Gott, er ist bei ihr! Ich habe alles gehört und gesehn! Sie haben sich hier umarmt, geküßt ...

SAŠA Du lügst!

OSIP Weder Vater noch Mutter sollen das Himmelreich erblicken, wenn ich lüge! Er ist bei der Generalin! Hat seine Frau verlassen! Laufen Sie ihm nach, Aleksandra Ivanovna! Nein, nein ... Es ist alles verloren! Und Sie sind jetzt unglücklich! *Nimmt das Gewehr von der Schulter.* Zum letzten Mal hat sie mir etwas befohlen, und ich erfülle es zum letzten Mal! *Schießt in die Luft.* Soll sie ihm aufmachen! *Wirft das Gewehr zu Boden.* Ich werde ihn erstechen, Aleksandra Ivanovna! *Springt über den Bahndamm und setzt sich auf einen*

Baumstumpf. Keine Sorge, Aleksandra Ivanovna ... keine Sorge ... Ich werde ihn erstechen ... Das können Sie mir glauben ...

Die Zuglichter werden sichtbar.

SAŠA *kommt im Nachthemd und mit aufgelöstem Haar aus der Schule* Er ist weg ... Er hat mich betrogen ... *Schluchzt.* Ich bin verloren ... Gott, schick mir den Tod, nach alledem ... *Pfeifen.* Ich werfe mich vor den Zug ... Ich will nicht länger leben ... *Legt sich auf die Schienen.* Er hat mich betrogen. Mutter Gottes, gib mir den Tod! *Pause.* Gott, verzeih mir. Gott, verzeih mir ... *Schreit auf.* Kolja! *Hebt sich auf die Knie.* Mein Sohn! Hilfe! Hilfe! Da, da kommt der Zug! ... Hilfe!

OSIP *springt auf Saša zu.*

SAŠA *fällt auf die Schienen* Ach ...

OSIP *hebt sie auf und trägt sie in die Schule* Ich werde ihn erstechen ... keine Sorge!

Der Zug fährt durch.

Ende des zweiten Akts.

Dritter Akt

Zimmer in der Schule. Rechts und links Türen. Ein Schrank mit Geschirr, eine Kommode, ein altes Klavier, Stühle, ein mit Wachstuch bezogener Divan, Gitarre usw. Totale Unordnung.

Auftritt I

Sofja Egorovna und Platonov.

Platonov schläft auf dem Divan, am Fenster, das Gesicht unter einem Strohhut.

SOFJA EGOR. *weckt Platonov* Platonov! Michail Vasiljič! *Gibt ihm einen Stoß.* Wach auf! Michel! *Nimmt ihm den Hut vom Gesicht.* Wie kann man sich nur so einen dreckigen Hut aufs Gesicht legen? Pfui, wie schmuddelig, wie malproper du bist! Die Kragenknöpfe verloren, mit offener Hemdbrust, ungewaschen, in einem schmutzigen Kittel ... Michel! Dich meine ich! Steh auf!

PLATONOV He?

SOFJA EGOR. Aufwachen!

PLATONOV Später ... schön ...

SOFJA EGOR. Schluß jetzt! Erheb dich bitte!

PLATONOV Wer ist das? *Setzt sich auf.* Du, Sofja?

SOFJA EGOR. *hält ihm die Uhr vor die Nase* Sehen Sie mal!

PLATONOV Schön ... *Legt sich wieder hin.*

SOFJA EGOR. Platonov!

PLATONOV Na, was willst du? *Setzt sich auf.* Na?

SOFJA EGOR. Sehen Sie mal auf die Uhr!

PLATONOV Was soll das? Kommst du wieder mit deinen Launen, Sofja?

SOFJA EGOR. Jawohl, ich komme wieder mit meinen Launen, Michail Vasiljič. Bitte sehen Sie mal auf die Uhr! Wie spät ist es jetzt?

PLATONOV Halb acht.

SOFJA EGOR. Halb acht ... Haben Sie unsere Verabredung vergessen?

PLATONOV Welche Verabredung? Drück dich klarer aus, Sofja! Mir ist heute nicht nach Scherzen zumute, auch nicht nach irgendwelchen blöden Rätseln.

SOFJA EGOR. Welche Verabredung? Du hast sie vergessen? Was ist los mit dir? Du hast ganz rote Augen, bist völlig zerwühlt ... Bist du krank? *Pause.* Unsere Verabredung: wir wollten uns heute um sechs Uhr in der Hütte treffen ... Hast du es vergessen? Sechs Uhr ist vorbei ...

PLATONOV Sonst noch was?

SOFJA EGOR. *setzt sich neben ihn* Und du schämst dich nicht? Warum bist du nicht gekommen? Du hast mir dein Ehrenwort gegeben ...

PLATONOV Ich hätte es auch gehalten, wenn ich nicht eingeschlafen wäre ... Du siehst doch, ich habe geschlafen! Warum bist du so penetrant?

SOFJA EGOR. *schüttelt den Kopf* Was bist du für ein gewissenloser Mensch! Was schaust du so böse? Gewissenlos zumindest, was mich betrifft ... Überlege mal ... Bist du auch nur ein einziges Mal rechtzeitig zu unseren Verabredungen gekommen? Wie oft hast du mir gegenüber dein Ehrenwort gebrochen?

PLATONOV Sehr erfreut, das zu hören!

SOFJA EGOR. Wie dumm, Platonov, schäm dich! Warum hörst du auf, vornehm und klug, du selbst zu sein, wenn ich mit dir zusammen bin? Wozu diese plebejischen Ausfälle, die eines Menschen unwürdig sind, dem ich die Rettung meines geistigen Lebens verdanke? In meiner Gegenwart benimmst du dich immer wie irgendein Ungeheuer ... Kein weicher Blick, kein zartes Wort, kein einziges Wort der Liebe? Ich komme zu dir – du riechst nach Alkohol, bist liederlich gekleidet, ungekämmt, gibst dreiste und unpassende Antworten ...

PLATONOV *springt auf und geht mit weiten Schritten auf der Bühne auf und ab* Sie – ist – ge – kom – men!

SOFJA EGOR. Bist du betrunken?

PLATONOV Was geht das Sie an?

SOFJA EGOR. Wie lieb von dir! *Weint.*

PLATONOV Frauen!!

SOFJA EGOR. Sprich mir nicht von Frauen!! Tausendmal am Tag erzählst du mir von ihnen! Es geht mir auf die Nerven! *Steht auf.* Was machst du mit mir? ... Willst du mich zu Tode quälen? Du hast mich krank gemacht! Tag und Nacht tut mir deinetwegen die Brust weh! Siehst du das nicht? Willst du das nicht wissen? Haßt du mich? Wenn du mich liebtest, würdest du nicht so mit mir umgehen! Ich bin für dich nicht irgendein schlichtes Bauerntrampel, irgendeine rohe, unbehauene Seele! Ich werde es niemandem erlauben ... *Setzt sich.* Um Gottes willen! *Weint.*

PLATONOV Genug jetzt.

SOFJA EGOR. Warum bringst du mich um? Es sind noch keine drei Wochen seit jener Nacht, und ich sehe schon aus wie ein Strohhalm! Wo ist das Glück, das du mir versprochen hast? Wann werden diese deine Ausfälle ein Ende nehmen? Denke nach, du kluger, edler, ehrlicher Mensch! Denk nach, Platonov, bevor es zu spät ist! Denk nach, jetzt gleich ... Setz dich hier auf diesen Stuhl, schlag dir alles andere aus dem Kopf und denk nur an das eine: was machst du aus mir?

PLATONOV Ich kann nicht denken. *Pause.* Denk du doch drüber nach! *Geht auf sie zu.* Überleg doch einmal selbst! Ich habe dir deine Familie, dein Glück, deine Zukunft genommen ... Warum? Wozu? Ich habe dich ausgeplündert, als wäre ich dein schlimmster Feind! Was kann ich dir geben? Womit kann ich deine Opfer bezahlen? Dieses illegitime Bündel ist dein Unglück, dein minimum, dein Untergang! *Setzt sich.*

SOFJA EGOR. Ich gebe mich ihm hin, und er wagt es, diese Bindung ein illegitimes Bündel zu nennen!

PLATONOV Ä-äh ... Es ist jetzt nicht die Zeit, einem jedes Wort nachzuzählen! Du hast deine Ansicht über dieses Verhältnis, ich meine ... Ich habe dich zugrundegerichtet, das ist alles! Und nicht nur dich ... Warte nur, was erst dein Mann anfängt zu singen, wenn er es erfährt!

SOFJA EGOR. Du fürchtest, er würde dir Scherereien machen?

PLATONOV Davor habe ich keine Angst ... Ich fürchte, wir bringen ihn damit um ...

SOFJA EGOR. Warum bist du dann zu mir gekommen, du kleinmütiger Feigling, wenn du gewußt hast, daß wir ihn damit umbringen?

PLATONOV Bitte, nicht so ... pathetisch! Mit Brusttönen kommst du bei mir nicht an ... Und warum hast du ... Aber ... *Winkt ab.* Mit dir zu reden, heißt nur, deine heißen Tränen heraufzubeschwören ...

SOFJA EGOR. Ja, ja ... Vorher habe ich nie geweint! Aber fürchte dich nur, zittere! Er weiß es bereits!

PLATONOV Was?

SOFJA EGOR. Er weiß es bereits.

PLATONOV *erhebt sich* Er?!

SOFJA EGOR. Er ... Ich habe mich heute morgen mit ihm ausgesprochen ...

PLATONOV Laß die Scherze ...

SOFJA EGOR. Auf einmal so blaß?! Dich muß man hassen, nicht lieben! Ich bin verrückt ... Ich weiß nicht, weshalb ... weshalb ich dich liebe! Er weiß es bereits! *Zerrt an seinem Ärmel.* Zittre, ja, zittre! Er weiß alles! Ich schwöre es dir bei meiner Ehre, er weiß alles! Zittere!

PLATONOV Das kann nicht sein! Das kann nicht sein! *Pause.*

SOFJA EGOR. Er weiß alles ... Das mußte doch irgendwann geschehen?

PLATONOV Weshalb zitterst denn du? Wie hast du es ihm erklärt? Was hast du ihm gesagt?

SOFJA EGOR. Ich habe ihm erklärt, daß ich ... daß ich nicht mehr mit ihm leben kann ...

PLATONOV Und er?

SOFJA EGOR. War ähnlich wie du ... Erschrocken! Was für ein unerträgliches Gesicht du jetzt machst!

PLATONOV Was hat er gesagt?

SOFJA EGOR. Zuerst hat er gedacht, es sei ein Scherz, aber als er sich vom Gegenteil überzeugt hatte, wurde er blaß, fing an zu taumeln, zu weinen, auf den Knien vor mir herumzukriechen ... Er hatte genau dasselbe widerwärtige Gesicht wie du jetzt!

PLATONOV Was hast du getan?! *Faßt sich an den Kopf.* Du hast ihn umgebracht! Und du kannst, und du wagst, das so kaltlächelnd zu sagen? Du hast ihn umgebracht! Hast du ... meinen Namen genannt?

SOFJA EGOR. Ja ... Was denn sonst?

PLATONOV Und er?

SOFJA EGOR. *springt auf* Schämen solltest du dich, Platonov! Du weißt nicht, was du redest! Deiner Meinung nach hätte ich also nicht reden sollen?

PLATONOV Nein! *Legt sich mit dem Gesicht nach unten auf den Divan.*

SOFJA EGOR. Das sagst du, ehrlicher anständiger Mensch?

PLATONOV Anständiger wäre gewesen zu schweigen, statt ihn umzubringen! Wir haben ihn umgebracht! Er hat geweint, auf den Knien vor dir gelegen! ... Ach! *Springt auf.* Unglückliche! Wenn du nicht gewesen wärst, hätte er sein Leben lang nichts von unserem Verhältnis erfahren!

SOFJA EGOR. Ich war verpflichtet, mich mit ihm auszusprechen! Ich bin eine ehrliche Frau!

PLATONOV Weißt du, was du mit deiner Erklärung angerichtet hast? Du hast dich für immer von deinem Manne getrennt!

SOFJA EGOR. Jawohl, für immer ... Was denn sonst? Platonov, du redest auf einmal wie ... ein Schurke!

PLATONOV Für immer ... Und was wird aus dir, wenn wir auseinandergehen? Wir gehen nämlich bald auseinander! Du als erste wirst deinen Irrtum einsehen! Dir als erster werden die Augen aufgehen, und du wirst mich verlassen! *Winkt ab.* Aber ... Tu, was du willst, Sofja! Du bist anständiger und klüger als ich, nimm diesen ganzen falsch angerührten Brei in deine Hände! Rede und handle du! Weck mich auf, wenn du kannst, bring mich wieder auf die Beine! Nur schnell, um Gottes willen, sonst werde ich verrückt!

SOFJA EGOR. Wir fahren morgen von hier fort.

PLATONOV Ja, ja, fahren wir ... Nur schnell!

SOFJA EGOR. Ich muß dich von hier fortbringen ... Ich habe meiner Mutter von dir geschrieben. Wir fahren zu ihr ...

PLATONOV Zu wem du willst! ... Tu, was du für richtig hältst!

SOFJA EGOR. Michel! Das ist doch das neue Leben ... Versteh das! ... Hör mich an, Michel! Laß mich nur machen! Ich habe den klareren Kopf! Vertrau auf mich, mein Guter! Ich bringe dich wieder auf die Beine! Ich bringe dich dorthin, wo mehr Licht ist, wo es diesen Schmutz nicht gibt, diesen Staub, diese Trägheit, diesen dreckigen Kittel ... Ich werde einen Menschen aus dir machen ... Das Glück werde ich dir schenken! Versteh doch ... *Pause.* Ich werde einen Arbeiter aus dir machen! Wir werden Menschen sein, Michel! Unser Brot werden wir essen, Schweiß vergießen, Schwielen an den Händen haben ... *Lehnt den Kopf an seine Brust.* Ich werde arbeiten ...

PLATONOV Wo wirst du arbeiten? Es gibt Frauen, die sind stärker als du, und auch die fallen reihenweise um, vor

Nichtstun! Du kannst nicht arbeiten, und was willst du auch schon arbeiten? Sonja, jetzt, in unserer Lage, wäre es sinnvoller, klaren Kopf zu bewahren, statt sich mit Illusionen zu trösten ... Aber – tu, was du für richtig hältst!

SOFJA EGOR. Du wirst schon sehen! Es gibt solche Frauen, aber ich bin stärker als sie ... Vertrau auf mich, Michel! Ich werde dir den Weg erleuchten! Du hast mich zum Leben erweckt, mein ganzes Leben wird Dankbarkeit sein ... Wir fahren morgen? Ja? Ich gehe gleich und mache mich reisefertig ... Mach auch du dich fertig ... Komm um zehn Uhr zur Hütte und bring deine Sachen mit ... Wirst du kommen?

PLATONOV Ich werde kommen.

SOFJA EGOR. Gib mir dein Ehrenwort, daß du kommen wirst.

PLATONOV A-a-a ... Ich habs doch gesagt!

SOFJA EGOR. Gib mir dein Ehrenwort!

PLATONOV Ehrenwort ... Ich schwörs ... Wir fahren fort!

SOFJA EGOR. *lacht* Ich glaube dir ja, ich glaube dir ja! Du kannst auch früher kommen ... Ich werde schon vor zehn fertig sein ... Und die Nacht hindurch fahren wir! Wir werden leben, Michel! Du siehst dein Glück nicht, du Dummer! Das ist doch unser Glück, unser Leben! ... Schon morgen bist du ein anderer Mensch, frisch, neu! Wir werden neue Luft atmen; neues Blut wird in unseren Adern strömen ... *Lacht laut.* Fort mit dir, hinfälliger Mensch! Hier hast du meine Hand! Drück sie! *Hält ihm die Hand hin.*

PLATONOV *küßt ihre Hand.*

SOFJA EGOR. Komm, mein Seehund! Ich werde auf dich warten ... Gräm dich nicht ... Leb wohl, einstweilen! Ich packe ganz schnell! ... *Küßt ihn.*

PLATONOV Leb wohl ... Um elf oder um zehn?

SOFJA EGOR. Um zehn ... Komm ruhig auch früher. Leb wohl! Zieh dich ordentlich an für die Reise ... *Lacht.* Das Geld habe ich ... Zu Abend essen wir irgendwo unterwegs ... Leb wohl! Ich gehe packen ... Sei fröhlich! Ich warte auf dich um zehn! *Läuft hinaus.*

Platonov allein.

PLATONOV *nach einer Pause* Das Lied ist alt ... Das hab ich hundertmal gehört ... *Pause.* Ich schreibe ihm und Saša einen Brief ... Sollen sie ein bißchen weinen, mir verzeihen und vergessen! ... Leb wohl, Vojnicevka! Lebt alle wohl! Saša, die Generalin ... *Öffnet den Schrank.* Morgen schon bin ich ein neuer Mensch ... Und was für ein neuer! Wo soll ich meine Wäsche hineintun? Ich habe keinen Koffer ... *Schenkt sich Wein ein.* Leb wohl, altes Schulhaus! *Trinkt.* Lebt wohl, meine Kinderlein! Jetzt verschwindet euer schlechter, aber guter Michail Vasiljič! Habe ich eben getrunken? Warum? Ich werde nicht mehr trinken ... Das war das letzte Mal ... Jetzt setze ich mich hin und schreibe an Saša ... *Legt sich auf den Divan.* Sofja glaubt aufrichtig an mich ... Selig sind, die da glauben! ... Lache, Generalin! Die Generalin wird lachen! Sie wird sich ausschütten vor Lachen! ... Ja! Da war doch ein Brief von ihr ... Wo ist er? *Holt einen Brief vom Fenster.* Der hundertste, wenn nicht schon der zweihundertste Brief seit jener wilden Nacht ... *Liest.* »Sie, Platonov, sind ein unhöflicher, grausamer, dummer Flegel, daß Sie nicht auf meine Briefe antworten! Wenn auch dieser Brief unbeantwortet bleibt, Sie nicht kommen, dann komme ich selbst zu Ihnen, zum Teufel! Ich warte den lieben langen Tag. Das ist töricht, Platonov! Man könnte meinen, Sie schämten sich wegen jener Nacht. Vergessen wir sie, wenn es so ist! Sergej und Sofja sind abscheulich zueinander – der Monat des wilden Honigs ist zu Ende. Und alles nur, weil der Klotz, der so schön reden kann, nicht bei ihnen ist. Sie sind ein Klotz! Auf Wiedersehen!« *Pause.* Und was für eine Handschrift! Akkurat, kühn ... Kommas, Punkte, weiches S, Eszet – alles da ... Eine Frau, die richtig schreibt, ist selten ... *Marko kommt herein.* Ich muß ihr einen Brief schreiben, aber da kommt wohl ... *Hat Marko gesehen.* Eine Erscheinung ...

Auftritt III

Platonov und Marko.

PLATONOV Herzlich willkommen! Wen suchen Sie? *Erhebt sich.*

MARKO Euer Hochwohlgeboren ... *Zieht eine Vorladung aus der Umhängetasche.* Eine Vorladung für Euer Gnaden ...

PLATONOV Ah ... Sehr angenehm. Was für eine Vorladung. Von wem?

MARKO Von Ivan Andreevič, dem Friedensrichter ...

PLATONOV Hm ... Vom Friedensrichter! Was habe ich mit dem zu schaffen? Gib her! *Nimmt die Vorladung.* Verstehe ich nicht ... Will er mich zur Kindstaufe laden, oder was? Fruchtbar wie eine Heuschrecke, der alte Sünder! *Liest.* »In seiner Eigenschaft als Beschuldigter in Angelegenheiten Beleidigungsklage der Tochter des Staatsrates Marja Efimovna Grekova.« *Lacht schallend.* Ach zum Teufel! Bravo! Zum Teufel! Bravo, Wanzenäther! Und wann wird die Sache verhandelt? Übermorgen? Da komm ich, da komm ich ... Sag, Alter, ich komme ... Das ist gut, bei Gott, das hat sie gut gemacht! Ein tolles Mädchen! Das hätte sie schon lange tun sollen!

MARKO Bitte geruhen Sie zu unterschreiben!

PLATONOV Unterschreiben? Bitteschön ... Du siehst genau aus wie eine geschossene Ente, Bruder!

MARKO O nein ...

PLATONOV *setzt sich an den Tisch* Wie denn dann?

MARKO Wie das Bild und Ebenbild Gottes ...

PLATONOV So ... Noch unter Nikolaus gedient?

MARKO Genauso ist es ... Nach Sevastopol, da habe ich meinen Abschied bekommen ... Dann noch vier Jahre im Hospital gelegen ... Unteroffizier ... Bei der Artillerie ...

PLATONOV So ... Waren die Kanonen gut?

MARKO Ganz gewöhnlich ... Mit rundem Diameter ...

PLATONOV Kann ich mit Bleistift?

MARKO Bittesehr ... Habe die Vorladung erhalten der und der. Mit vollem Namen, Vor- und Vatersnamen.

PLATONOV *steht auf* Nimm. Ich habe fünfmal unterschrieben. Na, was macht dein Friedensrichter? Spielt er Karten?

MARKO Genauso ist es.

PLATONOV Von fünf Uhr nachmittags bis fünf Uhr in der Früh?

MARKO Genauso ist es.

PLATONOV Hat er schon seine Uhrkette verspielt?

MARKO Oh nein.

PLATONOV Sag ihm ... Nein, sag ihm nichts ... Seine Spielschulden zahlt er natürlich nicht zurück ... Er spielt, der Idiot, macht Schulden, und zu Hause einen Haufen Kinder ... Mein Gott, das hat sie gut gemacht! Hätte ich nicht erwartet von ihr, hätte ich wirklich nicht erwartet! Wer sind denn die Zeugen? Wer kriegt noch eine Vorladung?

MARKO *blättert die Vorladungen durch und liest* »An Herren Doktor Nikolaj Ivanovič Trileckij« ...

PLATONOV Trileckij? *Lacht schallend.* Das gibt eine Komödie! Und wer noch?

MARKO *liest* »An Herrn Kirill Porfirjič Glagoljev, An Herrn Alfons Ivanyč Šrifter, An Seine Hochwohlgeborenen den Herren Gardekornett a. D. Maksim Egoryč Aleutov, An den Herren Sohn des Wirklichen Staatsrates den Herren Gymnasiasten Ivan Talje, An den Herren Kandidaten der Sankt-Petersburger Neversität« ...

PLATONOV Steht da wirklich »Neversität«?

MARKO Oh nein ...

PLATONOV Warum liest du es dann so?

MARKO Aus Unbildung ... *Liest.* »... Uni ... Uni ... Neversität Sergej Pavlyč ... Pavlovič Vojnicev, An die Frau Gemahlin des Herren Kandidaten der Sankt-Petersburger Uni ... neversität Sofja Egorovna verehelichte Vojniceva, An den Herren Studenten der Neversität Charkov Isak Abramyč Vengerovič«. Das wärs!

PLATONOV Hm ... Das ist übermorgen, und morgen muß ich fahren ... Schade. Das gäbe einen Prozeß ... Hm ... So etwas Ärgerliches! Ich möchte ihr so gerne das Vergnügen machen ... *Geht auf der Bühne auf und ab.* Zu ärgerlich ...

MARKO Euer Hochwohlgeboren, ein kleines Trinkgeld ...

PLATONOV Hm?

MARKO Ein Trinkgeld ... Ich bin sechs Verst gelaufen ...

PLATONOV Trinkgeld? Nein, nicht nötig ... Übrigens, was sage ich da? Gut, mein Lieber! Trinkgeld gebe ich dir keins, ich geb dir den Tee lieber so ... Das ist für mich billiger, und für dich gesünder, da bleibst du nämlich nüchtern ... *Holt die Tee-*

büchse aus dem Schrank. Komm her ... Der Tee ist gut, stark ... Zwar keine vierzig Prozent, aber stark ist er ... Wo soll ich ihn dir hineintun?

MARKO *hält die Manteltasche auf* Schütten Sie ...

PLATONOV Direkt in die Tasche? Da verduftet er doch.

MARKO Schütten Sie, schütten Sie ... Nur zu ...

PLATONOV *schüttet ihm Tee in die Tasche* Genug?

MARKO Ergebensten Dank ...

PLATONOV Wie alt du bist ... Ich mag euch alte Soldaten! ... Das sind Kerle! ... Aber es gibt unter euch manchmal auch ganz schreckliche Leute ...

MARKO Die gibt es überall ... Nur Gott ist frei von Sünden ... Leben Sie wohl!

PLATONOV Warte ... Ich bin gleich fertig ... *Setzt sich und schreibt auf die Vorladung.* »Damals habe ich Sie geküßt, weil ... weil ich gereizt war und nicht wußte, was ich wollte, jetzt dagegen würde ich Sie küssen wie ein Heiligtum! Ich war abscheulich zu Ihnen, ich gebe es zu. Ich bin zu allen abscheulich. Vor Gericht werden wir uns leider nicht mehr sehen. Ich fahre morgen für immer von hier fort. Werden Sie glücklich und seien wenigstens Sie gerecht zu mir! Verzeihen Sie mir nicht!« *Zu Marko.* Weißt du, wo die Grekova wohnt?

MARKO Jawohl. Zwölf Verst von hier, wenn man den Fluß durch die Furt überquert.

PLATONOV Ja ... in Žilovka ... Bring ihr diesen Brief, und du bekommst drei Rubel. Du gibst ihn dem gnädigen Fräulein persönlich ... Eine Antwort ist nicht nötig ... Gibt sie dir eine, nimm sie nicht an ... Bring ihn ihr noch heute ... Jetzt gleich ... Bring ihn ihr, die Vorladungen kannst du später austragen. *Geht auf der Bühne auf und ab.*

MARKO Verstehe.

PLATONOV Was noch? Ja! Du wirst allen sagen, ich habe die Grekova um Verzeihung gebeten, und sie habe mir nicht verziehen.

MARKO Verstehe. Leben Sie wohl!

PLATONOV Leb wohl, mein Freund! Machs gut!

MARKO *geht ab.*

Auftritt IV

Platonov allein.

PLATONOV Mit der Grekova wären wir also quitt ... Im ganzen Gouvernement macht sie mir Schande ... Recht geschieht mir ... Das erste Mal im Leben, daß eine Frau mich straft ... *Legt sich auf den Divan.* Du trittst sie, und sie werfen sich dir an den Hals ... Sofja, zum Beispiel ... *Legt sich ein Taschentuch aufs Gesicht.* Ich war frei wie der Wind, jetzt liege ich hier und träume ... Liebe ... Amo, amas, amat! ... Ich bin drauf eingegangen ... Habe sie zugrundegerichtet, und mich selber wichtiggemacht ... *Seufzt.* Die armen Vojnicevs! Und Saša? Das arme Mädchen! Wie soll sie weiterleben, ohne mich? Sie bekommt die Schwindsucht, wird sterben ... Sie ist weggegangen, sie hat die Wahrheit geahnt, hat das Kind genommen und ist weggegangen, ohne ein Wort zu sagen ... Noch in jener Nacht ... Ich sollte mich von ihr verabschieden ...

ANNA PETR. *durchs Fenster* Darf man eintreten? He! Ist da jemand?

PLATONOV *springt auf* Anna Petrovna! Die Generalin! Was soll ich ihr sagen? Fragt sich, warum sie hier herkommt? *Richtet seine Kleider.*

ANNA PETR. *durchs Fenster* Darf ich eintreten? Ich komme herein! Hören Sie?

PLATONOV Sie kommt! Wie sollte ich es anstellen, sie nicht hereinzulassen? *Kämmt sich.* Wie soll ich sie wieder loswerden? Ich trinke schnell noch einen, bevor sie da ist ... *Öffnet schnell den Schrank.* Was zum Teufel will sie bloß? ... Ich verstehe das nicht! *Stürzt schnell ein Glas hinunter.* Wenn sie noch nichts weiß, ist es gut, aber was, wenn sie es schon weiß? Ich werde ganz rot ...

Auftritt V

Platonov und Anna Petrovna.

ANNA PETR. *kommt herein.*
PLATONOV *schließt langsam den Schrank ab.*
ANNA PETR. Meine Verehrung!

PLATONOV Er geht nicht zu ... *Pause.*

ANNA PETR. Sie! Guten Tag!

PLATONOV Ach ... Sie sinds, Anna Petrovna? Pardon, ich habe es gar nicht bemerkt ... Er geht nicht zu, ja, und da ... Merkwürdig ... *Läßt den Schlüssel fallen und hebt ihn auf.*

ANNA PETR. Kommen Sie schon her! Lassen Sie den Schrank in Ruhe! Lassen Sie ihn!

PLATONOV *geht auf sie zu* Guten Tag ...

ANNA PETR. Warum sehen Sie mir nicht ins Gesicht?

PLATONOV Ich schäme mich. *Küßt ihr die Hand.*

ANNA PETR. Sie schämen sich – weshalb?

PLATONOV Wegen allem.

ANNA PETR. Hm ... Jemanden verführt?

PLATONOV Ja, in der Art ...

ANNA PETR. Ajajaj, Platonov! Und wen?

PLATONOV Das sage ich nicht ...

ANNA PETR. Setzen wir uns ... *Setzt sich auf den Divan.* Wir werden es schon herausbekommen, junger Mann, wir werden es herausbekommen ... Aber weshalb schämen Sie sich vor mir? Ich kenne Ihre sündige Seele doch schon lange ...

PLATONOV Fragen Sie nicht, Anna Petrovna! Mir ist heute nicht danach, meinem eigenen Verhör beizuwohnen. Sprechen Sie, wenn Sie wollen, aber fragen Sie nicht!

ANNA PETR. In Ordnung. Haben Sie meine Briefe bekommen?

PLATONOV Ja.

ANNA PETR. Weshalb sind Sie nicht gekommen?

PLATONOV Ich konnte nicht.

ANNA PETR. Weshalb konnten Sie nicht?

PLATONOV Ich konnte nicht.

ANNA PETR. Eingeschnappt?

PLATONOV Nein. Weshalb sollte ich eingeschnappt sein? Um Gottes willen, fragen Sie mich nichts!

ANNA PETR. Bitte antworten Sie, Michail Vasiljič! Setzen Sie sich schön hin! Warum waren Sie die letzten drei Wochen kein einziges Mal mehr bei uns?

PLATONOV Ich war krank.

ANNA PETR. Sie lügen!

PLATONOV Ich lüge. Fragen Sie mich nichts, Anna Petrovna!

ANNA PETR. Wie Sie nach Alkohol riechen! Platonov, was hat das zu bedeuten? Was ist los mit Ihnen? Wie sehen Sie eigentlich aus? Die Augen blutunterlaufen, ein widerliches Gesicht ... Sie sind schmutzig, das Zimmer starrt vor Dreck ... Sehen Sie sich mal um, was ist das für eine Unordnung? Was ist los mit Ihnen? Trinken Sie?

PLATONOV Ich trinke, schrecklich!

ANNA PETR. Hm ... Die Geschichte von vorigem Jahr ... Voriges Jahr haben Sie ein Mädchen verführt und liefen dann bis zum Herbst herum wie ein nasses Huhn, und jetzt dasselbe ... Don Juan und jämmerlicher Feigling in ein und demselben Körper. Sie dürfen nicht trinken!

PLATONOV Ich tue es nicht mehr ...

ANNA PETR. Ehrenwort? Übrigens, wozu soll ich Ihnen Ihr Ehrenwort aufbürden? *Steht auf.* Wo steht das Zeug?

PLATONOV *zeigt auf den Schrank.*

ANNA PETR. Sie sollten sich schämen, Miša, so etwas von Kleinmut! Wo bleibt Ihr Charakter? *Öffnet den Schrank.* Und in dem Schrank, was für eine Unordnung! Sie kriegen es mit Aleksandra Ivanovna zu tun, wenn sie zurückkommt! Wollen Sie, daß Ihre Frau zu Ihnen zurückkommt?

PLATONOV Ich will nur das eine: stellen Sie mir keine Fragen und schauen Sie mir nicht in die Augen!

ANNA PETR. In welcher Flasche ist der Wein?

PLATONOV In allen.

ANNA PETR. Allen fünfen? Ach, Sie Säufer, Säufer! Sie haben ja eine ganze Getränkefabrik in Ihrem Schrank! Ja, Aleksandra Ivanovna muß zurückkommen ... Sie werden es ihr irgendwie erklären ... Ich bin keine Rivalin, vor der man Angst haben muß ... Ich kann teilen ... Es ist nicht meine Absicht, euch auseinanderzubringen ... *Trinkt aus der Flasche.* Ein guter Wein ... Kommen Sie, trinken wir was! Wollen Sie? Wir trinken einen, und dann nie wieder!

PLATONOV *geht zum Schrank.*

ANNA PETR. Halten Sie das Glas! *Schenkt Wein ein.* Trinken Sie! Mehr gibt es nicht.

PLATONOV *trinkt.*

ANNA PETR. Und jetzt ich ... *Schenkt ein.* Auf das Wohl der Schlechten! *Trinkt.* Sie sind schlecht! Der Wein ist gut! Sie haben Geschmack ... *Gibt ihm die Flasche.* Halten Sie mal! Bringen Sie sie hierher! *Geht zum Fenster.* Nehmen Sie Abschied von Ihrem guten Wein! *Schaut zum Fenster hinaus.* Es wäre schade, ihn wegzuschütten ... Trinken wir nicht noch einen? hm? Trinken wir?

PLATONOV Wie Sie wollen ...

ANNA PETR. *schenkt ein* Trinken Sie ... Schnell!

PLATONOV *trinkt* Auf Ihr Wohl! Gott schenke Ihnen Glück!

ANNA PETR. *schenkt ein und trinkt* Hatten Sie Sehnsucht nach mir? Setzen wir uns. Stellen Sie die Flaschen erst mal ab ... *Sie setzen sich.* Hatten Sie Sehnsucht?

PLATONOV Jeden Augenblick.

ANNA PETR. Weshalb sind Sie nicht gekommen?

PLATONOV Fragen Sie nicht! Ich werde es Ihnen nicht sagen, nicht weil ich nicht offen zu Ihnen wäre, sondern weil mir Ihre Ohren leidtun! Ich bin verloren, vollkommen verloren, meine Gute! Gewissensbisse, Trübsal, Kummer ... eine Qual, mit einem Wort! Jetzt, wo Sie da sind, ist mir leichter.

ANNA PETR. Richtig dünn sind Sie geworden ... Ich kann diese Romanhelden nicht ausstehen! Was machen Sie aus sich, Platonov? Spielen Sie den Helden aus irgendeinem Roman? Kummer, Trübsal, Kampf der Leidenschaften, Liebe mit diversen Vorworten ... Pfui! Benehmen Sie sich wie ein Mensch! Leben Sie wie ein Mensch, Sie Dummkopf! Was sind Sie eigentlich für ein Erzengel, daß Sie nicht leben, nicht atmen und dasitzen können wie ein gewöhnlicher Sterblicher?

PLATONOV Das ist leicht gesagt ... Was soll ich tun?

ANNA PETR. Dieser Mensch, das heißt Mann – lebt und weiß nicht, was er tun soll! Merkwürdig! Was soll er schon tun?! Bittesehr, ich werde auf Ihre Frage antworten, so gut ich kann, obwohl sie eine Antwort nicht wert ist, denn es ist eine müßige Frage!

PLATONOV Antworten Sie nicht darauf ...

ANNA PETR. Erstens, leben Sie wie ein Mensch, das heißt, nicht trinken, nicht den lieben langen Tag im Bett liegen, sich öfter waschen und mich besuchen kommen, zweitens, seien Sie zufrieden mit dem, was Sie haben ... Sie machen Dummheiten, Sir! Reicht Ihnen Ihr Lehrerdasein nicht? *Steht auf.* Kommen Sie jetzt zu mir!

PLATONOV Was? *Steht auf.* Mit zu Ihnen? Nein, nein ...

ANNA PETR. Kommen Sie! Sie werden Leute sehen, mit ihnen reden, ihnen zuhören, sie ein bißchen beschimpfen ...

PLATONOV Nein, nein ... Und befehlen Sie es nicht!

ANNA PETR. Warum denn nicht?

PLATONOV Ich kann nicht, das ist alles!

ANNA PETR. Sie können! Setzen Sie Ihren Hut auf! Kommen Sie!

PLATONOV Ich kann nicht, Anna Petrovna! Um keinen Preis! Ich setze keinen Schritt vors Haus!

ANNA PETR. Sie können! *Setzt ihm den Hut auf.* Du machst dummes Theater, Bruder Platonov, dumme Witze! *Nimmt ihn am Arm.* Nun? Eins, zwei! ... Kommen Sie, Platonov! Vorwärts! *Pause.* Also, Michel! Kommen Sie!

PLATONOV Ich kann nicht!

ANNA PETR. Störrisch wie ein junger Stier! Los, einen Schritt! Nun? Eins, zwei ... Michel, mein Lieber, Guter, Schöner ...

PLATONOV *reißt sich los* Ich komme nicht mit, Anna Petrovna!

ANNA PETR. Gehen wir ein Stück spazieren, ums Schulhaus herum!

PLATONOV Warum insistieren Sie? Ich habe Ihnen doch gesagt, daß ich nicht mitkomme! Ich will zu Hause sitzen, und darum lassen Sie mich auch tun, was ich will! *Pause.* Ich komme nicht mit!

ANNA PETR. Hm ... Also gut, Platonov ... Ich borge Ihnen ein bißchen Geld, und Sie fahren ein, zwei Monate irgendwohin ...

PLATONOV Wohin?

ANNA PETR. Nach Moskau, nach Petersburg ... Einverstanden? Verreisen Sie, Michel! Sie haben es mehr als nötig, sich ein wenig auszulüften! Sie fahren ein bißchen spazieren, sehen Leute, gehen ins Theater, erfrischen sich, lüften sich aus ... Ich gebe Ihnen Geld, Empfehlungsbriefe mit ... Willst du, daß ich mit dir komme? Willst du? Wir fahren spazieren, bummeln ... Und kommen erneuert, strahlend hierher zurück ...

PLATONOV Eine verführerische Idee, aber leider undurchführbar ... Ich fahre morgen von hier fort, Anna Petrovna, aber nicht mit Ihnen!

ANNA PETR. Wie Sie wollen ... Wohin fahren Sie?

PLATONOV Ich fahre fort ... *Pause.* Ich fahre für immer von hier fort ...

ANNA PETR. Unsinn ... *Trinkt aus der Flasche.* Quatsch!

PLATONOV Es ist kein Unsinn, meine Teure! Ich fahre! Für immer!

ANNA PETR. Warum denn, Sie merkwürdiger Mensch!

PLATONOV Fragen Sie mich nicht! Bei Gott, für immer! Ich fahre fort und ... ja: leben Sie wohl! Fragen Sie nicht! Sie werden jetzt nichts mehr aus mir herausbekommen ...

ANNA PETR. Quatsch!

PLATONOV Wir sehen uns nur noch heute ... Ich verschwinde für immer ... *Nimmt sie am Ärmel und dann an der Schulter.* Vergessen Sie den Idioten, Esel, Schurken und Lumpen Platonov! Ihn verschluckt der Erdboden, er verschwindet. Vielleicht begegnen wir uns in zehn Jahren einmal wieder, wenn wir beide imstande sein werden, über diese Tage zu lachen und zu flennen wie Greise, doch jetzt ... zum Teufel damit! *Küßt ihr die Hand.*

ANNA PETR. Hier, trink was! *Schenkt ihm Wein ein.* Betrunken darf man Blödsinn reden ...

PLATONOV Ich werde nicht betrunken ... Ich werde an Sie denken, meine Mutter, meine gute Fee! ... Ich werde Sie nie vergessen! Lachen Sie, gebildete, kluge Frau! Morgen fliehe ich vor mir selbst, wohin, weiß ich selbst nicht, ich fliehe in ein neues Leben! Ich weiß, was das heißt: neues Leben!

ANNA PETR. Das ist alles gut und schön, aber was ist Ihnen denn geschehen?

PLATONOV Was? Ich ... Später werden Sie alles erfahren! Meine Freundin, wenn Sie sich über meine Handlungsweise entsetzen werden, verfluchen Sie mich nicht! Denken Sie daran, daß ich beinahe schon bestraft bin ... Von Ihnen für immer Abschied zu nehmen, ist mehr als eine Strafe ... Worüber lächeln Sie? Glauben Sie es mir! Ehrenwort, glauben Sie mir! Mir ist so bitter ums Herz, so schlimm und gemein, daß ich mich am liebsten erwürgen möchte!

ANNA PETR. *unter Tränen* Ich glaube nicht, daß Sie zu irgend etwas Schrecklichem fähig sind ... Schreiben Sie mir wenigstens?

PLATONOV Ich darf Ihnen nicht schreiben, und Sie werden auch gar keine Lust verspüren, meine Briefe zu lesen! Unwiderruflich für immer ... Leben Sie wohl!

ANNA PETR. Hm ... Ohne mich sind Sie verloren, Platonov! *Reibt sich die Stirn.* Ich bin ein bißchen beschwipst ... Fahren wir zusammen fort!

PLATONOV Nein ... Morgen werden Sie alles erfahren und ... *Wendet sich ab, zum Fenster.*

ANNA PETR. Brauchen Sie Geld?

PLATONOV Nein ...

ANNA PETR. Und ... ich kann nicht helfen?

PLATONOV Ich weiß es nicht. Schicken Sie mir heute Ihre Karte ... *Dreht sich um.* Gehen Sie, Anna Petrovna, oder ich stelle weiß der Teufel was an! Ich fange an zu heulen, verprügle mich selber und ... Gehen Sie! Sie können nicht hierbleiben! Ich sage es Ihnen auf gut Russisch! Worauf warten Sie noch? Ich muß von hier fortfahren, begreifen Sie das! Warum schauen Sie mich so an? Weshalb machen Sie so ein Gesicht?

ANNA PETR. Leben Sie wohl ... *Gibt ihm die Hand.* Wir sehen uns noch.

PLATONOV Nein ... *Küßt ihr die Hand.* Nicht nötig ... gehen Sie, meine Gute ... *Küßt ihr die Hand.* Leben Sie wohl ... Lassen Sie mich allein ... *Legt sich ihre Hand aufs Gesicht.*

ANNA PETR. Jetzt löst er sich in Rührung auf ... Nun? Lassen Sie meine Hand los ... Leben Sie wohl! Trinken wir noch einen, zum Abschied? *Sie schenkt ein.* Trinken Sie! ... Glückliche Reise, und Glück auf den Weg!

PLATONOV *trinkt.*

ANNA PETR. Bleiben Sie doch hier, Platonov, hm? *Schenkt sich ein und trinkt.* Wir würden uns ein schönes Leben machen ... Was ist das für ein Verbrechen? Ist das möglich in Vojnicevka? *Pause.* Soll ich noch etwas einschenken, gegen den Kummer?

PLATONOV Ja.

ANNA PETR. *schenkt ein* Trink, mein Guter ... Ach, zum Teufel!

PLATONOV *trinkt* Werden Sie glücklich! Machen Sie sich ein schönes Leben ... Das geht auch ohne mich.

ANNA PETR. Wenn schon, denn schon ... *Schenkt ein.* Sterben müssen wir sowieso, ob wir trinken oder nicht trinken, dann schon lieber sterben und trinken ... *Trinkt.* Ich bin eine Trinkerin, Platonov ... Wie? Soll ich noch einmal einschenken? Übrigens, nein, lieber nicht ... *Setzt sich.* Es gibt nichts Schlimmeres, als eine gebildete Frau zu sein ... Eine gebildete Frau, und nichts zu tun haben ... Was bedeute ich schon, wofür lebe ich? *Pause.* Ich bin zur Sittenlosigkeit verurteilt ... Ich bin eine sittenlose Frau, Platonov ... *Lacht schallend.* Auch dich liebe ich vielleicht nur, weil ich sittenlos bin ... *Reibt sich die Stirn.* Ich gehe ja auch zugrunde ... Solche wie ich gehen immer zugrunde ... Wäre ich irgendwo Professor,

Direktor ... Wäre ich Diplomatin, ich hätte die ganze Welt auf den Kopf gestellt ... Eine gebildete Frau und ... nichts zu tun zu haben. Sie wird also nicht gebraucht ... Pferde, Kühe und Hunde werden gebraucht, nur du nicht, du bist überflüssig ... Hm? Was schweigst du?

PLATONOV Wir sind beide schlecht dran ...

ANNA PETR. Wenn ich wenigstens Kinder hätte ... Magst du Kinder? *Steht auf.* Du bleibst hier, Liebster! Bleibst du? Wir würden uns ein schönes Leben machen! ... Ein lustiges, geselliges ... Du fährst, und was mache dann ich? Ich möchte doch ausruhen ... Michel! Ich muß ausruhen! Ich will ... Frau sein, Mutter ... *Pause.* Schweig nicht! Sprich! Du bleibst hier? Du ... liebst mich doch, du komischer Kauz? Liebst du mich?

PLATONOV *schaut zum Fenster hinaus* Ich bringe mich um, wenn ich hierbleibe.

ANNA PETR. Du liebst mich doch?

PLATONOV Wer liebte Sie nicht?

ANNA PETR. Du liebst mich, ich dich auch, was willst du mehr? Du machst dich verrückt ... Was willst du noch? Warum bist du in jener Nacht damals nicht gekommen? *Pause.* Du bleibst hier?

PLATONOV Gehen Sie, um Gottes willen! Sie quälen mich!

ANNA PETR. *gibt ihm die Hand* Na ... dann ... Alles Gute ...

PLATONOV Gehen Sie, oder ich erzähle Ihnen alles, und wenn ich es erzählt habe, bringe ich mich um!

ANNA PETR. Ich gebe Ihnen die Hand ... Sehen Sie nicht? Ich komme heute abend bei Ihnen vorbei ...

PLATONOV Nicht nötig! Ich komme mich selbst verabschieden! Ich komme selber zu Ihnen ... Ich komme um keinen Preis! Du siehst mich nie wieder, ich sehe dich nicht wieder! Du wirst mich nicht wiedersehen wollen! Du wirst dich für immer von mir abwenden! Das neue Leben ... *Umarmt und küßt sie.* Zum letzten Mal ... *Stößt sie zur Tür.* Leb wohl! Geh und werde glücklich! *Verriegelt hinter ihr die Tür.*

ANNA PETR. *vor der Tür* Ich schwöre bei Gott, wir werden uns wiedersehen!

PLATONOV Nein! Leb wohl! *Steckt sich die Finger in die Ohren.* Ich höre nichts! Schweig und geh! Ich halte mir die Ohren zu!

ANNA PETR. Ich gehe! Ich werde Sergej zu dir schicken und gebe dir mein Wort, daß du nicht fortfährst, und wenn du fährst, dann nur mit mir! Leb wohl! *Pause.*

Auftritt VI

Platonov allein.

PLATONOV Ist sie weg? *Geht zur Tür und horcht.* Sie ist weg ... Aber vielleicht ist sie doch noch da? *Öffnet die Tür.* Sie ist ein Teufel ... *Schaut vor die Tür.* Sie ist weg ... Legt *sich auf den Divan.* Lebe wohl, geliebte Frau! ... *Seufzt.* Ich werde dich nie wiedersehen ... Sie ist weg ... Fünf Minuten hätte sie ruhig noch bleiben können ... *Pause.* Das wäre nicht übel! Ich bitte Sofja, die Abreise noch um ein, zwei Wochen zu verschieben, und fahre solange mit der Generalin spazieren! Wirklich ... Nur zwei Wochen ... Sofja wird einverstanden sein ... Soll sie die Zeit über bei ihrer Mutter leben ... Sie darum bitten ... hm? ... Während ich mit der Generalin herumfahre, kann Sofja sich ausruhen ... Kraft schöpfen meine ich ... Ich bin ja keine Ewigkeit weg! *Es klopft an die Tür.* Ich fahre! Es ist beschlossen! Hervorragend! ... *Klopfen.* Wer klopft da! Die Generalin? Wer ist da? *Klopfen.* Sind Sie es? *Er steht auf.* Ich lasse sie nicht herein! *Geht zur Tür.* Ob sie es ist? *Klopfen.* Sie kichert, scheint mir. *Lacht.* Sie ist es ... Ich muß sie hereinlassen ... *Öffnet die Tür.* Ach! *Osip kommt herein.*

Auftritt VII

Platonov und Osip.

PLATONOV Was ist das? Du, Teufel? Du kommst mich besuchen?

OSIP Guten Tag, Michail Vasiljič!

PLATONOV Was willst du? Wem und welchen Umständen verdanke ich den Besuch einer so hochgestellten Persönlichkeit? Sag, schnell, und dann scher dich zum Teufel!

OSIP Ich setze mich erst mal ... *Setzt sich.*

PLATONOV Bitte, bitte, haben Sie die Güte! *Pause.* Bist du es wirklich, Osip? Was ist mit dir? Dir stehen alle zehn ägyptischen Plagen im Gesicht geschrieben! Was hast du! Du bist blaß, abgemagert, dürr ... Bist du krank?

OSIP Ihnen stehen die Plagen genauso im Gesicht geschrieben ... Was haben Sie? Mich holt irgendwann der Teufel, und Sie?

PLATONOV Ich? Ich verkehre nicht mit dem Teufel ... Ich hole mich irgendwann selbst ... *Befühlt Osips Schulter.* Nichts als Knochen!

OSIP Und Sie, wo ist Ihr Fett geblieben? Sind Sie krank? Von Ihrem guten Benehmen, Michail Vasiljič?

PLATONOV *setzt sich neben ihn* Warum bist du gekommen?

OSIP Mich von Ihnen verabschieden.

PLATONOV Du willst verreisen?

OSIP Nicht ich, Sie werden verreisen.

PLATONOV Aha! Und woher weißt du das?

OSIP Ich weiß es eben!

PLATONOV Nein, Bruder! Ich werde nicht verreisen. Du bist umsonst gekommen.

OSIP Doch, Sie werden ...

PLATONOV Alles weißt du, alles geht dich etwas an ... Du bist ein Zauberer, Osip. Ja, ich fahre fort, Bester. Du hast recht.

OSIP Na sehen Sie, ich weiß es doch. Ich weiß sogar, wohin die Reise geht.

PLATONOV Ja? Da bin ich aber neugierig ... Ich weiß es nämlich selbst nicht. Ein Weiser, ein echter Weiser! Na, sag schon, wo geht die Reise hin?

OSIP Sie wollen es wissen?

PLATONOV Ja sicher! Das ist doch interessant! Na, wohin?

OSIP Ins Jenseits.

PLATONOV Das ist aber weit! *Pause.* Ein Rätsel. Und du willst mich dort hinbefördern?

OSIP Genau das. Ich habe Ihnen die Fahrkarte mitgebracht.

PLATONOV Sehr angenehm! ... Hm ... Du willst mich also umbringen!

OSIP Genau das ...

PLATONOV *äfft ihn nach* Genau das ... Was für eine Frechheit, zum Teufel! Er will mich ins Jenseits befördern ... Hm ... Tust du das von dir aus oder auf Bestellung?

OSIP *zeigt ein Bündel Geld* Hier ... das hat mir Vengerovič gegeben, damit ich Euer Gnaden zum Krüppel schlage! *Zerreißt das Geld.*

PLATONOV Aha ... Der alte Vengerovič?

OSIP Genau der ...

PLATONOV Aber warum zerreißt du das Geld? Willst du deinen Edelmut beweisen, oder was?

OSIP Ich kann mir Edelmut nicht leisten, und das Geld habe ich zerrissen, damit Sie im Jenseits nicht denken, ich hätte Sie für Geld umgebracht.

PLATONOV *steht auf und geht auf der Bühne auf und ab.*

OSIP Haben Sie Angst, Michail Vasiljič? Fürchten Sie sich? *Lacht.* Laufen Sie weg, schreien Sie! Ich stehe nicht an der Tür, ich stehe Ihnen nicht im Weg: Sie haben einen Ausweg. Gehen Sie, rufen Sie die Leute zusammen, sagen Sie, Osip wär gekommen, um Sie umzubringen! Und er ist gekommen, um Sie umzubringen ... Sie glauben mir nicht? *Pause.*

PLATONOV *geht auf Osip zu und schaut ihn an* Erstaunlich! *Pause.* Was grinst du, Idiot! *Schlägt ihn auf den Arm.* Laß das Grinsen! Dich meine ich! Schweig! Ich hänge dich auf! Ich mache Bast aus dir, du Räuber! *Geht schnell von ihm fort.* Übrigens ... Sei mir nicht böse. Mir darf man nicht böse sein ... Es tut mir weh.

OSIP Schlagen Sie mich ins Gesicht, dafür daß ich ein schändlicher Mensch bin!

PLATONOV Sooft du willst! *Geht zu Osip und gibt ihm eine Ohrfeige.* Was? Du taumelst? Warte, das wirst du nicht mehr können, wenn dir erst Hunderte von Knüppeln deinen leeren Schädel zertrümmern! Weißt du noch, wie Filka Pockengesicht gestorben ist?

OSIP Hunde sterben einen hündischen Tod.

PLATONOV W-w-w-w ... bist du ekelhaft, du Kreatur! Verprügeln könnte ich dich, du Lump! Warum schädigst du sie, du niederträchtige Seele, wie eine Krankheit, wie ein wütendes Feuer? Was haben dir die Leute getan? W-w-w ... Schurke!! *Gibt ihm eine Ohrfeige.* Schwein! Dich ... dich ... *Geht schnell von Osip fort.* Geh!

OSIP Spucken Sie mich an, dafür daß ich ein schädlicher Mensch bin!

PLATONOV Dafür ist mir meine Spucke zu schade!

OSIP *erhebt sich* Und das wagen Sie zu sagen?

PLATONOV Scher dich fort, bevor ich dich in den Dreck stampfe!

OSIP Wagen Sie es nur! Sie sind genauso ein schädlicher Mensch!

PLATONOV Du willst dich noch mit mir unterhalten? *Geht auf ihn zu.* Du bist doch gekommen, mich umzubringen? Also los! Bring mich um! Hier bin ich! Na mach schon!

OSIP Ich habe Sie verehrt, Herr Platonov, Sie für einen ehrbaren

Menschen gehalten! Aber jetzt ... Tut mir sogar leid, Sie umzubringen, aber es muß sein ... Sie sind ein Schädling ... Weshalb war heute die junge Herrin bei Ihnen?

PLATONOV *packt und schüttelt ihn an der Hemdbrust* Bring mich um! Bring mich schon um!

OSIP Und warum war danach die Generalin hier? Sie betrügen also auch die Generalin? Und wo ist Ihre Frau? Welche von den dreien ist eigentlich die richtige? hm? Und da wollen Sie kein Schädling sein? *Stellt ihm ein Bein, über das er ihn zu Boden stößt, und fällt mit ihm zusammen hin.*

PLATONOV Hau ab! Ich bringe dich um, nicht du mich! Ich bin stärker als du! *Sie ringen.* Sachte!

OSIP Sie drehn sich auf den Bauch! Verdrehen Sie doch nicht die Arme! Der Arm ist unschuldig, wozu ihn verdrehen? Na, auch das noch! Im Jenseits bestellen Sie General Vojnicev einen schönen Gruß von mir!

PLATONOV Laß los!

OSIP *zieht ein Messer aus dem Gürtel* Seien Sie still! Umbringen werd ich Sie doch! Sie sind ganz schön stark! Alle Achtung! Man stirbt nicht gern? Laß die Finger von dem, was dir nicht gehört!

PLATONOV *schreit* Mein Arm! Halt, halt! ... Mein Arm!

OSIP Sie wollen nicht sterben? Gleich sind Sie im ewigen Himmelreich ...

PLATONOV Schlag mich nicht in den Rücken, du eisernes Vieh, schlag auf die Brust! Mein Arm! Laß los, Osip! Ich habe Frau und Kind ... Ist das ein Messer? Oh, verflucht! *Saša stürzt herein.*

Auftritt VIII

Die Vorigen und Saša.

SAŠA *stürzt herein* Was ist das? *Schreit auf.* Miša! *Stürzt zu den Ringenden und fällt auf sie.* Was macht ihr da?

OSIP Wer ist das? Aleksandra Ivanovna? *Springt auf.* Ich lasse ihn am Leben! *Zu Saša.* Hier haben Sie das Messer! *Gibt ihr das Messer.* Vor Ihren Augen ersteche ich ihn nicht ... Ich lasse ihn am Leben! Ich ersteche ihn später! Er entkommt mir nicht! *Springt durchs Fenster.*

PLATONOV *nach einer Pause* So ein Teufel ... Tag, Saša! Du bist es doch? *Stöhnt.*

SAŠA Hat er dich verletzt? Kannst du aufstehen? Schnell!

PLATONOV Ich weiß nicht ... Diese Kreatur ist aus Eisen gegossen ... Gib mir die Hand! *Erhebt sich.* Erschrick nicht, meine Gute ... Ich bin noch ganz. Er hat mich nur ein bißchen durchgewalkt ...

SAŠA Dieser Schurke! Ich habe dir doch gesagt, du sollst ihn nicht anrühren!

PLATONOV Wo ist der Divan? Was schaust du so? Er lebt, dein untreuer Mann! Du siehst es doch! *Legt sich auf den Divan.* Danke, daß du gekommen bist, sonst wärst du jetzt Witwe und ich tot!

SAŠA Leg dich auf das Kopfkissen! *Schiebt ihm ein Kissen unter den Kopf.* So! *Setzt sich ans Fußende.* Tut dir nichts weh? *Pause.* Warum hast du die Augen zugemacht?

PLATONOV Nein, nein ... Nur so ... Du bist gekommen, Saša? Mein Schatz ist gekommen? *Küßt ihr die Hand.*

SAŠA Unser Kolja ist krank!

PLATONOV Was hat er?

SAŠA So einen Husten, Fieber, und so einen Ausschlag ... Zwei Nächte hat er schon nicht geschlafen und schreit ... Trinkt nichts, ißt nichts ... *Weint.* Er ist sehr krank, Miša! Ich habe Angst um ihn! ... Ich habe solche Angst! Und ich habe schlecht geträumt ...

PLATONOV Und dein Bruder schaut zu? Er ist doch Arzt!

SAŠA Der? Kann der denn Mitleid empfinden? Er war vor vier Tagen einmal kurz da, saß herum und ist wieder weggefahren. Ich erzähle ihm, daß Kolja krank ist, aber er kneift sich nur in die Backe und gähnt ... Eine dumme Gans hat er mich genannt ...

PLATONOV Das ist auch so ein Holzkopf! Der gähnt sich noch einmal zu Tode! Und nimmt vor sich selber Reißaus, wenn er einmal krank wird!

SAŠA Was soll ich tun?

PLATONOV Nicht den Mut verlieren ... Du wohnst jetzt bei deinem Vater?

SAŠA Ja.

PLATONOV Wie geht es ihm?

SAŠA Gut. Er geht in seinem Zimmer spazieren, raucht Pfeife

und will dich besuchen. Ich kam damals ganz aufgelöst bei ihm an, und er hat gleich geahnt, daß ich ... daß wir ... Was soll ich nur mit Kolja machen?

PLATONOV Mach dir keine Sorgen, Saša!

SAŠA Wie soll ich mir keine Sorgen machen? Wenn er stirbt, was Gott verhindern möge, was wird dann aus uns?

PLATONOV Ja ... Gott wird dir unseren Jungen nicht nehmen! Wofür sollte er dich bestrafen? Dafür vielleicht, daß du einen Herumtreiber geheiratet hast? *Pause.* Paß gut auf, Saša, auf meinen kleinen Menschensohn! Paß gut auf ihn auf, und ich schwöre dir bei allem, was mir heilig ist, ich mache einen Menschen aus ihm. Jeder seiner Schritte wird eine Freude für dich sein! Er ist doch auch ein Platonov, der arme Kerl! Nur seinen Familiennamen müßten wir ändern lassen ... Als Mann bin ich klein und nichtswürdig, aber als Vater werde ich groß sein! Hab keine Angst um sein Schicksal! Och, mein Arm! *Stöhnt.* Mir tut der Arm weh ... Hat mich ganz schön durchgewalkt, dieser Räuber ... Was ist das? *Betrachtet seinen Arm.* Rot ... Na, zum Teufel damit! So ist das, Saša ... Du wirst glücklich werden mit deinem Sohn! Du wirst lachen können ... Lache, mein Goldstück! Und jetzt weinst du? Was weinst du denn? Hm ... Nicht weinen, Saša! *Umarmt ihren Kopf.* Du bist gekommen ... Was bist du eigentlich fortgelaufen? Nicht weinen, mein Mäuschen! Wozu denn die Tränen? Ich liebe dich doch, Mädchen! ... Ich liebe dich sehr! Meine Schuld ist groß, aber was soll ich schon machen? Du mußt mir verzeihen ... Nun, nun ...

SAŠA Ist die Intrige zu Ende?

PLATONOV Intrige? Was für ein Wort, Kleinbürgerin?

SAŠA Sie ist noch nicht zu Ende?

PLATONOV Wie soll ich es dir sagen? Von Intrige kann gar keine Rede sein, höchstens von einem ungeheuerlichen Galimathias ... Sei nicht länger traurig darüber! Wenn sie noch nicht zu Ende ist, so ist sie bald ... zu Ende!

SAŠA Wann denn?

PLATONOV Ich denke bald! Bald leben wir wieder wie früher miteinander, Saša! Bald ist wieder alles beim alten! Zum Teufel mit dem ganzen Neuen! Ich bin richtig krank vor Erschöpfung, verlottert ... Glaube nicht an die Festigkeit dieses Bündels, so wie ich nicht daran glaube! Es schleppt sich träge dahin ... Sie wird die erste sein, die erkaltet, sie als erste wird mit einem Hohnlachen und Bitternis auf dieses Bündel blicken. Sofja ist keine Frau für mich. In ihr kocht noch das, was in mir längst kalt ist; mit Tränen der Rührung betrachtet sie all das, was ich nicht mehr sehen kann, ohne zu lachen ... Sie ist keine Frau für mich... *Pause.* Glaube mir! Sofja ist nicht mehr lange deine Rivalin ... Saša, was ist dir?

SAŠA *steht auf und taumelt.*

PLATONOV *erhebt sich* Saša!

SAŠA Du ... du bist also mit Sofja, nicht mit der Generalin?

PLATONOV Hörst du das zum ersten Mal?

SAŠA Mit Sofja? ... Das ist gemein ... niederträchtig ...

PLATONOV Was ist dir? Du bist blaß, du taumelst ... *Stöhnt.* Quäl du mich wenigstens nicht, Saša! Mir tut der Arm weh, und jetzt noch du ... Ist dir das ... so neu? Hörst du das zum ersten Mal? Weshalb bist du dann überhaupt fortgelaufen? Doch wohl nicht vor Sofja?

SAŠA Mit der Generalin – nun ja, aber mit der Frau eines anderen?! Das ist niedrig, das ist eine Sünde ... So eine Schurkerei hätte ich von dir nicht erwartet! Gott wird dich bestrafen, gewissenloser Mensch! *Geht zur Tür.*

PLATONOV *nach einer Pause* Du bist empört? Wo willst du hin?

SAŠA *bleibt in der Tür stehen* Gott behüte ...

PLATONOV Wen?

SAŠA Sie und Sofja Egorovna.

PLATONOV Du hast zu viel dumme Romane gelesen, Saša! Für dich bin ich noch immer »du«: wir haben einen kleinen Jungen und ich ... bin immerhin noch dein Mann! Und zweitens brauche ich kein »Gott behüte«! ... Bleib, Saša! Du gehst. Doch nicht für immer?

SAŠA Ich kann nicht mehr! Oh, mein Gott, mein Gott ...

PLATONOV Du kannst nicht mehr?

SAŠA Mein Gott ... Ist das wirklich wahr? *Faßt sich an die Schläfen und kauert nieder.* Ich ... ich weiß nicht, was ich tun soll ...

PLATONOV Du kannst nicht mehr? *Geht auf sie zu.* Wie du willst ... Bleib hier! Was heulst du denn, dummes Gänschen? *Pause.* Ach, Saša, Saša ... Meine Sünde ist groß, aber ist sie denn gar nicht zu verzeihen?

SAŠA Und du, hast du dir verziehen?

PLATONOV Eine philosophische Frage! *Küßt sie auf den Kopf.* Bleib ... Ich bereue es doch! Ohne dich gibt es hier nur Schnaps, Dreck, Osips ... Ich bin krank vor Verzweiflung! Bleib, als Krankenschwester, nicht als meine Frau! Ihr seid ein merkwürdiges Volk, ihr Frauen! Merkwürdig bist du, Saša! Wenn du diesem Schurken, Osip, zu essen gibst, wenn du alle Hunde und Katzen mit deinem Mitleid verfolgst, wenn du bis Mitternacht Gebete liest für alle deine Feinde, was kann es dich dann kosten, deinem schuldbeladenen, reuigen Mann ein Stück Brot zuzuwerfen? Warum willst auch du mein Henker sein? Bleib, Saša! *Umarmt sie.* Ich kann ohne Kinderfrau nicht leben! Ich bin ein Schuft, ich habe meinem Freund die Frau weggenommen, ich bin Sofjas Liebhaber, vielleicht auch der der Generalin, ich treibe Vielweiberei, ich bin ein großer Gauner, vom Standpunkt der Familie ... Sei empört, sei ungehalten! Aber wer wird dich so lieben, wie ich dich liebe? Wer wird dich so hochschätzen, wie ich es tue? Wem wirst du das Essen kochen, wem versalzene Suppen vorsetzen? Du hast recht, wenn du fortgehst ... Die Gerechtigkeit verlangt es, aber ... *Hebt sie auf.* Wer wird dich so aufrichten? Kannst du, Goldstück, leben ohne mich?

SAŠA Ich kann nicht mehr! Laß mich los! Ich bin verloren! Und du machst noch Witze darüber! *Reißt sich los.* Du weißt doch wohl, daß das kein Witz ist? Lebe wohl! Ich kann nicht mit dir leben! Jetzt werden dich alle für einen gemeinen Schurken halten! Und ich?! *Schluchzt.*

PLATONOV Geh mit Gott! *Küßt sie auf den Kopf und legt sich auf den Divan.* Ich verstehe ...

SAŠA Du hast unsere Familie zerstört ... Wir lebten glücklich und in Frieden ... Es gab keinen glücklicheren Menschen als mich ... *Setzt sich.* Was hast du angerichtet, Miša? *Steht auf.* Was hast du angerichtet? Das kannst du nicht wieder gutmachen ... Ich bin verloren ... *Schluchzt.*

PLATONOV Geh mit Gott!

SAŠA Leb wohl! Mich siehst du nicht wieder! Komm nicht zu uns ... Vater wird dir Kolja bringen ... Gott möge dir verzeihen, so wie ich dir verzeihe! Du hast unser Leben ruiniert!

PLATONOV Du bist noch da?

SAŠA Ich gehe schon ... Gut ... *Betrachtet eine Zeitlang Platonov und geht ab.*

Auftritt IX

Platonov allein und dann Vojnicev.

PLATONOV Sie, für sie beginnt jetzt ein neues Leben! Tut das weh! Ich verliere alles ... Ich werde verrückt! Mein Gott! Saša, eine kleine Mücke, eine Wanze – und sie wagt es, auch sie ... kraft irgendeiner Heiligkeit hat sie das Recht, Steine auf mich zu werfen! Verflucht! *Legt sich auf den Divan.*

VOJNICEV *kommt herein und bleibt an der Tür stehen.*

PLATONOV *nach einer Pause* Ist das der Epilog oder immer noch die alte Komödie? *Hat Vojnicev gesehen, schließt die Augen und beginnt leise zu schnarchen.*

VOJNICEV *geht auf Platonov zu* Platonov! *Pause.* Du schläfst nicht ... Ich sehe es deinem Gesicht an ... *Setzt sich zu ihm.* Ich meine, man kann jetzt nicht ... schlafen ...

PLATONOV *setzt sich auf.*

VOJNICEV *steht auf und schaut zum Fenster hinaus* Du hast mich umgebracht ... Weißt du das? *Pause.* Ich danke dir ... Und ich? Gott sei mit dir ... Ja. Es muß wohl so sein ... *Weint.*

PLATONOV *steht auf und geht langsam in die andere Ecke des Zimmers.*

VOJNICEV Ein Mal habe ich vom Schicksal ein Geschenk erhalten und ... das hat man mir genommen! Sein Geist, seine Schönheit, sein weites Herz, sie waren ihm zu wenig ... Er mußte auch noch mein Glück besitzen! Er hat es mir genommen ... Und ich? Was bin ich? Ein Nichts ... Ja ... Krank, von geringem Verstand, weibisch, sentimental, von Gott geschlagen ... Mit einem Hang zum Nichtstun, zum Mystizismus, abergläubisch ... Du hast deinen Freund erschlagen!

PLATONOV Geh!

VOJNICEV Sofort ... Ich kam in der Absicht, dich zum Duell zu fordern, komme her und fange an zu heulen ... Ich gehe. *Pause.* Habe ich sie endgültig verloren?

PLATONOV Ja.

VOJNICEV *pfeift* So ... Versteht sich ...

PLATONOV Geh fort! Ich bitte dich! Geh!

VOJNICEV Sofort ... Was soll ich auch noch hier? *Geht zur Tür.* Nichts ... *Pause.* Gib sie mir zurück, Platonov! Sei so gut! Sie gehört doch mir! Platonov: Du bist auch so glücklich! Rette mich, mein Guter! Hm? Gib sie mir zurück! *Schluchzt.* Sie gehört doch mir! Sie ist mein! Verstehst du?

PLATONOV *geht zum Divan* Geh ... Ich werde mich erschießen ... Ich schwöre es bei meiner Ehre!

VOJNICEV Nicht doch ... Gott sei mit euch! *Winkt ab und geht hinaus.*

PLATONOV *faßt sich an den Kopf* Oh, Unglücklicher, Elender! Mein Gott! Verfluche mich, Gott! *Schluchzt.* Fort von den Menschen, Scheusal! Ein Unglück war ich für die Menschen, die Menschen waren für mich ein Unglück! Fort von den Menschen! Sie schlagen, schlagen auf mich ein und können mich nicht erschlagen! Unter jedem Stuhl, in jeder Ritze sitzt ein Mörder, sieht mir in die Augen und will mich umbringen! Bringt mich um! *Schlägt sich vor die Brust.* Bringt mich um, bevor ich mich selber umbringe! *Läuft zur Tür.* Schlagt mich nicht auf die Brust! Ihr habt mir die Brust zerrissen! *Schreit.* Saša! Saša, um Gottes willen! *Öffnet die Tür. Herein kommt Glagoljev 1.*

Auftritt X

Platonov, Glagoljev 1 und dann Glagoljev 2.

GLAGOLJEV 1 *kommt, warm eingehüllt, mit einem Krückstock* Sie sind zu Hause, Michail Vasiljič? Sehr erfreut ... Ich störe Sie ... Aber ich werde Sie nicht aufhalten, ich gehe sofort wieder ... Ich will Ihnen eine Frage stellen. Antworten Sie mir, und ich werde gehen. Aber was ist Ihnen, Michail Vasiljič? Sie sind blaß, Sie taumeln, zittern ... Was ist Ihnen?

PLATONOV Was mir ist? Wie? Ich bin sicher betrunken ... Mir dreht sich der Kopf ...

GLAGOLJEV 1 *beiseite* Ich werde es ihn fragen! Was der Nüchterne auf dem Herzen hat, hat der Betrunkene auf der Zunge. *Zu ihm.* Meine Frage ist merkwürdig, vielleicht sogar dumm, aber um Gottes willen, antworten Sie mir, Michail Vasiljič! Meine Frage ist für mich eine Lebensfrage! Ich vertraue auf Ihre Antwort, weil ich Sie als einen Ehrenmann kenne ... Möge Ihnen meine Frage auch merkwürdig erscheinen, unsinnig, töricht und vielleicht sogar kränkend, aber, um Gottes willen ... Antworten Sie mir! Ich befinde mich in einer merkwürdigen Situation! Unsere gemeinsame Bekannte ... Sie kennen sie gut ... Anna Petrovna Vojniceva ... *Er stützt Platonov.* Fallen Sie nicht, um Gottes willen!

PLATONOV Gehen Sie! Ich habe dich ... habe Sie immer für einen alten Dummkopf gehalten!

GLAGOLJEV 1 Sie sind ihr Freund, Sie kennen sie wie Ihre eigenen fünf Finger ... Entweder hat man sie vor mir verleumdet, oder man hat mir ... die Augen geöffnet ... Besitzt sie das Recht, die Ehefrau eines Ehrenmannes zu sein? *Pause.* Ich weiß nicht, wie ich meine Frage formulieren soll ... Verstehen Sie mich, um Gottes willen! Man hat mir gesagt, daß sie ...

PLATONOV Alles ist gemein, niederträchtig, schmutzig auf dieser Welt! Alles ... ist gemein ... niederträchtig ... *Fällt bewußtlos auf Glagoljev und stürzt dann zu Boden.*

GLAGOLJEV 2 *kommt herein* Wo steckst du denn? Ich habe nicht die Absicht zu warten!

GLAGOLJEV 1 Alles ist gemein, schmutzig, niederträchtig ... Alles, also auch sie ...

GLAGOLJEV 2 *mit einem Blick auf Platonov* Vater, was ist mit Platonov?

GLAGOLJEV 1 Er ist sinnlos betrunken ... Jawohl, gemein, schmutzig ... Eine tiefe, schonungslose, schneidende Wahrheit! *Pause.* Fahren wir nach Paris!

GLAGOLJEV 2 Was?! Nach Pa ... Nach Paris? Was willst du in Paris? *Lacht schallend.*

GLAGOLJEV 1 Dem süßen Laster frönen, so wie der! *Zeigt auf Platonov.*

GLAGOLJEV 2 Dem süßen Laster frönen ... in Paris?

GLAGOLJEV 1 Wir wollen unser Glück auf einem anderen Schlachtfeld suchen! Schluß jetzt! Genug Komödie gespielt vor sich selbst, genug den Blick mit Idealen vernebelt! Es gibt weder Glauben noch Liebe mehr! Es gibt keine Menschen! Fahren wir!

GLAGOLJEV 2 Nach Paris?

GLAGOLJEV 1 Jawohl ... Wenn schon sündigen, dann lieber in einem fremden Lande, nicht auf heimatlicher Erde! Solange wir noch nicht verfault sind, machen wir uns ein schönes Leben, leben wir wie Menschen! Du wirst mein Lehrer sein, mein Sohn! Fahren wir nach Paris!

GLAGOLJEV 2 Ist das nicht rührend, Vater? Du hast mich lesen gelehrt, ich werde dich das Leben lehren! Fahren wir!

Sie gehen ab.

Ende des dritten Akts.

Vierter Akt

Kabinett des verstorbenen Generals Vojnicev. Zwei Türen. Antike Möbel, Perserteppiche, Blumen. Die Wände hängen voll mit Gewehren, Pistolen, Dolchen (kaukasischer Herkunft) usw. Familienporträts. Die Büsten von Krylov, Puškin und Gogol. Ein Regal mit ausgestopften Vögeln. Ein Bücherschrank. Auf dem Schrank Zigarettenspitzen, Schachteln, Stöcke, Flintenläufe usw. Ein Schreibtisch voller Papiere, Porträts, Statuetten und Waffen. Es ist Morgen.

Auftritt I

Sofja Egorovna und Katja kommen herein.

SOFJA EGOR. Regen Sie sich nicht auf! Reden Sie vernünftig!

KATJA Es ist etwas Schlimmes im gange, gnädige Herrin! Türen und Fenster stehen sperrangelweit offen, in den Zimmern ein Drunter und Drüber, alles zerbrochen ... Die Tür aus den Angeln gerissen ... Es ist etwas Schlimmes geschehen, gnädige Herrin! Nicht umsonst hat bei uns ein Huhn gekräht wie ein Hahn!

SOFJA EGOR. Und was meinen Sie?

KATJA Nichts, gnädige Herrin. Was kann ich schon meinen? Ich weiß nur, daß etwas geschehen ist ... Entweder sind Michail Vasiljič für immer weggefahren, oder er haben Hand an sich gelegt ... Er haben einen hitzigen Charakter, gnädige Herrin! Ich kenne ihn schon zwei Jahre ...

SOFJA EGOR. Nein ... Waren Sie auch im Dorf?

KATJA O ja ... Nirgends eine Spur ... Vier Stunden war ich auf den Beinen.

SOFJA EGOR. *setzt sich* Was tun? Was soll ich tun? *Pause.* Sie sind überzeugt davon, daß er nirgends ist? Sie sind fest davon überzeugt?

KATJA Ich weiß nicht, gnädige Herrin ... Es ist etwas Schlimmes geschehen ... Nicht umsonst schlägt mir das Herz so laut! Lassen Sie es, gnädige Herrin! Es ist doch eine Sünde! *Weint.* Der gnädige Herr, Sergej Pavlovič, tun mir leid ...

Er war so ein schöner Herr, und wie sieht er jetzt aus? In zwei Tagen ist er ganz verfallen, der Gute, und geht wie wahnsinnig im Haus herum. Wie abgestorben, der schöne Herr ... Michail Vasiljič tun mir leid ... Manchmal war er der fröhlichste Mensch, manchmal konnte er sich nicht lassen vor Fröhlichkeit, aber jetzt sieht er aus wie der Tod ... Lassen Sie es, gnädige Herrin!

SOFJA EGOR. Was soll ich lassen?

KATJA Die Liebe. Was hat sie für einen Sinn? Sie bringt nur Schande. Und Sie tun mir leid. Wie sehen Sie bloß aus! Ganz abgemagert, Sie trinken nicht, essen nicht, schlafen nicht, das einzige was Sie tun, ist husten ...

SOFJA EGOR. Gehen Sie noch einmal hin, Katja! Vielleicht ist er jetzt wieder im Schulhaus.

KATJA Sofort ... *Pause.* Sie sollten sich schlafen legen.

SOFJA EGOR. Gehen Sie, Katja! Sie sind noch da?

KATJA *beiseite* Du bist nicht aus dem Bauernstand. *Scharf, weinerlich.* Wohin soll ich denn gehen, gnädige Herrin?

SOFJA EGOR. Ich möchte schlafen. Ich habe die ganze Nacht nicht geschlafen. Schrei nicht so laut! Geh weg hier!

KATJA Zu Befehl ... Sie quälen sich umsonst! ... Sie sollten auf Ihr Zimmer und zu Bett gehen! *Geht ab.*

Auftritt II

Sofja Egorovna und Vojnicev.

SOFJA EGOR. Entsetzlich! Er hat mir gestern sein Ehrenwort gegeben, um zehn zur Hütte zu kommen, und er ist nicht erschienen ... Ich habe bis zum Morgengrauen auf ihn gewartet ... Und das ist ein Ehrenwort! Das ist unsere Liebe, das ist unsere Abreise! ... Er liebt mich nicht!

VOJNICEV *kommt herein* Ich lege mich schlafen ... Vielleicht kann ich irgendwie Schlaf finden ... *Hat Sofja Egorovna gesehen.* Sie ... hier? In meinem Kabinett?

SOFJA EGOR. Ich hier? *Schaut sich um.* Ja ... Aber ich bin versehentlich hier hergeraten, ich habe es selbst nicht bemerkt ... *Geht zur Tür.*

VOJNICEV Auf eine Minute!

SOFJA EGOR. *bleibt stehen* Nun?

VOJNICEV Geben Sie mir bitte zwei, drei Minuten ... Können Sie zwei, drei Minuten hierbleiben?

SOFJA EGOR. Sprechen Sie! Sie wollen mir etwas sagen?

VOJNICEV Ja ... *Pause.* Die Zeiten sind vorbei, da wir einander in diesem Zimmer nicht fremd waren ...

SOFJA EGOR. Sie sind es.

VOJNICEV Entschuldigen Sie übrigens, daß ich dieses Gespräch eröffne. Sie wollen abreisen?

SOFJA EGOR. Ja.

VOJNICEV Hm ... Bald?

SOFJA EGOR. Heute.

VOJNICEV Mit ihm?

SOFJA EGOR. Ja.

VOJNICEV Ich wünsche Ihnen Glück! *Pause.* Eine schöne Grundlage für das Glück! Das entfesselte Fleisch und das Unglück eines anderen ... Des einen Unglück ist immer des anderen Glück! Aber, das ist alt ... Eine neue Lüge hört man lieber als alte Wahrheiten ... Gott sei mit Ihnen! Leben Sie, wie Sie es für richtig halten!

SOFJA EGOR. Sie wollten mir etwas sagen.

VOJNICEV Schweige ich denn? Nun ja ... Was ich sagen wollte ... Ich will Sie, um vor Ihnen vollkommen rein dazustehen, Ihnen nichts schuldig zu bleiben, bitten, mein gestriges Auftreten zu entschuldigen ... Ich habe Ihnen gestern abend Unanständigkeiten gesagt, ich war grob, böse ... Entschuldigen Sie bitte ... Entschuldigen Sie?

SOFJA EGOR. Ich entschuldige. *Will gehen.*

VOJNICEV Warten Sie, warten Sie, das ist noch nicht alles! Ich will Ihnen noch etwas sagen. *Seufzt.* Ich habe den Verstand verloren, Sophie! Es geht über meine Kräfte, diesen schrecklichen Schlag zu ertragen ... Ich habe den Verstand verloren, aber noch verstehe ich alles ... In meinem Kopfe schimmert inmitten eines unermeßlichen Nebels, in der Masse von etwas Grauem, Bleiernem, Schwerem, ein kleiner heller Flecken, dank dessen ich alles verstehe ... Verläßt mich auch noch dieser kleine Flecken, dann, dann bin ich ... völlig verloren. Ich verstehe alles ... *Pause.* Hier stehe ich, in meinem Kabinett; in diesem Kabinett hat einmal mein Vater gelebt, Generalmajor der Garde Seiner Majestät Vojnicev, Ritter des Georgsordens, ein großer und berühmter Mann! An ihm sahen alle nur Flecken ... Alle sahen, wie er schlug und trat, doch wie er geschlagen und getreten wurde, wollte niemand sehen ... *Zeigt auf Sofja Egorovna.* Das ist meine Ex-Frau ...

SOFJA EGOR. *will gehen.*

VOJNICEV Warten Sie! Lassen Sie mich ausreden! Es ist töricht, was ich sage, aber hören Sie mich an! Es ist doch das letzte Mal!

SOFJA EGOR. Sie haben mir bereits alles gesagt ... Was können Sie mir noch sagen? Wir müssen uns trennen ... Was ist da noch zu reden? Sie wollen mir beweisen, daß ich schuldig bin vor Ihnen? Bemühen Sie sich nicht! Ich weiß selbst, was ich von mir zu halten habe ...

VOJNICEV Was ich noch sagen kann? Oh, Sofja, Sofja! Nichts weißt du! Nichts, sonst würdest du nicht so überheblich schauen. Was in meiner Seele vor sich geht, es ist entsetzlich! *Kniet vor ihr nieder.* Was tust du, Sophie? Wohin stößt du dich und mich? Um Gottes willen, habe Mitleid! Ich sterbe und verliere den Verstand! Bleibe bei mir! Ich werde alles vergessen, ich habe dir bereits alles verziehen ... Ich werde dein Sklave sein, dich lieben werde ich ... ich werde es, so wie ich nie zuvor geliebt habe! Ich werde dir das Glück schenken! Du wirst glücklich werden bei mir, wie eine Göttin! Er wird dir das Glück nicht schenken! Du wirst dich zugrunderichten, und ihn zugrunderichten! Du wirst Platonov zugrunderichten, Sofja! ... Ich weiß es, Liebe läßt sich nicht erzwingen, aber bleib! Du wirst wieder fröhlich werden, wirst nicht mehr so totenbleich, so unglücklich sein! Ich werde wieder zu einem Menschen werden, er wird uns wieder besuchen kommen ... Platonov! Eine Utopie, aber ... bleib! Lassen wir die Vergangenheit wiederaufleben, solange es noch nicht zu spät ist! Platonov wird einwilligen ... Ich kenne ihn ... Er liebt dich nicht, und so ... hast du dich ihm hingegeben, und er hat dich genommen ... *Steht auf.* Du weinst?

SOFJA EGOR. *steht auf* Halten Sie diese Tränen nicht sich zugute! Womöglich würde Platonov einwilligen ... Meinetwegen soll er einwilligen! *Scharf.* Ihr alle seid Schurken! Wo ist Platonov?

VOJNICEV Ich weiß nicht, wo er ist.

SOFJA EGOR. Dringen Sie nicht in mich! Lassen Sie mich! Ich

hasse Sie! Scheren Sie sich fort! Wo ist Platonov? Schurken ... Wo ist er? Ich hasse Sie!

VOJNICEV Weshalb?

SOFJA EGOR. Wo ist er?

VOJNICEV Ich habe ihm Geld gegeben, und er hat mir versprochen abzureisen. Wenn er sein Versprechen gehalten hat, ist er also abgereist.

SOFJA EGOR. Sie haben ihn bestochen? Wozu lügen Sie?

VOJNICEV Ich habe ihm eintausend Rubel gegeben, und er hat auf Sie verzichtet. Im übrigen, ich lüge. Es ist alles erlogen! Glauben Sie mir nicht, um Gottes willen! Er ist gesund und munter, dieser verfluchte Platonov! Gehen Sie, nehmen Sie ihn, küssen Sie sich mit ihm ... Ich habe ihn nicht bestochen! Und werden Sie ... wird er glücklich werden? Und das ist meine Frau, meine Sofja ... Was hat das alles zu bedeuten? Ich kann es noch immer nicht glauben! Lieben Sie ihn platonisch? Es ist noch nicht gekommen bis ... zum Allerletzten?

SOFJA EGOR. Ich bin seine Frau, seine Geliebte, was Sie wollen! *Will gehen.* Was halten Sie mich auf? Ich habe nicht die Zeit, mir alle möglichen Geschichten anzuhören ...

VOJNICEV Halt, Sofja! Du bist seine Geliebte? Aber weshalb? Du sagst das so frei heraus! *Faßt sie an der Hand.* Und das hast du tun können? Das hast du tun können? *Anna Petrovna kommt.*

SOFJA EGOR. Lassen Sie mich. *Geht ab.*

Auftritt III

Vojnicev und Anna Petrovna.

ANNA PETR. *kommt herein und schaut zum Fenster hinaus.*

VOJNICEV *winkt ab* Aus! *Pause.* Was gibt es dort?

ANNA PETR. Die Bauern haben Osip erschlagen.

VOJNICEV Schon?

ANNA PETR. Ja ... Am Brunnen ... Siehst du? Da liegt er!

VOJNICEV *schaut durchs Fenster* Ja nun? Geschieht ihm recht. *Pause.*

ANNA PETR. Weißt du schon das Neuste, mein Sohn? Platonov soll irgendwohin verschwunden sein und ... Hast du den Brief gelesen?

VOJNICEV Ja.

ANNA PETR. Das Gut ist futsch! Wie gefällt dir das? Es ist dahin ... Gott hat es gegeben, Gott hat es genommen. Da hast du dein gelobtes Kommerzienkunststück! Und alles nur, weil wir Glagoljev geglaubt haben ... Er hat uns versprochen, das Gut zu kaufen, und dann kam er nicht mal zur Versteigerung ... Seine Dienstboten sagen, er sei nach Paris gefahren ... Hat er sich eine schöne Pointe einfallen lassen auf seine alten Tage, die Kanaille! Wenn er nicht gewesen wäre, würden wir in aller Ruhe weiter Zinsen zahlen und leben ... *Seufzt.* Man soll auf dieser Welt nie seinen Feinden trauen, aber genausowenig seinen Freunden!

VOJNICEV Ja, man soll nie seinen Freunden trauen!

ANNA PETR. Nun, Feudalherr? Was wirst du jetzt tun? Wo wirst du hingehen? Deinen Vorfahren hat Gott es gegeben, dir hat ers genommen ... Du hast jetzt nichts mehr ...

VOJNICEV Das ist mir egal.

ANNA PETR. Nein, das ist nicht egal. Du mußt doch essen? Komm, setzen wir uns ... *Sie setzen sich.* Du machst so ein finstres Gesicht ... Also: was tun? Es tut mir leid, mich von diesem hübschen Nest zu trennen, aber was will man tun, mein Lieber? Das ist dahin ... So ist das nun einmal ... Sei klug, Serge, laß dir was einfallen! Und als erstes – ruhig Blut!

VOJNICEV Beachten Sie mich gar nicht, maman! Was ist über mich schon zu sagen? Sie können ja selbst kaum sitzen ... Trösten Sie erst einmal sich selbst, dann kommen Sie zu mir.

ANNA PETR. Nun ... Es geht nicht um die Weiber ... Die Weiber kommen immer als letztes ... Das erste ist – ruhig Blut! Du hast verloren, was du hattest, doch wichtig ist nicht, was du einmal gehabt hast, sondern das, was vor dir liegt. Vor dir liegt dein ganzes Leben, ein schönes, arbeitsreiches Mannesleben! Was kümmerts dich? Du trittst in ein Progymnasium oder Gymnasium ein, du wirst anfangen zu arbeiten ... Mein Prachtkerl! Du als Philologe, mit so guten Absichten, du machst keine krummen Dinge, du hast Überzeugungen, ein stilles Wesen, eine Frau ... Wenn du willst, kannst du es weit bringen! Du bist mein kluger kleiner Junge. Du darfst dich nur mit deiner Frau nicht zanken ... Warum sagst du mir nichts, Serge? Du hast etwas auf dem Herzen, und schweigst ... Was geht vor zwischen euch?

VOJNICEV Es geht nichts vor, sondern ist vorgegangen.

ANNA PETR. Was denn? Oder ist es vielleicht ein Geheimnis?

VOJNICEV *seufzt* Ein schreckliches Unglück ist über unser Haus hereingebrochen, Mama Anjuta! Warum habe ich Ihnen bis heute nichts gesagt? Ich weiß es nicht. Ich habe immer noch gehofft, und mich auch geschämt, etwas zu sagen ... Ich habe es selbst erst gestern erfahren ... Und auf das Gut – auf das pfeife ich!

ANNA PETR. *lacht* Was jagst du mir für einen Schrecken ein? Ist sie böse mit dir, oder was?

VOJNICEV Lachen Sie nur! Warten Sie, so haben Sie selten gelacht! *Pause.* Sie hat mich betrogen ... Habe die Ehre vorzustellen: der gehörnte Ehemann!

ANNA PETR. Unsinn, Sergej! Das sind dumme Phantasien! Wie kann man nur solche Ungeheuerlichkeiten so gedankenlos dahersagen! Du bist ein erstaunlicher Mensch! Du erzählst manchmal Geschichten, daß einem geradezu die Ohren wehtun! Gehörnter Ehemann ... Du weißt gar nicht, was das bedeutet ...

VOJNICEV Ich weiß es, maman! Nicht in der Theorie, sondern schon ganz praktisch!

ANNA PETR. Bring deine Frau nicht in Verruf, du Kauz! Ach ...

VOJNICEV Bei Gott, ich schwöre es Ihnen! *Pause.*

ANNA PETR. Merkwürdig ... Du sprichst von Dingen der Unmöglichkeit. Du verleumdest sie! Das ist unmöglich! Hier, in Vojnicevka!

VOJNICEV Ja, hier, in Ihrem verfluchten Vojnicevka!

ANNA PETR. Hm ... Und wem, in unserem verfluchten Vojnicevka, sollte der unmögliche Gedanke in den Kopf gestiegen sein, deinem Aristokratenkopf Hörner aufzusetzen? Absolut niemandem! Dem jungen Glagoljev vielleicht? Kaum, Glagoljev verkehrt nicht mehr bei uns ... Deine Sophie hat hier niemanden umgarnen können. Es sind dumme Eifersüchteleien, mein Lieber!

VOJNICEV Platonov!

ANNA PETR. Was, Platonov?

VOJNICEV Er!

ANNA PETR. *springt auf* Also man darf ja manchmal ruhig Dummheiten sagen, aber solche Dummheiten wie du eben gesagt hast, hör mal ... Solche Idiotien! Es gibt Grenzen! Das ist unverzeihlich dumm!

VOJNICEV Fragen Sie sie, bitte fragen Sie ihn selbst, wenn Sie es nicht glauben! Ich konnte und ich kann es selbst kaum glauben, aber sie reist heute ab, sie verläßt mich! Ich muß es glauben! Und er fährt mit ihr! Sehen Sie denn nicht, daß ich dahergehe und in Gottes Welt schaue wie eine krepierte Katze! Ich bin verloren!

ANNA PETR. Das kann nicht sein, Sergej! Das ist eine Frucht deiner kindlichen Phantasie! Glaube mir! Das gibt es nicht!

VOJNICEV Glauben Sie mir, daß sie heute abreisen wird! Glauben Sie mir, daß sie die letzten beiden Tage nicht aufgehört hat, mir zu bestätigen, daß sie seine Geliebte ist! Von sich aus! Es ist etwas geschehen, woran man unmöglich glauben kann, woran man aber allem Wunschdenken zum Trotz wird glauben müssen!

ANNA PETR. Ich erinnere mich, ich erinnere mich ... Jetzt begreife ich alles ... Gib mir einen Stuhl, Sergej! Nein, nicht nötig ... Das ist es also! Hm ... Warte, warte, ich will mich genau an alles erinnern ... *Pause. Bugrov kommt.*

Auftritt IV

Anna Petrovna, Vojnicev und Bugrov.

BUGROV *kommt herein* Guten Tag! Einen schönen Sonntag wünsche ich! Sie sind gesund und munter?

ANNA PETR. Ja-ja-ja ... Das ist entsetzlich ...

BUGROV Es geht ein Regen, und dabei ist es heiß ... *Wischt sich die Stirn.* Pfff ... Bis man ankommt, ist man lebendig gebraten ... Sind Sie wohlauf? *Pause.* Ich bin eigentlich aus dem Anlaß zu Ihnen gekommen, weil gestern die Versteigerung war, wie Ihnen bekannt ist ... Und außerdem, obwohl das ja, wissen Sie, ein bißchen *lacht*, versteht sich, schmerzlich und kränkend für Sie ist, wollte ich ... sollten Sie mir nicht böse sein, seien Sie so gut! Nicht ich habe das Gut gekauft! Gekauft hat es Abram Abramyč, nur auf meinen Namen ...

VOJNICEV *klingelt heftig* Hol sie alle der Teufel ...

BUGROV So ist das ... Glauben Sie nur nicht ... Nicht ich bin es gewesen ... Also folglich, es ist nur auf meinen Namen! *Setzt sich.*

JAKOV *kommt herein.*

VOJNICEV *zu Jakov* Wie oft habe ich Sie darum gebeten, keine Schurken, Lumpen *räuspert sich*, niemanden unangemeldet hereinzulassen! Auspeitschen lassen müßte man euch, ihr Schweine! *Schleudert die Glocke unter den Tisch.* Raus hier! Lumpenpack ... *Geht auf der Bühne auf und ab.*

JAKOV *zuckt die Achseln und geht ab.*

BUGROV *räuspert sich* Nur auf meinen Namen also ... Abram Abramyč befahl, Ihnen auszurichten, Sie könnten hier wohnen bleiben, so lange Ihr Herz es begehrt, auch bis Weihnachten ... Es wird hier ein paar Umbauten geben, aber die werden Sie nicht stören. Und wenn, Sie können ja auch in den Seitenflügel ziehen ... Da sind so viele Zimmer, es ist warm ... Und er befahl mir noch zu fragen, ob Sie mir nicht, das heißt auf meinen Namen, das Bergwerk verkaufen wollen? Das Bergwerk gehört Ihnen, Anna Petrovna ... Sie haben gegenwärtig nicht den Wunsch, es zu verkaufen? Wir zahlen einen guten Preis ...

ANNA PETR. Nein ... Das Bergwerk verkaufe ich keinem! Was wollen Sie mir dafür geben? Einen Groschen? Ersticken sollen Sie an diesem Groschen!

BUGROV Abram Abramyč läßt Ihnen außerdem ausrichten, daß im Falle, wenn es Ihnen nicht beliebt, Anna Petrovna, das Bergwerk zu verkaufen, um die Schulden von Sergej Pavlyč zu begleichen und die Schulden Seiner Exzellenz, des verstorbenen Pavel Ivanyč, daß er dann die Wechsel einklagen würde ... Und ich würde sie ebenfalls einklagen ... Hi-hi ... Freundschaft, Freundschaft, wissen Sie, aber das Geld für sich ... Der Kommerz! Eine verfluchte Sache, das. Ich ... habe nämlich von Petrin Ihre Wechsel aufgekauft ...

VOJNICEV Ich werde es niemandem gestatten, meine Schulden mit dem Hab und Gut meiner Stiefmutter in Verrechnung zu bringen! Das ist ihr Besitz, nicht meiner! ...

BUGROV Sie wird sich vielleicht erbarmen ...

VOJNICEV Ich habe jetzt keine Zeit, mich mit Ihnen zu unterhalten! ... E-e ... *Winkt ab.* Macht, was Ihr wollt!

ANNA PETR. Lassen Sie uns allein, Timofej Gordeič! Entschuldigen Sie ... Gehen Sie bitte!

BUGROV Zu Befehl ... *Steht auf.* Also bitte, machen Sie sich nur keine Sorgen ... Sie können hier wohnen bleiben, auch bis Weihnachten ... Ich komme morgen oder übermorgen wieder vorbei. Leben Sie wohl! *Geht ab.*

ANNA PETR. Morgen noch reisen wir ab! Ja, jetzt erinnere ich mich ... Platonov ... Das ist es also, weshalb er vor mir flieht ...

VOJNICEV Sollen sie doch machen, was sie wollen! Sollen sie mir ruhig alles nehmen! Ich habe keine Frau mehr, jetzt brauche ich nichts mehr! Ich habe keine Frau mehr, maman!

ANNA PETR. Ja, du hast keine Frau mehr ... Aber was hat er an Sofja gefunden, dieser Schlafmütze? Was hat er gefunden an diesem billigen Weibsbild? Was hat er an ihr finden können? Unbegreiflich, diese dummen Männer! Von jedem Sch ... lassen sie sich hinreißen ... Und wo warst du, du Ehemann? Wo hast du deine Augen gehabt? Heulsuse! So lange herumgegreint, bis man ihm die Frau vor der Nase weggeschnappt hat! Und das will ein Mann sein! Ein Rotzjunge bist du! Euch verheiraten, euch Rotzjungen, Trottel, das ist doch ein Witz! Solche Esel! Ihr seid beide nichts wert, weder du noch dein Platonov! Das ist doch zum Verrücktwerden!

VOJNICEV Jetzt hilft nichts mehr, jetzt helfen auch keine Vorwürfe mehr. Sie gehört nicht mehr mir, und er nicht mehr Ihnen. Was ist darüber noch zu reden? Lassen Sie mich allein, maman! Sie ertragen meine dumme Physiognomie nicht!

ANNA PETR. Aber was sollen wir tun? Irgend etwas müssen wir doch tun! Wir müssen retten, was zu retten ist!

VOJNICEV Retten – wen? Mich muß man retten ... Die sind einstweilen glücklich miteinander. *Seufzt.*

ANNA PETR. Ach du und deine Logik! Die beiden, nicht dich müssen wir retten! Platonov liebt sie nicht! Ist dir das klar? Er hat sie betört, so wie du einmal deine blöde Deutsche betört hast! Er liebt sie nicht! Ich versichere dich! Was hat sie zu dir gesagt? Warum schweigst du?

VOJNICEV Sie hat gesagt, sie wäre seine Geliebte.

ANNA PETR. Eine dumme Gans ist sie, keine Geliebte! Schweig! Vielleicht läßt sich noch alles einrenken ... Platonov ist imstande, schon wegen eines Kusses oder Händedrucks in Geschrei auszubrechen ... Zum Letzten ist es zwischen ihnen noch nicht gekommen! Davon bin ich überzeugt ...

VOJNICEV Es ist!
ANNA PETR. Du hast doch keine Ahnung. *Die Grekova kommt.*

Auftritt V

Vojnicev, Anna Petrovna und die Grekova.

GREKOVA *kommt herein* Ach hier sind Sie! Guten Tag! *Gibt Anna Petrovna die Hand.* Guten Tag, Sergej Pavlovič! Entschuldigen Sie bitte, mir scheint, ich habe Sie gestört ... Ein Gast zur ungelegenen Zeit ist schlimmer ... schlimmer ... Wie sagt man doch? Schlimmer als ein, nun ja ... Ich komme nur auf eine Minute ... Sie können es sich nicht vorstellen! *Lacht.* Ich werde es Ihnen gleich sagen, Anna Petrovna ... Entschuldigen Sie, Sergej Pavlovič, das muß geheim bleiben ... *Führt Anna Petrovna beiseite.* Lesen Sie ... *Gibt Anna Petrovna einen Zettel.* Das habe ich gestern bekommen ... Lesen Sie!
ANNA PETR. *überfliegt den Zettel* A ...
GREKOVA Wissen Sie, ich bin vor Gericht gegangen ... *Lehnt den Kopf an Anna Petrovnas Brust.* Schicken Sie nach ihm, Anna Petrovna! Er soll kommen!
ANNA PETR. Wozu wollen Sie das?
GREKOVA Ich will sehen, was für ein Gesicht er jetzt macht ... Was ihm jetzt im Gesicht geschrieben steht! Schicken Sie nach ihm! Ich flehe Sie an! Ich will ihm zwei Worte sagen ... Sie wissen ja nicht, was ich angerichtet habe! Was habe ich nur angerichtet! Hören Sie nicht zu, Sergej Pavlovič! *Flüstert.* Ich bin beim Direktor gewesen ... Auf meine Bitte hin wird Michail Vasiljič in einen anderen Ort versetzt ... Was habe ich nur angerichtet! *Weint.* Schicken Sie nach ihm! ... Wer konnte wissen, daß er mir so einen Brief schreiben würde?! Ach, wenn ich das vorher gewußt hätte! Mein Gott ... Ich leide!
ANNA PETR. Gehen Sie in die Bibliothek, meine Liebe! Ich komme gleich zu Ihnen, dann reden wir miteinander ... Ich muß mit Sergej Pavlovič unter vier Augen sprechen ...
GREKOVA In die Bibliothek? Gut ... Aber Sie schicken nach ihm? Was macht er jetzt für ein Gesicht, nach diesem Brief?

Haben Sie gelesen? Geben Sie her, ich stecke ihn wieder ein. *Steckt den Brief ein.* Meine Liebe, meine Gute ... Ich bitte Sie! Ich gehe ... aber Sie schicken nach ihm? Hören Sie nicht zu, Sergej Pavlovič! Sprechen wir deutsch, Anna Petrovna. Schicken Sie, meine Liebe!

ANNA PETR. Gut ... Gehen Sie jetzt!

GREKOVA Gut ... *Küßt sie schnell.* Seien Sie mir nicht böse, meine Liebe! Ich ... ich leide! Sie können es sich nicht vorstellen! Ich gehe, Sergej Pavlovič! Sie können Ihr Gespräch fortsetzen! *Geht ab.*

ANNA PETR. Ich werde sofort alles in Erfahrung bringen ... Und du reg dich nicht auf! Vielleicht kann man deine Familie noch reparieren ... Eine schreckliche Geschichte! Wer hätte das gedacht?! Ich rede sofort mit Sofja! Ich frage sie aus, wie es sich gehört ... Du irrst dich, du machst Dummheiten ... Ach, nein! *Schlägt die Hände vors Gesicht.* Nein, nein ...

VOJNICEV Ich irre mich nicht!

ANNA PETR. Trotzdem werde ich mit ihr reden ... Und mit ihm werde ich auch reden ...

VOJNICEV Gehen Sie, reden Sie! Nur, es ist umsonst. *Setzt sich an den Tisch.* Fahren wir fort von hier! Es gibt keine Hoffnung! Nicht einmal einen Strohhalm, an den man sich klammern könnte ...

ANNA PETR. Ich werde sofort alles in Erfahrung bringen ... Du bleib ruhig hier sitzen und weine! Leg dich schlafen, du Mann! Wo ist Sofja?

VOJNICEV Sicherlich auf ihrem Zimmer ...

ANNA PETR. *geht ab.*

Auftritt VI

Vojnicev und dann Platonov.

VOJNICEV Oh schweres Leid! Wie lange wird es noch so gehen? Morgen, übermorgen, eine Woche, einen Monat, ein Jahr ... Qual ohne Ende! Ich muß mich erschießen.

PLATONOV *kommt herein, mit verbundenem Arm* Da sitzt er ... Er weint anscheinend ... *Pause.* Friede deiner Seele, mein armer Freund! *Geht auf Vojnicev zu.* Um Gottes willen, hör mich an! Ich bin nicht gekommen, um mich zu rechtfertigen ... Weder bin ich noch bist du mein Richter ... Ich bin gekommen, nicht um für mich, sondern für dich zu bitten... Ich bitte dich wie ein Bruder. Hasse, verachte mich, denke von mir was du willst, aber bring dich nicht um! Ich meine nicht die Revolver, sondern ... allgemein ... Du hast eine schwache Gesundheit ... Der Kummer bringt dich um ... Ich werde nicht länger leben! ... Ich werde mich umbringen, nicht du dich! Willst du meinen Tod? Willst du, daß ich aufhöre zu leben? *Pause.*

VOJNICEV Nichts will ich.

Anna Petrovna kommt.

Auftritt VII

Vojnicev, Platonov und Anna Petrovna.

ANNA PETR. Er hier? *Geht langsam auf Platonov zu.* Platonov, ist das wahr?

PLATONOV Ja, es ist wahr.

ANNA PETR. Und er wagt ... er wagt es, das so kaltlächelnd zu sagen! Ja, es ist wahr ... Sie niederträchtiger Mensch, Sie wußten doch, daß das niederträchtig und gemein ist?

PLATONOV Niederträchtiger Mensch ... Geht es nicht ein bißchen höflicher? Nichts wußte ich! Ich wußte und weiß von dieser ganzen Geschichte nur, daß ich ihm nicht den tausendsten Teil dessen gewünscht habe, was er jetzt durchmacht!

ANNA PETR. Und außerdem, mein Freund, hätte es Ihnen nicht geschadet zu wissen, daß die Frau eines Freundes nicht eines anderen Spielzeug sein darf und sein kann! *Schreit.* Sie lieben sie nicht! Sie haben es nur aus Langeweile getan!

VOJNICEV Fragen Sie ihn, maman, weshalb er gekommen ist.

ANNA PETR. Es ist niederträchtig. Niederträchtig, mit Menschen zu spielen! Das sind lebende Wesen wie Sie, überaus kluger Mensch!

VOJNICEV *springt auf* Er ist hierhergekommen! Eine Frechheit! Weshalb sind Sie hier erschienen? Ich weiß, weshalb Sie erschienen sind, aber uns werden Sie mit Ihren tönenden Phrasen weder in Erstaunen setzen noch verblüffen!

PLATONOV Wer ist dieses »uns«?

VOJNICEV Ich weiß jetzt, was all diese tönenden Phrasen wert sind! Lassen Sie mich in Ruhe! Wenn Sie gekommen sind, um Ihre Schuld mit Vielrednerei abzubüßen, so nehmen Sie zur Kenntnis, daß man seine Schuld nicht mit schönen Reden abbüßt!

PLATONOV So wenig man seine Schuld mit schönen Reden abbüßt, so wenig beweist man sie mit Geschrei und Zorn, aber mir scheint, ich habe doch gesagt, daß ich mich erschießen werde?

VOJNICEV So kann man seine Schuld nicht abbüßen! Nicht mit Worten, die ich nach allem nicht mehr glaube! Ich verachte Ihre Worte! So verbüßt man seine Schuld als russischer Mensch! *Zeigt zum Fenster.*

PLATONOV Was ist da?

VOJNICEV Dort, am Brunnen, liegt einer, der seine Schuld gebüßt hat!

PLATONOV Das habe ich gesehen ... Und Sie, Sergej Pavlovič, weshalb ergehen Sie sich in Phrasen? Sie haben doch jetzt Kummer, wie mir scheint ... Sie sind ganz in Ihrem Kummer aufgegangen und spielen gleichzeitig Theater? Wem ist das zuzuschreiben – Ihrer Unehrlichkeit oder Ihrer ... Dummheit?

VOJNICEV *setzt sich* Maman, fragen Sie ihn, weshalb er gekommen ist?

ANNA PETR. Platonov, was wollen Sie hier?

PLATONOV Fragen Sie doch selbst, weshalb maman belästigen? Alles ist verloren! Die Frau ist ihm davongelaufen – und alles ist verloren, nichts ist geblieben! Sophie, schön wie ein Maientag – ein Ideal, das alle andern Ideale verblassen läßt! Ohne Frau ist der Mann eine Maschine ohne Dampf! Verloren ist das Leben, verflüchtigt der Dampf! Alles ist verloren! Die Ehre, die Würde als Mensch, als Aristokrat, alles! Das Endc ist da!

VOJNICEV Ich höre nicht hin! Lassen Sie mich in Ruhe!

PLATONOV Versteht sich. Beleidige mich nicht, Vojnicev! Ich bin nicht gekommen, um mich beleidigen zu lassen! Dein Unglück gibt dir nicht das Recht, mich in den Schmutz zu treten! Ich bin ein Mensch, also behandle mich wie einen Menschen. Du bist unglücklich, aber du und dein Unglück sind nichts im

Vergleich zu den Leiden, die ich nach deinem Weggehen ausgestanden habe! Es war eine schreckliche Nacht, Vojnicev, nachdem du gegangen warst! Ich schwöre euch Philanthropen, euer Unglück ist nicht den Schatten meiner Qual wert!

ANNA PETR. Das kann schon sein, nur wen interessiert Ihre Nacht, wen interessieren Ihre Qualen!

PLATONOV Auch Sie nicht?

ANNA PETR. Ich versichere Sie – nein.

PLATONOV Nein? Sie lügen, Anna Petrovna. *Seufzt.* Aber vielleicht haben Sie auf Ihre Weise auch recht ... Vielleicht ... Aber wo soll ich Menschen suchen? Zu wem kann ich gehen? *Schlägt die Hände vors Gesicht.* Wo sind noch Menschen? Sie verstehen nicht ... Sie verstehen nicht! Wer wird mich verstehen? Sie sind dumm, grausam, herzlos ...

VOJNICEV Nein, ich verstehe Sie. Ich habe Sie verstanden! Es steht Ihnen schlecht, gnädiger Herr, mein ehemaliger Freund, das Waisenkind zu spielen! Ich verstehe Sie! Sie sind ein geriebener Schurke! Das sind Sie!

PLATONOV Ich verzeihe dir dieses Wort, Idiot! Aber sieh dich vor, sage nichts mehr. *Zu Anna Petrovna.* Und Sie, was stehen Sie hier, Liebhaberin starker Empfindungen? Neugierig? Sie haben hier nichts verloren! Wir brauchen keine Zeugen!

ANNA PETR. Sie haben hier ebenfalls nichts verloren! Sie können ... sich zum Teufel scheren! Eine Frechheit! Jemandem eine Schurkerei, eine Niedertracht nach der anderen antun und dann noch kommen und sich über seine Qualen beklagen! Sie Diplomat! Aber ... entschuldigen Sie! Wenn Sie nicht noch mehr zu hören bekommen wollen, gehen Sie! Tun Sie uns den Gefallen!

VOJNICEV *springt auf* Was will er noch von mir, ich verstehe es nicht! Was willst du, was erwartest du von mir? Ich verstehe es nicht!

PLATONOV Ich sehe, daß Sie es nicht verstehen ... Recht hat, wer mit seinem Kummer nicht zu den Menschen, sondern ins Wirtshaus geht ... Er hat tausendmal recht! *Geht zur Tür.* Ich bedaure, mit Ihnen gesprochen zu haben, ich habe mich erniedrigt ... Ich besaß die Dummheit, Sie für anständige Menschen zu halten ... Dabei seid Ihr genauso ... Barbaren, grobes, unbehauenes Bauernvolk ... *Knallt im Abgehen die Tür hinter sich zu.*

ANNA PETR. *ringt die Hände* Wie abscheulich ... Bitte lauf ihm sofort nach und sag ihm ... Sag ihm, er soll ...

VOJNICEV Was kann ich ihm sagen?

ANNA PETR. Das wird dir schon einfallen ... Irgend etwas. Lauf, Serge! Ich flehe dich an! Er ist in guter Absicht gekommen! Du hättest ihn verstehen müssen, und warst grausam zu ihm. Lauf, mein Guter!

VOJNICEV Ich kann es nicht! Lassen Sie mich!

ANNA PETR. Aber er ist doch nicht allein daran schuld! Serge, wir alle sind schuld! Alle haben ihre Leidenschaften, niemand hat genügend Kraft ... Lauf! Sag ihm etwas Versöhnliches! Zeige ihm, was du für ein Mensch bist! Um Gottes willen ... Ja nun?! Lauf!

VOJNICEV Ich werde verrückt ...

ANNA PETR. Werd verrückt, aber untersteh dich, die Menschen zu beleidigen! Ach ... aber nun lauf schon, um Gottes willen! *Weint.* Sergej!

VOJNICEV Lassen Sie mich, maman!

ANNA PETR. Dann gehe ich selbst ... Was gehe ich denn nicht selbst? Ja, ich gehe selbst ...

PLATONOV *kommt herein* Och! *Setzt sich auf den Divan.*

VOJNICEV *steht auf.*

ANNA PETR. *beiseite* Was ist mit ihm? *Pause.*

PLATONOV Der Arm tut mir weh ... Ich habe einen Hunger wie der hungrigste Hund ... Friere ... Mich schüttelt das Fieber ... Es tut weh! Versteht doch, daß es mir wehtut! Mein Leben ist dahin! Was wollt ihr von mir? Was braucht ihr noch? Ist euch diese verfluchte Nacht noch zu wenig?

VOJNICEV *geht auf Platonov zu* Michail Vasiljič, verzeihen wir einander ... Ich ... Aber Sie müssen meine Lage verstehen ... Gehen wir auseinander, wie es sich gehört ... *Pause.* Ich verzeihe Ihnen ... Ehrenwort, ich verzeihe Ihnen! Und wenn ich alles vergessen könnte, ich wäre glücklich wie noch nie. Lassen wir einander in Frieden!

PLATONOV Ja. *Pause.* Nein, die Schrauben sind locker ... Die Maschine ist kaputt. Ich will nur das eine: schlafen; mir kleben die Lider zusammen, aber ich habe nicht die Kraft, einzuschlafen ... Ich will Frieden, ich bitte um Verzeihung, Pardon, ich schweige ... Macht was ihr wollt, und denkt was ihr wollt ...

VOJNICEV *geht von Platonov weg und setzt sich an den Tisch zurück.*

PLATONOV Ich gehe nicht weg, und wenn ihr das Haus anzündet! Wen meine Anwesenheit stört, der kann das Zimmer verlassen ... *Will sich hinlegen.* Gebt mir etwas Warmes ... Nicht zu essen, zum Zudecken ... Ich gehe nicht zu mir nach Hause ... Draußen regnet es ... Ich lege mich hier hin.

ANNA PETR. *geht auf Platonov zu* Gehen Sie, Michail Vasiljič, gehen Sie nach Hause! Ich schicke und bringe Ihnen, was Sie brauchen. *Berührt ihn an der Schulter.* Gehen Sie! Gehen Sie nach Hause!

PLATONOV Wen meine Anwesenheit stört, kann das Zimmer verlassen ... Gebt mir Wasser! Ich will trinken.

ANNA PETR. *reicht ihm die Wasserkaraffe.*

PLATONOV *trinkt aus der Karaffe* Ich bin krank ... Sehr krank, liebe Frau!

ANNA PETR. Gehen Sie nach Hause! ... *Legt ihm die Hand auf die Stirn.* Ihr Kopf ist heiß ... Gehen Sie nach Hause. Ich schicke Trileckij.

PLATONOV *leise* Mir ist schlecht, Euer Exzellenz! Schlecht ... schlecht ...

ANNA PETR. Und mir? Gehen Sie! Ich bitte Sie! Sie müssen nach Hause fahren, koste es was es wolle! Hören Sie? *Sofja Egorovna kommt.*

Auftritt VIII

Die Vorigen und Sofja Egorovna.

SOFJA EGOR. *kommt herein* Geruhen Sie, Ihr Geld zurückzunehmen. Welche Großmut ... Mir scheint, ich habe Ihnen bereits gesagt ... *Hat Platonov gesehen.* Sie ... hier?! Warum sind Sie hier? *Pause.* Merkwürdig ... Was tun Sie hier?

PLATONOV Ich?

SOFJA EGOR. Ja, Sie!

ANNA PETR. Gehen wir hinaus, Sergej! *Geht hinaus und kommt einen Augenblick später auf Zehenspitzen zurück und setzt sich in die Ecke.*

PLATONOV Es ist alles zu Ende, Sofja!

SOFJA EGOR. Das heißt?

PLATONOV Ja, das heißt ... Reden wir später darüber.

SOFJA EGOR. Michail Vasiljič! Was bedeutet das ... alles?

PLATONOV Nichts brauche ich, weder Liebe noch Haß, gebt mir nur das eine: Ruhe! Ich bitte darum ... Nicht einmal sprechen möchte ich ... Mir reicht schon, was war ... Bitte ...

SOFJA EGOR. Was sagt er da?

PLATONOV Ich sage, es reicht. Ich brauche kein neues Leben. Ich weiß ja nicht einmal, wohin mit dem alten ... Nichts brauche ich!

SOFJA EGOR. *zuckt die Achseln* Ich verstehe nicht! ...

PLATONOV Sie verstehen nicht? Das Bündel ist geplatzt, und aus!

SOFJA EGOR. Sie fahren nicht mit, nein?

PLATONOV Kein Grund zum Blaßwerden, Sofja ... äh, Egorovna!

SOFJA EGOR. Das ist niederträchtig!

PLATONOV Höchstwahrscheinlich ...

SOFJA EGOR. Sie sind ein Schurke! *Weint.*

PLATONOV Ich weiß ... Das habe ich hundertmal gehört ... Reden wir später weiter und ... ohne Zeugen.

SOFJA EGOR. *schluchzt.*

PLATONOV Sie sollten auf Ihr Zimmer gehen. Das überflüssigste im Unglück – sind Tränen ... Es hat geschehen müssen und ist geschehen ... In der Natur gibt es Gesetze, in unserem Leben ... die Logik ... Nach dieser Logik ist es auch geschehen ... *Pause.*

SOFJA EGOR. *schluchzt* Was habe ich damit zu schaffen? Was geht es mich an, was geht es mein Leben an, das Sie mir genommen haben, daß Sie erschöpft sind? Was habe ich damit zu schaffen? Sie lieben mich nicht mehr?

PLATONOV Trösten Sie sich mit etwas ... Und seis zum Beispiel nur damit, daß Ihnen dieser Skandal eine Lehre für die Zukunft sein wird!

SOFJA EGOR. Keine Lehre, sondern der Untergang! Das wagen Sie mir zu sagen? Das ist niederträchtig!

PLATONOV Weshalb denn weinen? Wie mich das alles ... anwidert! *Schreit.* Ich bin krank!

SOFJA EGOR. Er hat mich beschworen, gebettelt, er hat angefangen, und jetzt kommt er hierher! Ich widere Sie an! Sie haben mich nur für zwei Wochen gebraucht? Ich hasse Sie!

Ich kann ihn nicht mal mehr sehen! Scheren Sie sich raus! *Schluchzt stärker.*

ANNA PETR. Platonov!

PLATONOV Hm?

ANNA PETR. Gehen Sie!

PLATONOV *steht auf und geht langsam zur Tür.*

SOFJA EGOR. Halt ... Gehen Sie nicht! Sie ... ist das wahr? Sie sind vielleicht nicht nüchtern ... Setzen Sie sich, denken Sie nach! *Faßt ihn an der Schulter.*

PLATONOV Ich habe schon gesessen und nachgedacht. Machen sie sich von mir frei, Sofja Egorovna! Ich bin kein Mann für Sie! Ich habe schon so lange vor mich hingefault, meine Seele ist schon so lange ein Skelett, daß keine Möglichkeit mehr besteht, mich noch aufzuerwecken! Tief vergraben sollte man mich, damit ich nicht die Luft vergifte! Glauben Sie mir, ein letztes Mal!

SOFJA EGOR. *ringt die Hände* Und was werde ich nun tun? Was soll ich tun? Sagen Sie mir das! Ich werde doch sterben! Ich überlebe diese Schurkerei nicht! Ich werde keine fünf Minuten länger leben! Ich werde mich umbringen ... *Setzt sich in den in der Ecke stehenden Sessel.* Was machen Sie aus mir? *Hysterie.*

VOJNICEV *geht auf Sofja Egorovna zu* Sophie!

ANNA PETR. Weiß Gott, was da geschieht! Beruhigen Sie sich, Sophie! Gib ihr Wasser, Sergej!

VOJNICEV Sophie! Sie werden sich nicht umbringen ... Hören Sie auf! *Zu Platonov.* Worauf warten Sie, Michail Vasiljič? Gehen Sie um Gottes willen!

ANNA PETR. Es wird schon, Sophie, es wird schon! Genug!

PLATONOV *geht zu Sofja Egorovna* Wie? Ach ... *Geht rasch von ihr fort.* Idiotie!

SOFJA EGOR. Gehen Sie fort von mir! Alle! Ich brauche Ihre Hilfe nicht! *Zu Anna Petrovna.* Gehen Sie fort! Ich hasse Sie! Ich weiß nicht, wem ich das alles zu verdanken habe! Aber das haben Sie nicht umsonst getan!

ANNA PETR. Psst ... Schimpfen Sie doch nicht!

SOFJA EGOR. Wäre Ihre unheilvolle Autorität über ihn nicht gewesen, hätte er mich nicht zugrundegerichtet! *Schluchzt.* Fort! *Zu Vojnicev.* Sie auch ... gehen Sie auch!

VOJNICEV *geht, setzt sich an den Tisch und legt den Kopf auf die Arme.*

ANNA PETR. *zu Platonov* Gehen Sie, habe ich gesagt! Sie sind ein erstaunlicher Idiot heute! Was wollen Sie denn noch?

PLATONOV *hält sich die Ohren zu* Wo soll ich denn hin? Ich bin ganz steif vor Kälte ... *Geht zur Tür.* Wenn mich nur bald der Teufel holte ... *Trileckij kommt.*

Auftritt IX

Die Vorigen und Trileckij.

TRILECKIJ *in der Tür* Dir verpasse ich eine Anmeldung, daß dich nicht mal deine Frau wiedererkennt!

JAKOVS *Stimme* Der gnädige Herr haben es befohlen ...

TRILECKIJ Geh und küß dich mit deinem gnädigen Herrn! Der ist genauso ein Klotz wie du! *Kommt herein.* Ist er etwa auch hier nicht? *Fällt auf den Divan.* Entsetzlich! Das ... das ... das ... *Springt hoch.* Och! *Zu Platonov.* Die Tragödie neigt sich ihrem Ende zu, Tragöde! Ihrem Ende!

PLATONOV Was willst du?

TRILECKIJ Was schmarotzt du hier? Was treibst du dich hier herum, Unglücklicher? Schämst du dich nicht? Philosophierst du hier den Leuten etwas vor? Hältst du Predigten?

PLATONOV Rede wie ein Mensch, Nikolaj! Was hast du?

TRILECKIJ Das ist eine Schweinerei! *Setzt sich und schlägt die Hände vors Gesicht.* Ein Unglück, was für ein Unglück! Wer hätte das gedacht?

PLATONOV Was ist geschehen?

TRILECKIJ Was geschehen ist? Und du weißt es gar nicht? Dich geht das nicht mal was an? Dafür hast du keine Zeit?

ANNA PETR. Nikolaj Ivanovič!

PLATONOV Saša, ja? Sprich, Nikolaj! Das hat noch gefehlt! Was ist mit ihr los?

TRILECKIJ Sie hat sich mit Streichhölzern vergiftet!

PLATONOV Was sagst du da?

TRILECKIJ *schreit* Sie hat sich mit Streichhölzern vergiftet! *Springt auf.* Hier, lies! Lies! *Hält ihm einen Zettel unter die Nase.* Lies das, Philosoph!

PLATONOV *liest* »Es ist eine Sünde, Selbstmörder im Angedenken zu behalten, aber mich behaltet im Angedenken. Ich habe mir das Leben genommen in Krankheit. Miša, liebe Kolja und meinen Bruder, wie ich dich liebe. Laß Vater nicht allein. Lebe nach dem Gesetz. Kolja, der Herr segne dich, wie ich dich segne mit meinem mütterlichen Segen. Verzeiht mir Sünderin. Der Schlüssel zu Mišas Kommode ist in dem Wollkleid« ... Mein Goldschatz! Sünderin! Sie eine Sünderin! Das hat noch gefehlt! *Faßt sich an den Kopf.* Sie hat sich vergiftet ... *Pause.* Saša hat sich vergiftet ... Wo ist sie? Hör zu! Ich gehe zu ihr! *Reißt sich den Verband vom Arm.* Ich ... ich bringe sie wieder zum Leben!

TRILECKIJ *legt sich, das Gesicht nach unten, auf den Divan* Hättest du sie vorher lieber nicht umgebracht ...

PLATONOV Umgebracht ... Warum sagst du Wahnsinniger ... dieses Wort? Habe ich sie etwa umgebracht? Habe ich etwa ... etwa ihren Tod gewollt? *Weint.* Sie hat sich vergiftet ... Das hat noch gefehlt, um mich wie einen Hund zu überfahren! Wenn das eine Strafe ist, so ... *Schüttelt die Faust.* Das ist eine grausame, charakterlose Strafe! Nein, das geht über meine Kräfte! Das ist zu viel! Wofür? Nun gut, ich bin ein Sünder, ein Schur ... aber ich bin immerhin noch am Leben! *Pause.* Jetzt schaut ihr mich alle an. Schaut mich an! Gefalle ich euch?

TRILECKIJ Ja, ja, ja ... Wir werden jetzt alle weinen ... Aller Augen sind naß. à propos ... Mal richtig auspeitschen lassen sollte man dich! Setz deine Mütze auf! Wir fahren! Ehemann! Ein schöner Ehemann! Richtet, für nichts und wieder nichts, seine Frau zugrunde! So weit hast du es getrieben! Und die hier halten ihn auch noch fest! Er gefällt ihnen! Ein origineller Mensch, ein interessantes Subjekt, mit edler Wehmut im Gesicht! Mit den Spuren verblichener Schönheit! Fahren wir! Schau dir an, was du angerichtet hast, interessantes Subjekt, Original!

PLATONOV Keine Worte ... keine Worte ... Worte sind überflüssig!

TRILECKIJ Dein Glück, du Schinder, daß ich heute in aller Frühe nach Hause gekommen bin! Und was wäre gewesen, wenn ich nicht gekommen wäre, wenn ich sie nicht erwischt hätte? Dann wäre sie jetzt tot! Verstehst du das oder nicht? Du verstehst gewöhnlich alles, außer den allergewöhnlichsten Dingen! Oh, dann hätte ichs dir aber gegeben! Dann hätte ich nicht geachtet auf deine klägliche Physiognomie! Wenn du ein bißchen weniger geschwatzt hättest mit deiner verdammten Zunge, und selber ein bißchen mehr zugehört hättest, dann wäre dieses Unglück nicht passiert! Für sie gebe ich zehn solche Klugscheißer wie dich! Fahren wir!

VOJNICEV Schreien Sie nicht so! Ach ... Wie die mir alle auf die Nerven gehen!

TRILECKIJ Fahren wir!

PLATONOV Halt ... Sie ist also ... nicht tot, sagst du?

TRILECKIJ Ach, du wolltest wohl, sie wäre tot?

PLATONOV *springt auf* Sie ist nicht tot! Ich verstehe nichts mehr ... Sie ist nicht tot? *Umarmt Trileckij.* Sie lebt! *Lacht laut.* Sie lebt!

ANNA PETR. Ich verstehe nicht! ... Trileckij, bitte reden Sie vernünftig! Sie sind heute alle irgendwie besonders blöde! Was bedeutet dieser Brief?

TRILECKIJ Sie hat diesen Brief geschrieben ... Wenn ich nicht gewesen wäre, hätte sie es geschafft mit dem Sterben ... Und jetzt ist sie sehr krank. Ich weiß nicht, ob ihr Organismus durchhält ... Oh, soll sie sterben, dann ... Geh du von mir fort, bitte!

PLATONOV Was du mir für einen Schrecken eingejagt hast! Mein Gott! Sie lebt! Du hast sie also nicht sterben lassen? Mein Lieber! *Küßt Trileckij.* Guter! *Lacht laut.* Ich habe nie an die Medizin geglaubt, aber jetzt glaube ich sogar an dich! Wie geht es ihr jetzt? Ist sie sehr schwach? Krank? Aber wir bringen sie wieder hoch!

TRILECKIJ Ob sie das noch ertragen wird?

PLATONOV Sie wird! Wenn sie es nicht erträgt, ich ertrage es! Warum hast du nicht gleich gesagt, daß sie noch lebt? Anna Petrovna! Liebe Frau! Ein Glas kaltes Wasser, und ich bin glücklich! Verzeihen Sie mir, Herrschaften, alle! Anna Petrovna! ... Ich werde verrückt! ... *Küßt Anna Petrovna die Hand.* Saša lebt ... Wasser, Wasser, meine Gute!

ANNA PETR. *geht mit der leeren Karaffe hinaus und kommt einen Augenblick später mit Wasser zurück.*

PLATONOV *zu Trileckij* Fahren wir zu ihr! Auf die Beine mit ihr, auf die Beine! Hoch die gesamte Medizin von Hippokrates bis Trileckij! Alles werden wir umkrempeln! Wer soll schon leben auf dieser Welt, wenn nicht sie? Fahren wir! Aber nein ... warte! Mir ist schwindlig ... Ich bin schrecklich krank ... Warte ... *Setzt sich auf den Divan.* Ich verschnaufe, und wir fahren ... Ist sie sehr geschwächt?

TRILECKIJ Sehr ... Jetzt freut er sich! Ich verstehe nur nicht, worüber!

ANNA PETR. Ich war auch erschrocken! Man muß sich doch vernünftig ausdrücken! Trinken Sie! *Reicht Platonov das Wasser.*

PLATONOV *trinkt gierig* Danke, gute Frau! Ich bin ein Schuft, ein außergewöhnlicher Schuft! *Zu Trileckij.* Setz dich zu mir. *Trileckij setzt sich.* Du bist auch ganz erschöpft ... Danke, Freund. Hat sie viel genommen?

TRILECKIJ Es hätte gereicht, um sie ins Jenseits zu befördern ...

PLATONOV So was ... Na, Gott sei Dank. Der Arm tut mir weh ... Geben Sie mir noch etwas zu trinken. Ich bin selber schrecklich krank, Nikolaj! Ich kann kaum den Kopf zwischen den Schultern halten ... Wenn ich nicht aufpasse, fällt er runter ... Ich habe sicher Fieber. Kleine Soldaten in bleigrauen Uniformen und spitzen Mützen flimmern mir vor den Augen ... Es ist alles gelb und grün rundherum ... Verpaß mir mal ein chininum sulphuricum ...

TRILECKIJ Dir verpaß ich lieber hundertmal die Peitsche!

PLATONOV *lacht schallend* Reiß du nur deine Witze, reiß du nur deine Witze ... Manchmal kann ich sogar lachen über deine Pointen. Bist du mein Schwager oder der Bruder meiner Frau? Mein Gott, bin ich krank! Du kannst dir nicht vorstellen, wie krank ich bin!

TRILECKIJ *fühlt seinen Puls.*

ANNA PETR. *leise zu Trileckij* Bringen Sie ihn fort, Nikolaj Ivanyč! Ich werde heute selbst zu Ihnen kommen und mit Aleksandra Ivanovna reden. Wie hat sie uns nur so einen Schrecken einjagen können! Ist das nicht gefährlich?

TRILECKIJ Ich kann noch nichts sagen. Sie hat es nicht geschafft, sich zu vergiften, aber im allgemeinen ... ist sie sehr elend!

PLATONOV Was hast du ihr gegeben?

TRILECKIJ Das was sie braucht. *Steht auf.* Fahren wir!

PLATONOV Und was hast du eben der Generalin gegeben?

TRILECKIJ Du phantasierst ... Fahren wir!

PLATONOV Fahren wir ... *Steht auf.* Sergej Pavlovič! Laß doch! *Setzt sich.* Laß doch das! Was machst du für ein bekümmertes Gesicht? Als hätte jemand die Sonne gestohlen!

Du hast doch auch einmal Philosophie studiert! Sei Sokrates! Hm? Sergej Pavlovič! *Leise.* Übrigens, ich weiß selbst nicht, was ich rede ...

TRILECKIJ *legt ihm die Hand auf den Kopf* Werd du nur richtig krank! Dir würde es zur Reinigung deines Gewissens nicht schaden, mal richtig krank zu sein!

ANNA PETR. Platonov, fahren Sie in Gottes Namen! Schicken Sie in die Stadt nach einem anderen Arzt ... Ein Konsilium würde nicht schaden ... Ich werde im übrigen selbst nach einem schicken, keine Sorge ... Beruhigen Sie Aleksandra Ivanovna!

PLATONOV In Ihrer Brust, Anna Petrovna, sitzt ein kleines Klavier! Ist das komisch! *Lacht.* Komisch! Setz dich, Nikolaj, spiel etwas! ... *Lacht schallend.* Ist das komisch! Ich bin krank, Nikolaj ... Ich meine es ernst ... Ohne Spaß ... Fahren wir! *Ivan Ivanovič kommt.*

Auftritt X

Die Vorigen und Ivan Ivanovič.

IVAN IVANOVIČ *zerzaust, im Morgenrock* Meine Saša! *Weint.*

TRILECKIJ Du hast hier noch gefehlt mit deinen Tränen! Scher dich raus! Was kommst du hierher?

IVAN IVANOVIČ Sie liegt im Sterben! Sie will beichten! Ich habe Angst, ich habe Angst ... Oh, ich habe solche Angst! *Geht auf Platonov zu.* Mišenka! Ich flehe dich an, beim Herrgott und allen Heiligen. Lieber, guter, kluger, schöner, ehrbarer Mensch! Komm und sage du ihr, daß du sie liebst! Laß sie sein, alle deine garstigen Romane! Ich flehe dich kniefällig an! Sie liegt doch im Sterben! Sie ist meine ... einzige Tochter! Stirbt sie ... bringe ich dich um! Ohne es zu bereuen! Sage du ihr, daß du sie liebst, für deine Frau hältst! Beruhige sie, um Christi willen! Mišenka! Lüge ist manchmal die Rettung ... Gott weiß es, du bist gerecht, aber lüge dieses eine Mal, zur Rettung deines Nächsten! Fahren wir, tu mir die Gnade! Gib mir dieses Almosen, um Christi willen, gib es einem alten Mann! Hundertfach wirds dir der Herr vergüten! Ich zittere am ganzen Leibe, ich zittre vor Entsetzen!

PLATONOV Hast du schon wieder einen gehoben, Oberst? *Lacht.* Wir werden Saša kurieren, dann trinken wir zusammen! Ach, wie ich trinken möchte!

IVAN IVANOVIČ Fahren wir, Edler ... Gerechter! Sage du ihr zwei Worte, und sie ist gerettet! Medikamente können nicht helfen, wenn die seelische Psychiatrie leidet!

TRILECKIJ Geh mal für einen Augenblick naus, Vater! *Führt seinen Vater am Ärmel hinaus.* Wer hat dir gesagt, sie würde sterben! Wo hast du das her? Es ist vollkommen ungefährlich! Du wartest in dem Zimmer da. Wir fahren gleich zusammen zu ihr. Du solltest dich schämen, in so einem Aufzug in ein fremdes Haus einzudringen!

IVAN IVANOVIČ *zu Anna Petrovna* Es ist eine Sünde, Diana! Gott wird Ihnen nicht verzeihen! Er ist ein junger Mensch, unerfahren ...

TRILECKIJ *stößt ihn in das benachbarte Zimmer* Warte dort! *Zu Platonov.* Wünschen Sie, daß wir fahren?

PLATONOV Ich bin schrecklich krank ... Ich bin krank, Nikolaj!

TRILECKIJ Wünschen Sie zu fahren, frage ich, oder nicht?

PLATONOV So wenig Worte wie möglich ... Was soll ich tun, damit ich nicht so einen trockenen Mund habe? Fahren wir ... Ich glaube, ich bin ohne Mütze gekommen ... *Setzt sich.* Such meine Mütze!

SOFJA EGOR. Das hätte er voraussehen müssen. Ich habe mich ihm hingegeben, ohne Furcht ... Ich wußte, daß ich meinen Mann umbringen würde, aber ich ... hätte vor nichts haltgemacht. *Erhebt sich und geht auf Platonov zu.* Was haben Sie aus mir gemacht? *Schluchzt.*

TRILECKIJ *faßt sich an den Kopf* Eine Kommission! *Geht auf der Bühne auf und ab.*

ANNA PETR. Beruhigen Sie sich, Sophie! Es ist jetzt nicht die Zeit ... Er ist krank.

SOFJA EGOR. Darf man, ist es menschlich, sich so über alles Menschenleben lustig zu machen? *Setzt sich neben Platonov.* Mein ganzes Leben ist doch jetzt verloren ... Ich lebe schon nicht mehr ... Retten Sie mich, Platonov! Es ist noch nicht zu spät! Platonov, es ist noch nicht zu spät! *Pause.*

ANNA PETR. *weint* Sophie ... Was wollen Sie? Sie haben noch Zeit ... Was kann er Ihnen jetzt schon sagen? Haben Sie denn nicht gehört ... haben Sie nicht gehört?

SOFJA EGOR. Platonov ... Ich bitte Sie noch einmal ... *Schluchzt.* Nein?

PLATONOV *rückt von ihr weg.*

SOFJA EGOR. Nicht nötig ... Es ist ja gut ... *Fällt vor ihm auf die Knie.* Platonov!

ANNA PETR. Sophie, das ist zu viel! Unterstehen Sie sich, das zu tun! Niemand ist es wert, daß man vor ihm ... in die Knie fällt ... *Hebt sie auf und setzt sie hin.* Sie ... sind eine Frau!

SOFJA EGOR. *schluchzt* Sagen Sie es ihm ... Überreden Sie ihn ...

ANNA PETR. Kommen Sie zur Vernunft ... Man muß ... standhaft sein ... Sie sind eine Frau! Nun ... genug! Gehen Sie auf Ihr Zimmer! *Pause.* Gehen Sie, legen Sie sich aufs Bett ... *Zu Trileckij.* Nikolaj Ivanovič! Was tun?

TRILECKIJ Das müssen Sie unseren lieben Mišenka fragen! *Geht auf der Bühne auf und ab.*

ANNA PETR. Bringen Sie sie auf ihr Bett! Sergej! Nikolaj Ivanovič! So helfen Sie mir doch endlich!

VOJNICEV *steht auf und geht zu Sofja Egorovna.*

TRILECKIJ Bringen wir sie hinauf. Sie braucht ein Beruhigungsmittel.

ANNA PETR. Ich selber würde jetzt Chloroform nehmen ... *Zu Vojnicev.* Sei ein Mann, Sergej! Verliere wenigstens du nicht das Gesicht! Mir geht es zwar nicht besser als dir, aber ... ich stehe fest auf meinen Füßen ... Kommen Sie, Sophie! Ist das ein Tag ... *Sie führen Sofja Egorovna.* Sei ein Mann, Sergej! Seien wir Menschen!

VOJNICEV Ich werde mir Mühe geben, maman! Ich werde stark sein ...

TRILECKIJ Sei nicht traurig, Bruder Sergej! Wir schaffen das schon! Du bist nicht der erste, du wirst auch nicht der letzte sein!

VOJNICEV Ich werde mir Mühe geben ... Ja, ich werde mir Mühe geben ... *Sie gehen ab.*

Auftritt XI

Platonov und die Grekova.

PLATONOV *allein* Eine Zigarette, Nikolaj, und Wasser! *Schaut sich um.* Sie sind weg? Wir müssen fahren ... *Pause.* Schwache, unbescholtene Frauen habe ich zerschmettert, gewürgt ... Es wäre nicht schlimm gewesen, wenn ich sie auf irgendeine andere Weise umgebracht hätte, im Taumel ungeheuerlicher Leidenschaften, irgendwie spanisch, aber ich habe sie so umgebracht ... dumm, auf russische Art ... *Fächelt sich mit der Hand vor Augen.* Mouches volantes. Kleine Wolken ... Bestimmt phantasiere ich ... Zertreten, plattgewalzt, zerknüllt ... Und wann habe ich zum letzten Mal das Maul vollgenommen? *Schlägt die Hände vors Gesicht.* Scham, brennende Scham ... Es tut weh vor Scham! *Steht auf.* Ich hatte Hunger, fror, war abgetragen, verfallen, habe den Scharlatan gespielt, ich habe dieses Haus betreten ... Man hat mir ein warmes Eckchen gegeben, mich gekleidet, war freundlich zu mir wie zu keinem ... Das habe ich ihnen schön vergolten! Aber ich bin krank ... Mir ist schlecht ... Ich muß mich umbringen ... *Geht zum Tisch.* Ein ganzes Arsenal zur Auswahl ... *Nimmt einen Revolver.* Hamlet hatte Angst vor seinen Traumvisionen ... Ich habe Angst ... vor dem Leben! Was wird noch werden, wenn ich weiterlebe? Die Scham wird mich zerfressen ... *Hält sich den Revolver an die Schläfe,* Finita la commedia! Ein intelligentes Schwein weniger! Christus, vergib mir meine Sünden! *Pause.* Nun? Jetzt kommt der Tod ... Tu weh, soviel du willst, Arm ... *Pause.* Ich habe nicht die Kraft!! *Legt den Revolver auf den Tisch zurück.* Ich möchte leben ... *Setzt sich auf den Divan.* Ich möchte leben ... *Die Grekova kommt.* Wer ist das? A-a-a ... *Lacht.* Mein schlimmster Feind ... Gehen wir morgen vor Gericht? *Pause.*

GREKOVA Selbstverständlich sind wir nach dem Brief von gestern keine Feinde mehr.

PLATONOV Ist doch egal. Kein Wasser mehr?

GREKOVA Sie wollen Wasser? Was ist Ihnen?

PLATONOV Ich bin krank ... Ich habe wohl Fieber ... Mir hat

das gefallen. Das war geistreich. Noch geistreicher wäre gewesen, wenn Sie sich gar nicht mit mir eingelassen hätten ... Ich habe mich eben erschießen wollen ... *Lacht.* Ich habe es nicht fertiggebracht. Der Instinkt ... Verstand ist das eine, die Natur das andere ... Sie Scharfäugige! Sie sind doch ein kluges Mädchen? *Küßt ihr die Hand.* Ihre Hand ist kalt ... Hören Sie ... Wollen Sie mich anhören?

GREKOVA Ja-ja-ja ...

PLATONOV Nehmen Sie mich mit zu sich! Ich bin krank, ich will trinken, ich leide schrecklich, unerträglich! Ich will schlafen, und kann mich nirgends hinlegen ... Ich brauche nur eine Scheune, nur irgendeine Ecke, Wasser und ... ein bißchen Chinin. Bitte! *Streckt ihr die Hand hin.*

GREKOVA Fahren wir! Mit Vergnügen! ... Sie können bei mir wohnen, solange Sie wollen ... Sie wissen ja noch nicht, was ich angerichtet habe! Fahren wir!

PLATONOV Merci, mein kluges Mädchen ... Eine Zigarette, Wasser und ein Bett! Regnet es draußen?

GREKOVA Ja.

PLATONOV Dann fahren wir durch den Regen ... Vor Gericht gehen werden wir nicht. Frieden! *Schaut sie an.* Phantasiere ich?

GREKOVA Kein bißchen! Fahren wir! Ich habe eine gedeckte Equipage.

PLATONOV Sie sind hübsch! ... Was wirst du denn rot? Ich rühre dich nicht an. Dies kalte Händchen werde ich küssen ... *Küßt ihr die Hand und zieht sie zu sich heran.*

GREKOVA *setzt sich ihm auf den Schoß* Nein ... das gehört sich nicht ... *Steht auf.* Fahren wir ... Sie machen so ein merkwürdiges Gesicht ... Lassen Sie meine Hand los!

PLATONOV Ich bin krank. *Steht auf.* Fahren wir ... Auf die Wange ... *Küßt sie auf die Wange.* Ohne jeden Hintergedanken. Ich kann nicht ... Aber Unsinn. Fahren wir, Marja Efimovna! Und bitte schnell! Hier ... hier, mit diesem Revolver habe ich mich erschießen wollen ... Auf die Wange ... *Küßt sie auf die Wange.* Ich phantasiere, aber sehe Ihr Gesicht ... Ich liebe alle Menschen ... Ich habe niemanden beleidigen wollen, und alle beleidigt ... Alle ... *Küßt ihr die Hand.*

GREKOVA Ich habe alles verstanden ... Ich verstehe Ihre Lage ... Sophie ... ja?

PLATONOV Sophie, Zizi, Mimi, Maša ... Es sind viele ... Ich liebe euch alle ... Ich war auf der Universität, und auf dem Theaterplatz, manchmal ... habe den Gestrauchelten ein paar gute Worte gesagt ... Die Leute im Theater, und ich auf dem Platz davor ... Raisa habe ich losgekauft ... Habe mit den Studenten dreihundert Rubel gesammelt und eine andere freigekauft ... Soll ich Ihnen ihre Briefe zeigen?

GREKOVA Was ist mit Ihnen?

PLATONOV Sie glauben, ich wäre verrückt geworden? Nein, es ist so ... Fieberphantasien ... Fragen Sie Trileckij ... *Faßt sie an den Schultern.* Und alle lieben mich ... Alle! Du beleidigst sie manchmal, und sie ... lieben dich ... Die Grekova zum Beispiel habe ich beleidigt, hab sie auf den Tisch gesetzt, und ... sie liebt mich. Sie sind ja übrigens die Grekova ... Pardon ...

GREKOVA Was tut Ihnen weh?

PLATONOV Platonov tut mir weh. Sie lieben mich doch? Lieben Sie mich? Offen gesagt ... Ich will nichts ... Sagen Sie mir nur, lieben Sie mich?

GREKOVA Ja ... *Lehnt den Kopf an seine Brust.* Ja ...

PLATONOV *küßt sie auf den Kopf* Alle lieben mich ... Wenn ich wieder gesund bin, verführe ich dich zum Laster ... Früher habe ich schöne Reden gehalten, jetzt verführe ich alle zum Laster ...

GREKOVA Das ist mir gleich ... Ich brauche nichts ... Du bist ... ein Mensch. Die anderen kümmern mich nicht! Mach mit mir was du willst ... Du ... du ... bist ein Mensch und nichts weiter. *Weint.*

PLATONOV Ich verstehe König Ödipus, der sich die Augen ausgestochen hat! Wie tief bin ich gesunken, und wie tief ich meine Niedrigkeit sehe! Gehen Sie fort! Es lohnt nicht ... Ich bin krank. *Befreit sich.* Ich fahre sofort ... Entschuldigen Sie mich, Marja Efimovna! Ich werde verrückt! Wo ist Trileckij?

Sofja Egorovna kommt.

Auftritt XII

Die Vorigen und Sofja Egorovna.

SOFJA EGOR. *geht an den Tisch und wühlt darauf herum.*

GREKOVA *faßt Platonov an der Hand* Pssst ... *Pause.*

SOFJA EGOR. *nimmt einen Revolver und schießt auf Platonov; Versager.*

GREKOVA *stellt sich zwischen Platonov und Sofja Egorovna* Was tun Sie da? *Schreit.* Hierher! Schnell hierher!

SOFJA EGOR. Lassen Sie das ... *Läuft um die Grekova herum und schießt Platonov direkt in die Brust.*

PLATONOV Halt, halt ... Wie das? *Fällt zu Boden. Hereingestürzt kommen Anna Petrovna, Ivan Ivanovič, Trileckij und Vojnicev.*

Auftritt XIII

Die Vorigen, Anna Petrovna, Ivan Ivanovič, Trileckij, Vojnicev, dann die Dienstboten und Marko.

ANNA PETR. *entreißt Sofja Egorovna den Revolver und wirft ihn auf den Divan.* Platonov! *Beugt sich über Platonov.*

VOJNICEV *hält sich eine Hand vor die Augen und wendet sich zur Tür ab.*

TRILECKIJ *beugt sich über Platonov und knöpft ihm schnell den Rock auf. Pause* Michail Vasiljič! Hörst du mich? *Pause.*

ANNA PETR. Um Gottes willen, Platonov! Michel ... Michel! Rasch, Trileckij ...

TRILECKIJ *schreit* Wasser!

GREKOVA *gibt ihm die Karaffe* Retten Sie ihn! Retten Sie ihn! *Geht auf der Bühne auf und ab.*

TRILECKIJ *trinkt Wasser und wirft die Karaffe beiseite.*

IVAN IVANOVIČ *faßt sich an den Kopf* Ich habe doch gesagt, daß ich ihn umbringe! Jetzt ists um ihn geschehen! Jetzt ists um ihn geschehen! *Fällt in die Knie.* Allmächtiger Gott! Es ist um ihn geschehen ... Es ist um ihn geschehen ... *Jakov stürzt herein, Vasilij, Katja und der Koch.*

MARKO *kommt herein* Vom Friedensrichter ... *Pause.*

ANNA PETR. Platonov!

PLATONOV *hebt sich auf die Ellbogen und läßt den Blick schweifen.*

ANNA PETR. Platonov ... Es ist nichts ... Trinken Sie Wasser!

PLATONOV *zeigt auf Marko* Er bekommt drei Rubel! *Fällt zurück und stirbt.*

ANNA PETR. Sei ein Mann, Sergej! Es geht alles vorüber, Nikolaj Ivanovič ... Es geht alles vorüber ... Seien Sie ein Mann ...

KATJA *verbeugt sich vor Anna Petrovna bis zu den Knien* Ich allein bin an allem schuld! Ich habe den Brief überbracht! Das Geld hat mich verlockt, gnädige Herrin! Vergeben Sie mir, mir Verdammten!

ANNA PETR. Seid stark ... Was verliert ihr die Fassung? Das ist doch nur ... Das ist heilbar ...

TRILECKIJ *ruft* Er ist tot!

ANNA PETR. Nein, nein ...

GREKOVA *setzt sich an den Tisch, starrt auf die Papiere und weint bitterlich.*

IVAN IVANOVIČ Gott schenke ihm ewigen Frieden ... Es ist um ihn geschehen ... Es ist um ihn geschehen ...

TRILECKIJ Das Leben – ist eine Kopeke! Leb wohl, Miška! Deine Kopeke ist hin! Was glotzt ihr so? Er hat sich selbst erschossen! Die Gesellschaft ist zum Teufel! *Weint.* Mit wem werd ich jetzt auf deiner Seelenmesse trinken? Oh, Idioten! Haben einen Platonov nicht retten können! *Steht auf.* Vater, geh, sag Saša, sie kann jetzt ruhig sterben! *Geht taumelnd auf Vojnicev zu.* Und du? Ach! *Umarmt Vojnicev.* Platoška ist tot! *Schluchzt.*

VOJNICEV Was tun, Nikolaj?

TRILECKIJ Die Toten begraben und die Lebenden reparieren!

ANNA PETR. *erhebt sich langsam und geht auf Sofja Egorovna zu* Beruhigen Sie sich, Sophie! *Schluchzt.* Was haben Sie da angerichtet?! Aber ... aber ... beruhigen Sie sich! *Zu Trileckij.* Sagen Sie Aleksandra Ivanovna nichts, Nikolaj Ivanovič! Ich werde es ihr selbst sagen! *Geht zu Platonov und fällt vor ihm auf die Knie.* Platonov! Mein Leben! ... Ich kann es nicht glauben! Du bist doch nicht tot? *Nimmt seine Hand.* Mein Leben!

TRILECKIJ Ans Werk, Serëža! Helfen wir deiner Frau, und dann ...

VOJNICEV Ja-ja-ja ... *Geht zu Sofja Egorovna.*

IVAN IVANOVIČ Der Herr hat uns vergessen ... Wegen unserer Sünden ... Wegen meiner Sünden ... Warum habe ich gesündigt, alter Narr? Ich habe Gottes Geschöpfe umgebracht, getrunken, böse Reden geführt, Menschen gerichtet ... Der Herr hats nicht geduldet, der Herr hat uns geschlagen.

Ende des vierten Akts.

Anhang

Nachbemerkung

Čechovs Jugendstück – hier in Analogie zum ›Ivanov‹ nach dem Haupthelden Platonov benannt – wird in Slavistik und Čechovforschung als ›Stück ohne Titel‹ geführt; unter diesem Titel erscheint es auch in der Übersetzungsvorlage, dem 12. Band der wissenschaftlichen Čechov-Gesamtausgabe, Moskau, Verlag OGIZ, 1944–1951, 20 Bände.

Das Stück ist als Manuskript in 134 handschriftlichen Blättern erhalten; es wird aufgrund von Handschrift und Sprachgebrauch auf Anfang der 80er Jahre datiert; erstmals gedruckt erschien es als ›Stück ohne Titel‹ 1923 im Verlag ›Neues Moskau‹. 1933 wurde es in Čechovs ›Gesammelte Werke‹ (Verlag Gosizdat) aufgenommen, dort unter einem Titel, den Čechov einmal in einem Brief an seinen älteren Bruder Aleksandr (vom 14. 10. 1878) genannt hatte; von dem Stück ›Bezotcovščina‹ (Die Vaterlosen) ist jedoch nicht mehr bekannt, als daß Čechov es als Gymnasiast geschrieben und seinem Bruder Aleksandr zum Lesen geschickt hat; das Stück selbst ist verloren, über seinen Inhalt ist nichts bekannt. Vielmehr besteht Grund zur Annahme, daß es sich bei ›Platonov‹ bzw. dem ›Stück ohne Titel‹ um jenes Stück handelt, von dem Michail Čechov in seinen Erinnerungen schreibt: »Als Student hatte er ein großes Stück geschrieben, von dem er träumte, es auf die Bühne des Moskauer Kleinen Theaters zu bringen, und das er sogar der berühmten Moskauer Schauspielerin M. N. Ermolova zum Lesen gebracht hatte. Dieses Stück war aber sehr umfangreich, ein fahrender Zug kam darin vor, ein Pferdedieb und Lynchjustiz an einem Zigeuner.«

Aus einem Faksimile des Personenverzeichnisses in der Moskauer Gesamtausgabe (OGIZ, 1944–1951) geht hervor, daß der Gutsbesitzer Ščerbuk ursprünglich noch zwei Töchter hatte: »Veročka, 40 Jahre alt, und Lizočka, 25 Jahre alt.« – In der 1923 von N. F. Belčikov besorgten Einzelausgabe des ›Platonov‹ war das Stück in seiner ursprünglichen Gestalt erschienen; der Herausgeber hatte alle nachträglich von Čechov vorgenommenen Änderungen, Kürzungen, Striche wieder aufgemacht und praktisch den Text der ersten Niederschrift publiziert. Demgegenüber bringen die Herausgeber der historisch-kritischen Gesamtausgabe (in Band XII, 1949) nur den Text ›letzter Hand‹, »der resultiert aus sämtlichen Änderungen und Kürzungen« Čechovs.

Über Čechovs Arbeit am Stück, konkret über eben jene »Änderungen und Kürzungen« des Urtexts, über Čechovs stilistische Arbeit usw. teilt die Moskauer Gesamtausgabe jedoch nichts mit, es sei denn die folgende Beschreibung des Manuskripts: »Der Text des Manuskripts trägt Spuren bedeutender und mindestens zweimaliger Korrektur, vorgenommen einmal mit Blaustift, einmal mit Bleistift. Außerdem weist er eine geringe Anzahl von Verbesserungen auf, die mit blasserer Tinte als der eigentliche Text geschrieben sind. Im allgemeinen beschränken sich die Korrekturen auf Streichungen von Textstellen. Gestrichen sind ferner zwei handelnde Personen sowie die entsprechenden Stellen des Stücks, in denen diese auftraten.«

Briefliche Äußerungen Čechovs über den ›Platonov‹ bzw. das ›Stück ohne Titel‹ sind nicht erhalten.

Vom ›Platonov‹ existierten im Ausland bisher nur Bühnenbearbeitungen. 1952 erschien eine englische Bearbeitung: ›Don Juan in the Russian Manner‹; 1956 erlebte eine französische Bearbeitung von Pol Quentin Premiere in Bordeaux (Regie Jean Vilar) – diese Bearbeitung wurde unter dem Titel ›Dieser Platonow ...‹ auch ins Deutsche übertragen (der französische Titel: ›Ce fou de Platonow‹). Eine italienische Bearbeitung von Giorgio Strehler und Ettore Lo Gatto trägt den Titel ›Platonov e Altri‹, eine deutsche Bearbeitung von Otto Mueller den Titel: ›Platonow‹. René Fülöp-Miller hat das Stück unter dem Titel: ›Der unnütze Mensch Platonoff‹ übersetzt und bearbeitet.

Vorliegende Übersetzung ist die erste vollständige deutsche Fassung des ›Stücks ohne Titel‹.

Anmerkungen

1. Transkription der Eigennamen

Die Transkription der russischen Eigennamen folgt der in der Slavistik üblichen, die für spezifisch russische Laute diakritische Zeichen verwendet. Die wichtigsten, vom deutschen Alphabet abweichenden Laute des Russischen sind:

č – ›tsch‹, wie ›Čechov‹
c – immer ›ts‹, wie in ›Zeichen‹
ch – immer hartes ›ch‹, wie in ›ach!‹ (nie wie in ›ich‹)
s – immer stimmloses, scharfes ›s‹, wie in ›essen‹
š – immer stimmloses, scharfes ›sch‹, wie in ›Asche‹
šč – nicht ›schtsch‹, sondern weiches, gedehntes ›sch‹ (š)
v – im Silbenlaut, vor Vokalen und stimmhaften Konsonanten
    = ›w‹,
    im Silbenauslaut und vor stimmlosen Konsonanten = ›ff‹
ž – immer stimmhaftes, weiches ›s‹, wie in ›Rose‹
z – immer stimmhaftes, weiches ›sch‹, wie in frz. ›jour‹

Jedes ›e‹ und ›i‹ palatalisiert den vorausgehenden Konsonanten, d. h. wird mit einem leichten ›j‹-Vorschlag gesprochen; vgl. z. B.: ›Sofja Jegorovna‹.

Betontes ›e‹ (›ë‹) wird gesprochen wie ›jo‹ und zieht automatisch die Wortbetonung auf sich. Unbetontes ›o‹ wie ›a‹; ›o‹ sonst immer offen wie in ›offen‹.

2. Namen und Anrede der Darsteller

Im Russischen setzt sich jeder Name aus drei Teilen zusammen – dem Vornamen (Anton), dem Vatersnamen (Pavlovič bzw., bei Frauen, Pavlovna) und dem Familiennamen (Čechov). Die offizielle Anrede besteht aus Vor- und Vatersnamen (was das im Deutschen übliche ›Herr‹ bzw. ›Frau‹ ersetzt). – ›Anton Pavlovič‹ bedeutet demnach soviel wie ›Herr Čechov‹, ›Anna Petrovna‹ die offiziell-förmliche Anrede für ›Frau Vojniceva‹; vgl. auch im Stück die Szene zwischen Platonov und Marko, III/3. Die intim-vertrauliche Anrede beschränkt sich, wie im Deutschen, auf den Vornamen bzw. dessen Koseformen.

Die häufigsten Koseformen von Vornamen im ›Platonov‹:
Saša (Aleksandra) – Saška, Sašenka, Sašurka, Sašuročka, Šurka, Šuročka
Michail (Platonov) – Miša, Mišenka; Michel (französisch zu sprechen)
Sergej (Vojnicev) – Serëža, Serëženka; Serge (französisch)
Nikolaj (Trileckij) – Nikolaška, Kolja; Nicolas (französisch)
Pavel (Ščerbuk) – Pava, Pavočka, Paška
Gerasim (Petrin) – Gerasja
Porfirij (Glagoljev) – Porfiša, Porfiška.

Im gesprochenen Russisch werden die ›korrekten‹ Formen des Vatersnamens gelegentlich abgeschliffen (für ›Ivan Ivan*ovič*‹ oft auch nur ›Ivan Ivan*yč*‹), woraus sich gewisse Differenzen zwischen Personenverzeichnis und dem zu sprechenden Dialog ergeben. Die ›abgeschliffene‹ Form wird gegenüber Personen gebraucht, die man zwar siezt, mit denen man aber doch auf bestimmte Weise vertraut ist, während die ›korrekte‹ Form des Vatersnamens in hochoffiziellen Situationen gebraucht wird, gegenüber Respektspersonen, Höhergestellten usw.

Nicht übersetzt sind einige typisch russische Begriffe wie
Matuška – das ›Mütterchen‹, das aber auch Männer zu Männern sagen können,
Batjuška – das ›Väterchen‹,
Papaša – das ›Papachen‹, der ›Herr Papa‹.

3. Anmerkungen, Erklärungen

Physharmonika – Musikinstrument, Tasteninstrument, eine Vorstufe zum Harmonium.

mon ange – franz. »mein Engel«.

mens sana in corpore sano – latein., Wahlspruch der alten Römer: »Gesunder Geist in gesundem Körper.« Meint, daß nur in einem gesunden Körper auch ein gesunder Geist wohnen könne; daß neben der geistigen die körperliche Betätigung nicht zu kurz kommen dürfe.

votre excellence – franz. »Euer Exzellenz«.

Arzamas – literarischer Zirkel der Puškinzeit, d. i. etwa 1815–1840, benannt nach einer russischen Provinzstadt. Begründet wurde der A. nach den Befreiungskriegen, in deren Verlauf viele russische Adelige und Offiziere Bekanntschaft mit dem gesellschaftlichen und politischen Leben des Westens gemacht hatten, von jüngeren russischen Dichtern (wie Žukovskij, Batjuškov, Vjazemskij), Anhängern des ›Westlers‹, Dichters und Historiographen Nikolaj Karamzin (1766 bis 1826), der, literarisch »ein getreuer Gefolgsmann des sentimentalen Romantizismus« (Kropotkin), in der Sterne-Nachfolge gegen den schwerfälligen Klassizismus der sogenannten ›Archaisten‹ aufgetreten war. »In den Zusammenkünften, in denen man die feierlichen Sitzungen der ›Archaisten‹ um Siskov parodierte, pflegte man die poetische Freundschaft, das literarische Gespräch und die leichten Gattungen der Poesie.« (D. S. Mirskij)

Patschuli – eine im tropischen Asien, besonders in Indien, Ceylon und Ostasien verbreitete Pflanzenart (Pogostemon). »Die Blätter enthalten ein dickflüssiges ätherisches Öl (Patchouli, Patschuli) von ganz außerordentlicher Kraft und Intensität des Geruchs, welcher besonders bei einiger Konzentration vielen Leuten unerträglich, ebenso vielen aber, besonders in Ostasien, sehr angenehm ist. /.../ Das Kraut /.../ dient ziemlich häufig zum Parfümieren von Wäsche und Kleidern und zum Vertreiben von Motten.« (Meyers Konversations-Lexikon, 1878 Leipzig.)

küßt sich mit – die alte russische Begrüßung; die Betreffenden gehen aufeinander zu, umarmen sich und wechseln drei Küsse auf die Wange.

Mayne Reid (ri:d) – englischer Romanschriftsteller nordirischer Abstammung, 1818–1883. Bereiste, statt Geistlicher zu werden, 1838 bis 1843 ganz Nordamerika, nahm dort an Handelsexpeditionen und Jagdzügen, 1846 am Krieg der Vereinigten Staaten gegen Mexiko teil; wollte 1849 mit einem Freicorps die ungarische Revolution unterstützen, in Paris erreichte ihn jedoch die Nachricht von der Niederwerfung der Revolution; ließ sich danach in London nieder, wo er seine Erlebnisse in einer Fülle von Abenteuerromanen niederschrieb, die in alle europäischen Sprachen übersetzt und besonders unter der Jugend weit verbreitet waren (nach: ›Meyers Konversations-Lexikon‹, Leipzig 1878). Werke: ›Rifle rangers‹ (1850), ›The scalphunters‹ (1851), ›The desert home‹ (1852), ›The boy hunters‹ (1853), ›The white chief‹ (1855), ›The forest exiles‹ (1855), ›The quadroon‹ (1856), ›The young voyageurs‹ (1857), ›The wartrail‹ (1857), ›Oceola‹ (1859), ›The hunter's feast‹ (1860), ›The wild huntress‹ (1861), ›The Maroon‹ (1862), ›The cliff climbers‹ (1865), ›The headless horseman‹ (1866), ›The giraffe hunters‹ (1867), ›The Guerilla chief‹ (1867), ›The child wife‹ (1868), ›The cast-aways‹ (1870), ›The fatal cord‹ (1870), ›The yellow chief‹ (1870) u. a.

De mortuis aut bene aut nihil – latein. »Über die Toten (sage) entweder Gutes oder nichts«; in Abwandlung dieses Wahlspruchs erwidert Platonov:

De omnibus aut nihil aut veritas – latein. »Über alle Menschen entweder nichts oder die Wahrheit.«

Diana – römische Göttin, als Jagdgöttin in der römischen Mythologie die Entsprechung der Artemis.

Hannibal – (punisch »Geschenk des Baal«), karthagischer Feldherr, 247–182 v. Chr. Führer der karthagischen Truppen im Zweiten Punischen Krieg.

Hamilkar – Hamilkar Barkas, karthagischer Heerführer, gest. 228 v. Chr. Vater Hannibals, Oberbefehlshaber im Ersten Punischen Krieg.

Vojevode – auch »Wojewode«, noch heute im Polnischen gebräuchlich, z. B. Wojwodschaft u. dgl. – »(entspricht ursprünglich ganz dem ahd. herizogo, Herzog), Heerführer, Feldherr.« (Pavlovskij, Russisch-deutsches Wörterbuch, 3. Aufl. 1911.)

Sans doute – französ. »ohne Zweifel«, »zweifellos«, »zweifelsohne«.

Argentum nitricum, aqua destillata – latein. medizin. »Silbernitrat«, »Destilliertes Wasser«.

Une perle – französ. »Eine Perle«, »Ein Juwel«.

Crematum simplex – latein. ein »einfaches Produkt«.

Shakespeare – William Shakespeare, englischer Dramatiker, 1564 bis 1616. »Oh, Frauen, Frauen« – im ›Hamlet‹.

Byron – George Noel Gordon, englischer Dichter, 1788–1824; übte auf die russische Romantik großen Einfluß aus, insbesondere auf Puškin und Lermontov.

Reprimande – französ. »Rüge«, »Verweis«.

Cupido – latein. Gott der Liebe, auch Amor, in der römischen Mythologie die Entsprechung zum griechischen Liebesgott Eros.

Velzevul Bucephalovič – Scherzname, abgeleitet von *Velzevul* (Beelzebub) und *Bucephalus*, d. i. der Name des Pferdes von Alexander dem Großen; russisch »im Scherze Benennung jedes Pferdes« (Pavlovskij, Russisch-deutsches Wörterbuch, 3. Aufl. 1911.)

quelque chose – französ. »etwas«, »irgendetwas«.

délicatesse – französ. »Zartgefühl«, »Feingefühl«, »Takt«.

Starodumovs – Phantasiename, abgeleitet bzw. zusammengesetzt aus dem Adjektiv ›staryj‹ – alt, und dem Stamm des Verbums ›dumat‹ – denken; dem Sinne nach also: diejenigen, die »alt denken«, denken wie die Alten, wie die Väter, Altväter.

Fonvizin – Denis Fonvizin (oder Von Wizin, Von Wiesen), russischer Dramatiker, 1745–1792; »sicherlich der Schöpfer des russischen Nationaldramas, und er war ebenfalls der erste, der in unsere Literatur die realistischen Tendenzen einführte, die bei Puškin, Gogol und ihren Nachfolgern so mächtig wurden. In seinen politischen Ansichten blieb er den progressiven Ideen treu, die Katherina II. in den ersten Jahren ihrer Regierung protegierte, und in seiner Eigenschaft als Sekretär des Grafen Panin bekämpfte er scharf die Leibeigenschaft, den Favoritismus und den Mangel an Bildung in Rußland« (Kropotkin, Ideale und Wirklichkeit in der russischen Literatur, dt. Leipzig 1906). Fonvizins satirische Komödien befassen sich vor allem mit dem russischen Landadel. An dieser Stelle im Stück steht der Name F. eher als Begriff für eine Zeit, die passé ist.

Milonovs – Phantasiename, erfundener Eigenname, abgeleitet vom Stamm des Adjektivs ›milyj‹ (Pavlovskij:) – »lieb, angenehm, lieblich, hold, huldreich«; dem Sinne nach also diejenigen, die lieb und jedem gefällig sein wollen, jedem nach dem Munde reden; im übertragenen Sinn die Schönredner, Romantiker und ›Idealisten‹ vom Schlage Glagoljevs.

Skotinins, Prostakovs – Phantasienamen, abgeleitet vom Substantiv ›skot‹ – »Vieh, Rindvieh, aber auch, im übertragenen Sinne, Schwein«; bzw. vom Substantiv ›prostak‹ – »der schlichte, einfache, beschränkte Mann« (Pavlovskij 1911), auch »Einfaltspinsel, Trottel, Tropf«, schon zu Čechovs Zeiten ein ziemlich starkes Wort.

ein Diener der Idee – Sofja Egorovna spielt an auf die Ideale der russischen Universitätsjugend ihrer Zeit, auf die Ideen der Freiheit und des Fortschritts, mit denen die aristokratische Jugend Rußlands gewöhnlich während des Studiums an den Universitäten zum ersten Mal in Berührung kam und die viele dann – vgl. Čechovs ›Ivanov‹ – nach beendetem Studium auf dem eigenen Grund und Boden versuchten, in die Tat umzusetzen, Wirklichkeit werden zu lassen, und sei es nur im eigenen, privaten Bereich. Sofja Egorovna mißt Platonov am moralischen Anspruch der allgemeinen ›Idee‹, auch an dessen Fähigkeiten, hält aber für unmöglich, daß Platonov als Dorfschullehrer diesen Idealen gerecht werden könnte. Zur Verdeutlichung, zum unmittelbaren Verständnis scheint, auf der Bühne, zulässig zu sagen: »Diener der Idee des Fortschritts« oder »Diener fortschrittlicher Ideen«, o. ä.

Ilja Muromec – oder auch »Ilja von Murom«, einer der Helden der russischen epischen Dichtung, der sogenannten Bylinen, der epischen Volksdichtungen. Ilja Muromec, russischer Recke, Bauernsohn, der sich nicht um Gold und Reichtümer kümmert, durchstreift das Kiever Reich, die Kiever Rus des Fürsten Vladimir (980–1015), um das Land von Riesen und von Fremden zu befreien. – Platonovs Beschreibung zählt praktisch alle zum Verständnis dieses Namens notwendigen Attribute auf.

Solovej – (wörtl. »die Nachtigall«), Räuber, Held der russischen Volksdichtung.

Mesdames – französ. »Meine Damen«.

Čackij – Figur aus der klassischen russischen Komödie »Verstand schafft Leiden« (Gore ot uma) von Aleksandr Griboedov (1795 bis 1825). Junger Adeliger, der sich in Opposition zur vornehmen Gesellschaft befindet, die russische Gesellschaft böser Kritik unterzieht, ihre konservativen Sitten, ihre Spießigkeit, die Leibeigenenwirtschaft, Aristokratie, die Bewunderung (besonders der Damenwelt) für alles, was französisch ist, verspottet und sich darin aufreibt; die Gesellschaft entledigt sich ihres Kritikers, indem sie das Gerücht verbreitet, Čackij sei nicht ganz richtig im Kopfe. »Čackij ist oft als eitler Schwätzer kritisiert worden. In seinen feierlichen Ansprachen vor Famusov und der Gesellschaft vermißt man den Sinn für das rechte

Maß; tatsächlich mag Griboedov, als er diese Figur schuf, nicht die richtigen Proportionen gefunden haben. Trotzdem aber ist Čackij die Hauptfigur des Stückes, er ist sein phantasie- und gefühlsreicher Mittelpunkt, seine Würze und Hefe. Nicht nur werden ihm die geistreichsten Bemerkungen in den Mund gelegt, er gibt auch im ganzen Stück den Ton an.« (D. S. Mirskij.)

Hundert Kopeken – gleich ein Rubel.

Penaten – römische Hausgötter, Schutzgötter; im übertragenen Sinne für »häuslicher, eigener Herd«, »Heim«, auch »Vaterland«, »Heimat«.

›*Kraft und Stoff*‹ – Erfolgsbuch des Mediziners und Populärmaterialisten Ludwig Büchner (1824–1899), erschienen 1855, [8]1864, 20. Auflage 1902. Weitere Schriften Büchners: ›Natur und Geist‹ 1857; ›Die Darwinsche Theorie von der Entstehung und Umwandlung der Lebewelt‹ 1868; ›Der Gottesbegriff und dessen Bedeutung in der Gegenwart‹ 1874; ›Aus dem Geistesleben der Tiere‹ 1876; ›Die Macht der Vererbung‹ 1882; ›Liebe und Liebesleben in der Tierwelt‹ 1885; ›Darwinismus und Socialismus‹ 1895 u. a. Der Brockhaus 1901 über ›Kraft und Stoff‹: »in welchem er eine atomistisch-materialistische Weltanschauung vertrat. Die Schrift rief eine heftige litterar. Fehde hervor und hatte für den Verfasser die Folge, daß er seine Stellung in Tübingen aufgeben mußte.« Friedrich Engels über L. Büchner und die Populärmaterialisten: »Hegel war verschollen, es entwickelte sich der neue naturwissenschaftliche Materialismus, der sich von dem des 18. Jahrhunderts theoretisch fast gar nicht unterscheidet und meist nur das reichere naturwissenschaftliche, namentlich chemische und physiologische Material voraus hat. Bis zur äußersten Platitüde reproduziert finden wir die bornierte Philisterdenkweise der vorkantischen Zeit bei Büchner und Vogt, und selbst Moleschott, der auf Feuerbach schwört, reitet sich jeden Augenblick auf höchst ergötzliche Weise zwischen den allereinfachsten Kategorien fest.« (Karl Marx, ›Zur Kritik der Politischen Ökonomie‹, 1859.)

Vladimirorden – Vladimirorden dritter Klasse, eine der niedrigsten Auszeichnungen, die das zaristische Rußland an Beamte usw. zu vergeben hatte.

Pirogov – Nikolaj Ivanovič Pirogov, russischer Chirurg, Anatom und Pädagoge, 1810–1881, seinerzeit führend auf dem Gebiet der experimentellen Chirurgie und Anatomie sowie Militärchirurgie. Nach ihm benannt ist die ›Pirogovsche Fußgelenkamputation‹. Verfasser des anatomischen Atlantenwerks ›Anatomia topographia, sectionibus per corpus humanum congelatum‹, 4 Bände, 1851–1854.

Stukolka – russisches Kartenspiel, Glücksspiel; Pavlovskij bietet hierfür als Entsprechung nur den Begriff ›Pochspiel‹ an.

Lasciate ogni speranza – ital. »Laßt alle Hoffnung fahren!« (Dante).

Was bedeuten eigentlich das S und das V – wie Trileckij die Frage schon selbst beantwortet, können es die Initialen der beiden Namen sein; Platonovs Antwort lautet russisch: »*S*lava *V*engeroviču«, d. h. wörtlich: »Ruhm sei Vengerovič«.

mon père – französ. »Mein Vater«.

Mille pardons, madame! – französ. (Ich bitte) »Tausendmal um Verzeihung, meine Dame!«

mon cher – französ. »Mein Lieber«.

Šči – die russische Kohlsuppe, Grundbezeichnung dafür, kann aus Weißkohl, Sauerkohl, Brennesseln bereitet werden, auch unter Zusatz von Kvas oder Kräutern. Šči ist russisch ein Plural. Alternativlösung für die Bühne: ›Kohlsuppe‹.

Kollegienregistrator – russischer Beamtentitel, eine der untersten Sprossen in der Leiter der vorrevolutionären Beamtenhierarchie; lt. Pavlovskij die 14. Rangklasse. Über dem Kollegienregistrator rangieren: Kollegiensekretär (10. Rangkl.), Kollegienassessor (8. Rangkl.), Kollegienrat (6. Rangkl.).

Sacher-Masoch – Leopold Ritter von Sacher-Masoch, deutschsprachiger Schriftsteller, 1835–1895, in Lemberg geboren; Studium der Rechte in Prag und Graz, 1855 in Graz Habilitation für Geschichte, kurz darauf Abkehr von der Universitätslaufbahn. Romane und Novellen »zeigen seine Neigung zum Sexualpathologischen (Masochismus). Farbig ist sein Realismus in den galizischen Bauern- und Jugendgeschichten« (dtv-Lexikon); »aber immer stärker trat das Bestreben hervor, das Geschlechtsleben in seinen Auswüchsen, überhaupt bloß mit der Sucht nach Pikanterie, ohne Absicht auf moralische Wirkung darzustellen« (Brockhaus, Leipzig, 14. Aufl. 1903). Sacher-Masoch bezeichnete sich, in Abkehr von der Deutschtümelei seiner Zeit, als Russen oder Ruthenen (Weißrussen), war deshalb heftiger Kritik ausgesetzt, die er mit der Schrift ›Über den Wert der Kritik‹ (1873) beantwortete. Werke: ›Eine galizische Geschichte‹ (1858), ›Kaunitz‹ (1864), ›Das Vermächtnis Kains‹ (1870, 4 Bde.), ›Liebesgeschichten aus verschiedenen Jahrhunderten‹ (1874), ›Die Ideale unserer Zeit‹ (1875, 4 Bde.), ›Der neue Hiob‹ (1878), ›Die Einsamen‹ (1890), ›Die Schlange im Paradies‹ (1890, 3 Bde.), ›Im Reich der Töne. Musikalische Novellen‹ (1890), ›Bühnenzauber‹ (1892), ›Falscher Hermelin‹ (1894), ›Die Venus im Pelz‹ (Neuaufl. 1968) u. a.

Puškin – Aleksandr Sergeevič Puškin, 1799–1837.

Lermontov – Michail Jurjevič Lermontov, 1814–1841.

Puškin, Lermontov – die beiden bedeutendsten russischen Dichter des 19. Jahrhunderts, in der russischen Literatur-, Kultur- und Geistesgeschichte *die* Klassiker mit demselben Schicksal wie in Deutschland Goethe, Schiller, Lessing.

Goethe – Johann Wolfgang von Goethe, 1749–1832.

Heine – Heinrich Heine, 1797–1856, in Rußland seit je überaus populärer deutscher Dichter, Klassiker der deutschen Lyrik.

Auerbach – Berthold Auerbach, deutscher Schriftsteller, einer der populärsten und meistgelesenen Autoren seiner Zeit, 1812–1882, im Schwarzwald geboren, Sohn jüdischer Eltern und zum Rabbiner bestimmt, Studium der Rechte, der Philosophie und Geschichte; anfänglich Sympathien mit der jungdeutschen Bewegung, 1836 einige Monate auf dem Hohenasperg in Haft; Verfechter der Emanzipation des Judentums. 1836: ›Das Judentum und die neueste Litteratur‹; mehrere Romane aus der Geschichte des Judentums (Gesamttitel: ›Das Ghetto‹), darunter ›Spinoza‹ (1837, 7. Aufl. 1880) und ›Dichter und Kaufmann‹ (1839, 7. Aufl. 1871), Übersetzung der ›Sämmtlichen Werke Spinozas‹ (1841). 1842 ›Der gebildete Bürger. Buch für den denkenden Mittelstand‹, wo philosophische Gegenstände allgemeinverständlich aufbereitet werden. Berühmt wurde Auerbach durch seine ›Schwarzwälder Dorfgeschichten‹ (1842, 10. Aufl. 1868, Volksausgabe in 8 Bänden 1871) sowie durch seine weit verbreiteten Volkskalender, z. B. den ›Gevattersmann‹ (1845, 1846). Erzählungen: ›Barfüßele‹ (1856, 30. Aufl. 1896), ›Joseph im Schnee‹ (1860), ›Edelweiß‹ (1861); Romane: ›Auf der Höhe‹ (1865), ›Das Landhaus am Rhein‹ (1869), ›Walfried, eine vaterländische Familiengeschichte‹ (1874), ›Landolin von Reutershofen‹ (1879), ›Der Forstmeister‹ (1879), ›Brigitta‹ (1880) u. a.

Allons! – französ. »Gehen wir!«, »Auf gehts!«

Nekrasov – Nikolaj Alekseevič Nekrasov, 1821–1878, russischer Lyriker, bedeutendster und in Rußland populärster Vertreter einer gesellschaftlich engagierten, realistischen Dichtung, gehörte mit Cernysevskij und Dobroljubov zu den radikalen Demokraten der 60er Jahre des 19. Jahrhunderts. »Nekrasov nannte seine Muse ›eine Muse der Rache und der Schwermut‹, und diese Muse schloß in der Tat nie einen Kompromiß mit der Ungerechtigkeit. Nekrasov ist ein Pessimist. Aber sein Pessimismus hat, wie Vengerov bemerkt, einen eigenen Charakter. Obwohl seine Dichtungen so viele niederdrückende Bilder von dem Elend der russischen Massen enthalten, so ist doch der Grundeindruck, den sie auf den Leser hinterlassen, ein erhebendes Gefühl. Der Dichter beugt sein Haupt nicht vor der traurigen Wirklichkeit: er kämpft gegen sie an, und er ist seines Sieges sicher. Die Lektüre Nekrasovs ruft jene Unzufriedenheit hervor, die in sich selbst die Keime der Gesundung trägt.« (Kropotkin, Ideale und Wirklichkeit in der russischen Literatur.) Bekanntestes Werk Nekrasovs: ›Wer gut lebt in Rußland‹, 1866–1877.

Caesar hatte den Rubikon – lat. Rubico, Fluß an der nördl. Ostküste Italiens, im Altertum Grenze zwischen dem Zisalpinischen Gallien und Italien. Caesar eröffnete mit der Überschreitung des R. im Jahre 49 v. Chr. den Bürgerkrieg. Im übertragenen Sinne: »Einen entscheidenden Schritt tun.«

Hamlet Titelheld des gleichnamigen Theaterstücks von William Shakespeare (entstanden 1601); *Ophelia, Claudius, Horaz* – Personen aus dem ›Hamlet‹.

Glinka – Michail Ivanovič Glinka, 1804–1857, russischer Komponist und Klassiker der russischen Musik, schrieb, in der Gluck-Nachfolge, vom Volkslied ausgehend, die ersten russischen Nationalopern, z. B. ›Ein Leben für den Zaren‹ (1836), ›Ruslan und Ljudmila‹ (1842), nach der klassischen russischen Liebesgeschichte, der gleichnamigen Verserzählung von Aleksandr Puškin.

Und diesem Missetäter – wörtliche Übersetzung des russischen Zitats, das, im Original, als Zitat gekennzeichnet ist und im sechsfüßigen Jambus gehalten ist. Vojnicev zitiert mit Sicherheit nicht den ›Hamlet‹; fraglich, ob überhaupt eine russische Shakespeare-Übertragung. Wörtlich aus dem Russischen übersetzt, ist Vojnicevs Zitat bei ähnlichem Wortlaut in der Schlegel-Tieck-Übertragung des ›Hamlet‹ jedenfalls unauffindbar (im Gegensatz zu dem weiter unten folgenden Hamlet-Satz).

Die reizende Ophelia. Nymphe, schließ in dein Gebet ... – Zitat, Satz des Hamlet, in der vorliegenden Fassung der Schlegel-Tieck-Übertragung entnommen; im Russischen, aus der russischen Hamlet-Übersetzung ins Deutsche übersetzt, lautet der Satz bei Čechov: »Ophelia! Oh, Nymphe, gedenke meiner Sünden in deinen heiligen Gebeten!«

Noch unter Nikolaus gedient? – Anspielung auf Markos Alter. Nikolaus I. (bzw. Nikolaj Pavlovič), russischer Zar, 1796–1855, regierte, nach Niederwerfung des Dekabristenaufstandes 1825, Rußland streng absolutistisch. Epoche der finstersten Reaktionen in Rußland, der ›Heiligen Allianz‹ in Europa, an deren Schaffung Nikolaus I. maßgeblich beteiligt war. Eroberungskriege gegen Persien, die Türkei; nach Niederwerfung des Polnischen Aufstandes 1830/31 machte er Polen zu einer russischen Provinz.

Sevastopol – Hafenstadt am Schwarzen Meer, Kriegshafen der russischen Schwarzmeerflotte, spielte im Krimkrieg (1853–56) eine entscheidende Rolle; nachdem die türkenfeindliche Politik des Zaren Nikolaus I. den Widerstand der Westmächte provoziert und Frankreich und England Rußland den Krieg erklärt hatten, landeten die Westmächte auf der Krim ein starkes Heer, um Sevastopol zu erobern; Sevastopol fiel nach fast einjähriger Belagerung am 10. 9. 1855. Schilderung der Belagerung durch Lev Tolstoj.

Verst – russisches Längenmaß, die russische Meile, entspricht 3500 englischen bzw. russischen Fuß = 1066,78 m.

Amo, amas, amat – latein. »Ich liebe, du liebst, er/sie/es liebt«.

alle zehn ägyptischen Plagen – 2. Buch Mose, 8 f.: Frösche: Stechmücken, Ungeziefer, Pestilenz, Schwarze Blattern, Hagel, Heuschrecken, Finsternis, Erwürgung der Erstgeburt.

Galimathias – französ. (aus dem griech., »Durcheinander, Wirrwarr«), das Gerede, schwülstiger Unsinn.

Krylov, Puškin, Gogol – die Büsten der russischen ›Großen‹, der Dichter und Denker der russischen Nation. – *Krylov*, Ivan – russischer Schriftsteller und populärer Fabeldichter, 1768–1844, von Russen als Fabeldichter über La Fontaine gestellt. *Gogol*, Nikolaj – 1809 bis 1852, russischer Erzähler und Dramatiker.

Philanthrop – griech. »der Menschenfreund«.

Hippokrates – griechischer Arzt, 460–377 v. Chr. Man sieht in H. den Schöpfer der vom Hippokratismus vertretenen wissenschaftlichen und ärztlichen Auffassungen, die die klassische Zeit der antiken Medizin verkörpern (wissenschaftl. Denken, vereint mit ärztl. Erfahrung, Beobachtungsgabe, Kritik, ärztl. Kunst und hohem ärztl.-menschl. Ethos). Der Eid des Hippokrates ist noch heute für den Arzt gültig.

Sokrates – griechischer Philosoph, 470–399 v. Chr.

chininum sulphuricum – latein. medizin. *Chinin,* Alkaloid der Chinarinde, angewendet besonders zur Abwehr und Behandlung von Malaria.

Mouches volantes – französ. »Fliegende Fliegen«.

Finita la commedia! – italien. »Die Komödie ist zu Ende!«

Anton Čechov im Diogenes Verlag

● Das dramatische Werk
Neuübersetzung und -edition von Peter Urban: jeder Band bringt den unzensurierten, integralen, neutranskribierten Text und einen Anhang mit allen Lesarten und Textvarianten, mit Auszügen aus Čechovs Notizbüchern, Anmerkungen und einem editorischen Bericht.

Die Möwe
Komödie in vier Akten. detebe 20091

Der Waldschrat
Komödie in vier Akten. detebe 20084

Der Kirschgarten
Komödie in vier Akten. detebe 20083

Onkel Vanja
Szenen aus dem Landleben in vier Akten. detebe 20093

Ivanov
Drama in vier Akten. detebe 20102

Drei Schwestern
Drama in vier Akten. detebe 20103

Platonov
Das ›Stück ohne Titel‹ in vier Akten und fünf Bildern. detebe 20104

Sämtliche Einakter
detebe 20801

● Das erzählende Werk
Übersetzungen von Gerhard Dick, Wolf Düwel, Ada Knipper, Hertha von Schulz, Michael Pfeiffer, Georg Schwarz und Peter Urban. Neutranskribiert, mit Anmerkungen und Nachweis der Erstveröffentlichungen von Peter Urban.

Ein unbedeutender Mensch
Erzählungen 1883–1885. detebe 20261

Gespräch eines Betrunkenen mit einem nüchternen Teufel
Erzählungen 1886. detebe 20262

Die Steppe
Erzählungen 1887–1888. detebe 20263

Flattergeist
Erzählungen 1888–1892. detebe 20264

Rothschilds Geige
Erzählungen 1893–1896. detebe 20265

Die Dame mit dem Hündchen
Erzählungen 1897–1903. detebe 20266

Eine langweilige Geschichte
Das Duell
Kleine Romane I. detebe 20267

Krankenzimmer Nr. 6
Erzählung eines Unbekannten
Kleine Romane II. detebe 20268

Drei Jahre · Mein Leben
Kleine Romane III. detebe 20269

Die Insel Sachalin
Ein Reisebericht. detebe 20270

Das Drama auf der Jagd
Eine wahre Begebenheit. detebe 21379

Meistererzählungen
Ausgewählt von Franz Sutter. Deutsch von Ada Knipper, Herta von Schulz und Gerhard Dick. detebe 21702

● Briefe
in 5 Bänden. Die größte nicht-russische Briefausgabe in der Neuübersetzung und -edition von Peter Urban. Jeder Band enthält Faksimiles, einen umfangreichen Anhang mit editorischem Bericht, Anmerkungen und einer Chronik; im letzten Band zusätzlich ein Personen- und Werkregister. Leinen
Auch als detebe 21064-21068

● Tagebücher
Notizbücher
Herausgegeben und vollständig neu übersetzt von Peter Urban. Mit Vorwort, editorischem Bericht, ausführlichen Anmerkungen und Personenregister. Leinen

● Čechov-Chronik
Daten zu Leben und Werk, zusammengestellt von Peter Urban. Mit Nachwort, ausführlicher Bibliographie und Register. Leinen

● Anton Čechov
Sein Leben in Bildern
Herausgegeben von Peter Urban. Über 700 Abbildungen, mit einem Anhang, einer Zeittafel und einem Personenregister. Leinen

● Denken mit Čechov
Ein Almanach auf alle Tage, zusammengestellt von Peter Urban. Diogenes Evergreens

● Das Čechov Lesebuch
Herausgegeben, kommentiert und mit einem Vorwort von Peter Urban
detebe 21245

● Über Čechov
Herausgegeben von Peter Urban
detebe 21244

Werk- und Studienausgaben in Diogenes Taschenbüchern

● Woody Allen
Werkausgabe in bisher 6 Einzelbänden
detebe

● Also sprach der Erhabene
Eine Auswahl aus den Reden Gotamo Buddhos. detebe 21443

● Eric Ambler
Werkausgabe in bisher 19 Einzelbänden
detebe
Über Eric Ambler. Aufsätze von Alfred Hitchcock bis Helmut Heißenbüttel. Herausgegeben von Gerd Haffmans. detebe 20607

● Alfred Andersch
Studienausgabe in 18 Einzelbänden
detebe
Einige Zeichnungen. Essay. detebe 20399
Das Alfred Andersch Lesebuch. Herausgegeben von Gerd Haffmans. detebe 20695
Über Alfred Andersch. Herausgegeben von Gerd Haffmans. detebe 20819

● Sherwood Anderson
Ich möchte wissen warum. Erzählungen
detebe 20514

● Angelus Silesius
Der cherubinische Wandersmann
detebe 20644

● Honoré de Balzac
Die großen Romane in 10 Bänden
detebe 20901–20910
Erzählungen in 3 Bänden
detebe 20896, 20897, 20899
Das ungekannte Meisterwerk. Erzählungen
detebe 20477
Das Mädchen mit den Goldaugen. Erzählung
Mit einem Nachwort von Stefan Zweig
detebe 21447
Tolldreiste Geschichten. Mit einem Nachwort von Herbert Kühn. Mit vielen Bildern von Gustave Doré. detebe 21751
Über Balzac. Herausgegeben von Claudia Schmölders. detebe 20309

André Maurois
Das Leben des Honoré Balzac. Eine Biographie. Aus dem Französischen von Ernst Sander und Bruno Berger. detebe 21297

● Charles Baudelaire
Die Tänzerin Fanfarlo. Prosadichtungen
detebe 20387
Die Blumen des Bösen. Gedichte
detebe 20999

● Gottfried Benn
Ausgewählte Gedichte. Herausgegeben und mit einem Nachwort von Gerd Haffmans
detebe 20099

Das Gottfried Benn Lesebuch. Ein Querschnitt durch das Prosawerk, herausgegeben von Max Niedermayer und Marguerite Schlüter. detebe 20982

● Giovanni Boccaccio
Der Decamerone in 5 Bänden. Sämtliche 100 Novellen in der berühmten Propyläen-Edition. Aus dem Italienischen von Heinrich Conrad. Mit den Kupfern und Vignetten von Gravelot, Boucher und Eisen der Ausgabe von 1757. detebe 21060–21064

● James Boswell
Dr. Samuel Johnson. Biographie
detebe 20786

● Ray Bradbury
Werkausgabe in bisher 12 Einzelbänden
detebe

● Ulrich Bräker
Werke in 2 Bänden. Herausgegeben von Samuel Voellmy und Heinz Weder
detebe 20581 und 20582

● Wilhelm Busch
Schöne Studienausgabe in 7 Einzelbänden
Herausgegeben von Friedrich Bohne in Zusammenarbeit mit dem Wilhelm-Busch-Museum in Hannover
detebe 20107–20113
Das Wilhelm-Busch-Bilder- und Lesebuch
Herausgegeben von Gerd Haffmans
detebe 20391

● Calderón
Das große Welttheater. In einer Nachdichtung von Joseph von Eichendorff. Mit einem Nachwort von Bernhard Michael Steinmetz
detebe 21537

Anton Čechov
Das dramatische Werk in 8 Bänden in der Neuübersetzung und Neutranskription von Peter Urban. detebe
Das erzählende Werk in 10 Bänden. Herausgegeben von Peter Urban
detebe 20261–20270
Briefe in 5 Bänden. Herausgegeben von Peter Urban. detebe 21064–21068
Das Drama auf der Jagd. Roman
detebe 21379
Das Anton Čechov Lesebuch. Herausgegeben von Peter Urban. detebe 21245
Über Čechov. Herausgegeben von Peter Urban. detebe 21244
Meistererzählungen. Ausgewählt von Franz Sutter. detebe 21702

Joseph Conrad
Lord Jim. Roman. detebe 20128
Der Geheimagent. Roman. detebe 20212
Herz der Finsternis. Erzählung. detebe 20369
Das Duell. Sechs Erzählungen. detebe 21769

Charles Dickens
Werkausgabe in 7 Bänden. In der Übersetzung von Gustav Meyrink. detebe
Charles Dickens. Ein Essay von George Orwell. Deutsch von Manfred Papst
detebe 21398

Djin Ping Meh
Ein Sittenroman aus der Ming-Zeit. Mit 200 Holzschnitten einer Ausgabe von 1755. Aus dem Chinesischen von Otto und Artur Kibat Herausgegeben und mit einer Einleitung von Herbert Franke. 5 Bände und 1 Kommentarband in Kassette. detebe 21712

Friedrich Dürrenmatt
Das dramatische Werk in 17 Bänden
detebe 20831–20847
Das erzählende Werk in 16 Bänden
detebe 20848–20860, 21155–21156 und 21435–21436
Herausgegeben in Zusammenarbeit mit dem Autor. Alle Bände wurden revidiert und mit neuen Texten ergänzt
Der Auftrag oder Vom Beobachten des Beobachters der Beobachter. Novelle in vierundzwanzig Sätzen. detebe 21662
Denkanstöße. Ausgewählt und zusammengestellt von Daniel Keel. Mit sieben Zeichnungen des Dichters. detebe 21697
Über Friedrich Dürrenmatt. Herausgegeben von Daniel Keel. detebe 20861
Elisabeth Brock-Sulzer
Friedrich Dürrenmatt. Stationen seines Werkes. Mit Fotos, Zeichnungen, Faksimiles
detebe 21388

Meister Eckehart
Deutsche Predigten und Traktate
detebe 20642

Joseph von Eichendorff
Aus dem Leben eines Taugenichts. Novelle
Mit einem Vorwort von Thomas Mann
detebe 20516

Ralph Waldo Emerson
Essays. Herausgegeben und übersetzt von Harald Kiczka. detebe 21071
Repräsentanten der Menschheit. Mit einem Nachwort von Egon Friedell. detebe 21696

William Faulkner
Werkausgabe in 27 Einzelbänden
detebe
Briefe. Herausgegeben und übersetzt von Elisabeth Schnack und Fritz Senn
detebe 20958
Über William Faulkner. Herausgegeben von Gerd Haffmans. detebe 20098

Federico Fellini
Werkausgabe der Drehbücher und Schriften in bisher 16 Bänden. Herausgegeben von Christian Strich. detebe

F. Scott Fitzgerald
Studienausgabe in bisher 12 Einzelbänden
detebe

Gustave Flaubert
Werkausgabe in 7 Bänden
detebe 20721–20725 und 20386
Über Gustave Flaubert. Herausgegeben von Gerd Haffmans und Franz Cavigelli
detebe 20726

Theodor Fontane
Werkausgabe in 5 Bänden. Herausgegeben von Hans-Heinrich Reuter
detebe 21073–21077

Franz von Assisi
Die Werke. detebe 20641

Egon Friedell
Werkausgabe in bisher 4 Einzelbänden
detebe

Goethe
Gedichte I. detebe 20437
Gedichte II. Gedankenlyrik / Westöstlicher Diwan. detebe 20438
Faust. Der Tragödie erster und zweiter Teil
detebe 20439
Die Leiden des jungen Werther. Roman
detebe 21366

Gedanken und Aussprüche. Herausgegeben und mit einem Vorwort von Ernst Freiherr von Feuchtersleben. Nachwort von Hans Tabarelli. detebe 21673

● Nikolai Gogol

Die toten Seelen. Roman. detebe 20384
Die Nase. Ausgewählte Erzählungen. Auswahl, Vorwort und Übersetzung aus dem Russischen von Sigismund von Radecki detebe 20624

● Iwan Gontscharow

Ein Monat Mai in Petersburg. Erzählungen detebe 20625
Briefe von einer Weltreise. Herausgegeben von Erich Müller-Kamp. detebe 21008

● Jeremias Gotthelf

Ausgewählte Werke in 13 Bänden. Herausgegeben von Walter Muschg detebe 20561–20572 und 21407
Gottfried Keller über Jeremias Gotthelf detebe 20573

● Dashiell Hammett

Sämtliche Werke in 11 Bänden. detebe

● Heinrich Heine

Gedichte. Ausgewählt von Ludwig Marcuse detebe 20383

● O. Henry

Gesammelte Geschichten in 6 Bänden detebe 20871–20876

● Hermann Hesse

Meistererzählungen. Herausgegeben und mit einem Nachwort von Volker Michels detebe 20984

● Patricia Highsmith

Werkausgabe in bisher 26 Einzelbänden detebe
Über Patricia Highsmith. Zeugnisse von Graham Greene bis Peter Handke. Herausgegeben von Franz Cavigelli und Fritz Senn detebe

● Homer

Ilias und Odyssee. Übersetzung von Heinrich Voss. Edition von Peter Von der Mühll detebe 20778–20779

● Victor Hugo

Der letzte Tag im Leben eines Verurteilten. Aus dem Französischen und Vorwort von W. Scheu. detebe 21234
Der Glöckner von Notre-Dame. Roman. Deutsch von Philipp Wanderer. Mit einem Nachwort von Arthur Riha. detebe 21390
Die Elenden in 5 Bänden. Deutsch von Paul Wiegler und Wolfgang Günther. Mit einem Nachwort von Hans Grössel und einem Aufsatz von Charles Baudelaire detebe 21438–21442
Das Teufelsschiff. Roman. Aus dem Französischen von Hans Kauders. Mit einem Nachwort von Christian Schäfer. detebe 21549

● Otto Jägersberg

Werkausgabe in bisher 8 Einzelbänden detebe

● Juan Ramón Jiménez

Herz, stirb oder singe. Gedichte detebe 20388

● Immanuel Kant

Deines Lebens Sinn. Eine Auswahl aus dem Gesamtwerk. Herausgegeben und mit einem Vorwort von Wolfgang Kraus. detebe 21552

● Gottfried Keller

Zürcher Ausgabe. In der Edition von Gustav Steiner. detebe 20521–20528
Über Gottfried Keller. Herausgegeben von Paul Rilla. detebe 20535

● François de La Rochefoucauld

Spiegel des Herzens. Seine sämtlichen Maximen. Herausgegeben und mit einem Vorwort von Wolfgang Kraus. Aus dem Französischen von Fritz Habeck. detebe 21647

● D. H. Lawrence

Sämtliche Erzählungen und Kurzromane in 8 Einzelbänden. detebe 20184–20191
Liebe, Sex und Emanzipation. Essays detebe 20955
John Thomas & Lady Jane. Roman detebe 20299
Briefe. Auswahl von Richard Aldington. Vorwort von Aldous Huxley. Übersetzung und Nachwort von Elisabeth Schnack detebe 20954
Reisetagebücher in 4 Bänden detebe 21311–21314
Die gefiederte Schlange. Roman. Deutsch von Georg Goyert. detebe 21464
Robert Lucas
Frieda von Richthofen. Ihr Leben mit D.H. Lawrence, dem Dichter der Lady Chatterley detebe 21356

● Doris Lessing
Der Zauber ist nicht verkäuflich. Afrikanische Geschichten. detebe 20886
Hunger nach dem großen Leben. Erzählung detebe 21536

● Jack London
Werkausgabe in bisher 5 Einzelbänden. detebe

● Carson McCullers
Werkausgabe in 7 Einzelbänden
detebe 20140–20146
Über Carson McCullers. Herausgegeben von Gerd Haffmans. detebe 20147

● Ross Macdonald
Werkausgabe in bisher 16 Einzelbänden
detebe

● Heinrich Mann
Meistererzählungen. Herausgegeben von Christian Strich. Mit einem Nachwort von Hugo Loetscher. detebe 20981

● Ludwig Marcuse
Werkausgabe in bisher 15 Einzelbänden
detebe
Ein Panorama europäischen Geistes
Texte aus drei Jahrtausenden. Herausgegeben von Ludwig Marcuse in 3 Bänden
detebe 21168

● W. Somerset Maugham
Werkausgabe in 24 Einzelbänden
detebe

● Guy de Maupassant
Erzählungen in 5 Einzelbänden
detebe

● Herman Melville
Moby-Dick. Roman. detebe 20385
Billy Budd. Erzählung. detebe 20787

● Prosper Mérimée
Carmen. Novelle. Aus dem Französischen von Arthur Schurig. detebe 21188
Die Venus von Ille und andere Novellen
Deutsch von Arthur Schurig. detebe 21246
Eine tragische Liebschaft und andere Novellen. Deutsch von Adolf Laun, Arthur Schurig, Ossip Kalenter und Adolf V. Bystram
detebe 21247

● Conrad Ferdinand Meyer
Jürg Jenatsch / Der Heilige. Mit einem Essay von Hans Mayer. detebe 20965

● Margaret Millar
Werkausgabe in bisher 12 Einzelbänden
detebe

● Mohammed
Die Stimme des Propheten. Aus dem Koran ausgewählt, herausgegeben und mit einem Vorwort von Wolfgang Kraus. detebe 21551

● Molière
Komödien in 7 Einzelbänden in der Neuübersetzung von Hans Weigel
detebe 20199–20205
Über Molière. Herausgegeben von Christian Strich, Rémy Charbon und Gerd Haffmans
detebe 20067

● Thomas Morus
Utopia. detebe 20420

● Fanny Morweiser
Werkausgabe in bisher 8 Einzelbänden
detebe

● Johann Nepomuk Nestroy
Und 's ist alles nicht wahr. Ausgewählt und herausgegeben von Helmut Lohner. Mit einem Nachwort von Egon Friedell. detebe 21649

● Sean O'Casey
Purpurstaub. Komödie. detebe 20002
Dubliner Trilogie: Der Schatten eines Rebellen / Juno und der Pfau / Der Pflug und die Sterne. Komödien. detebe 20034
Autobiographie in 6 Einzelbänden
detebe 20394 und 20761–20765
Das Sean O'Casey Lesebuch
Herausgegeben von Urs Widmer
detebe 21126

● Frank O'Connor
Gesammelte Erzählungen in 6 Einzelbänden
detebe

● Sean O'Faolain
Ausgewählte Erzählungen in 3 Einzelbänden
detebe

● Liam O'Flaherty
Armut und Reichtum. Erzählungen
detebe 20232
Ich ging nach Rußland. Reisebericht
detebe 20016
Der Denunziant. Roman. detebe 21191
Tiergeschichten. Gesammelt und übersetzt von Elisabeth Schnack. detebe 21253

● George Orwell
Werkausgabe in 11 Bänden. detebe
Das George Orwell Lesebuch. Herausgegeben und mit einem Nachwort von Fritz Senn detebe 20788
Über George Orwell. Herausgegeben von Manfred Papst. Deutsch von Matthias Fienbork. detebe 21225

● Konstantin Paustowski
Das Sternbild der Jagdhunde. Erzählungen I detebe 20627
Die Windrose. Erzählungen II detebe 20647

● Luigi Pirandello
Meistererzählungen. Auswahl und Nachwort von Lisa Rüdiger. detebe 21527

● Edgar Allan Poe
Erzählungen in 4 Bänden: Die schwarze Katze – Die Maske des roten Todes – Der Teufel im Glockenstuhl – Der Untergang des Hauses Usher. Herausgegeben von Theodor Etzel. detebe 21182–21185
Die denkwürdigen Erlebnisse des Arthur Gordon Pym. Roman. Mit einem Nachwort von Jörg Drews. detebe 21267
Meistererzählungen. Ausgewählt und mit einem Vorwort von Mary Hottinger. detebe 21721

● Alexander S. Puschkin
Meistererzählungen. Mit einem Essay von Maxim Gorki. detebe 21526

● Walter E. Richartz
Werkausgabe in bisher 10 Einzelbänden detebe

● Herbert Rosendorfer
Werkausgabe in bisher 5 Einzelbänden detebe

● Arthur Schopenhauer
Werkausgabe in 10 Bänden nach der historisch-kritischen Ausgabe von Arthur Hübscher. detebe 20421–20430
Aphorismen zur Lebensweisheit. Textidentisch mit Band 8 der ›Zürcher Ausgabe‹. Mit einem Nachwort von Egon Friedell detebe 21555
Über Schopenhauer. Herausgegeben von Gerd Haffmans. detebe 20431

● Erwin Schrödinger
Die Natur und die Griechen. Mit Zeichnungen. detebe 21781
Geist und Materie. detebe 21782
Mein Leben, meine Weltansicht. Mit einem Vorwort von Auguste Dick. detebe 21783

● William Shakespeare
Sonette. Deutsch von Karl Kraus detebe 20381
Dramatische Werke in 10 Bänden. Illustrationen von Heinrich Füßli detebe 20631–20640
Shakespeare's Geschichten. Sämtliche Stücke von William Shakespeare nacherzählt von Walter E. Richartz und Urs Widmer detebe 20791 und 20792

● Alan Sillitoe
Studienausgabe in bisher 10 Einzelbänden detebe

● Georges Simenon
Werkausgabe in bisher 147 Einzelbänden detebe
Das Georges Simenon Lesebuch. Ein Querschnitt durch das Gesamtwerk. Herausgegeben von Daniel Keel. detebe 20500
Über Simenon. Zeugnisse und Essays von Patricia Highsmith bis Alfred Andersch. Herausgegeben von Claudia Schmölders und Christian Strich. detebe 20499

● Henry Slesar
Werkausgabe in bisher 15 Einzelbänden detebe

● Muriel Spark
Werkausgabe in bisher 11 Einzelbänden detebe

● Stendhal
Werke in 10 Bänden detebe 20966–20975
Über Stendhal. Herausgegeben von Irene Riesen. detebe 20976

● Laurence Sterne
Tristram Shandy. Roman. detebe 20950

● R. L. Stevenson
Werke in 12 Bänden in der Edition und Übersetzung von Curt und Marguerite Thesing detebe 20701–20712

● August Strindberg
Dramen in 3 Bänden. Herausgegeben von Arthur Bethke. Aus dem Schwedischen von Arthur Bethke und Anne Storm. detebe 21790
Fräulein Julie und fünf andere Dramen detebe 21777
Nach Damaskus und drei andere Dramen detebe 21778

Gespenstersonate. Mit einem Essay von Ernst Wendt. detebe 21779
Ludwig Marcuse
Strindberg. Das Leben der tragischen Seele detebe 21780

● Teresa von Avila
Die innere Burg. detebe 20643

● Henry D. Thoreau
Walden oder Leben in den Wäldern. Vorwort von Walter E. Richartz. detebe 20019
Über die Pflicht zum Ungehorsam gegen den Staat. Essays. Nachwort von Walter E. Richartz. detebe 20063

● Leo Tolstoi
Anna Karenina. Roman. detebe 21371
Gesammelte Erzählungen in 6 Bänden detebe 21357–21362
Meistererzählungen. Ausgewählt von Christian Strich. detebe 21700

● B. Traven
Werkausgabe in 15 Bänden detebe 21098-21112
Land des Frühlings. Reisebericht. Mit zahlreichen Fotos des Autors. detebe 21230

● Lydia Tschukowskaja
Ein leeres Haus. Roman. detebe 20008
Untertauchen. Roman. detebe 20393

● Iwan Turgenjew
Meistererzählungen. Herausgegeben und aus dem Russischen von Johannes von Guenther detebe 21051

● Mark Twain
Gesammelte Werke in 5 Bänden. Herausgegeben, mit Anmerkungen und einem Nachwort von Klaus-Jürgen Popp. detebe 21338
Tom Sawyers Abenteuer. Roman detebe 21369
Huckleberry Finns Abenteuer. Roman detebe 21370
Kannibalismus auf der Eisenbahn und andere Erzählungen. Aus dem Amerikanischen von Günther Klotz. detebe 21488
Der gestohlene weiße Elefant und andere Erzählungen. Deutsch von Günther Klotz detebe 21489
Die Eine-Million-Pfund-Note und andere Erzählungen. Deutsch von Ana Maria Brock und Otto Wilck. detebe 21490
Der Prinz und der Bettelknabe. Eine Erzählung für junge Menschen jeden Alters detebe 21507

● Jules Verne
Werkausgabe in bisher 24 Einzelbänden detebe

● Voltaire
Gedanken regieren die Welt. Auswahl und Übersetzung von Candida Kraus detebe 21553

● Robert Walser
Der Spaziergang. Erzählungen und Aufsätze. Nachwort von Urs Widmer. detebe 20065
Maler, Poet und Dame. Aufsätze über Kunst und Künstler. Herausgegeben von Daniel Keel. detebe 20794

● Evelyn Waugh
Werke in bisher 11 Einzelbänden detebe

● H. G. Wells
Der Krieg der Welten. Roman. detebe 20171
Die Zeitmaschine. Roman. detebe 20172
Die Geschichte unserer Welt. Vom Neandertaler bis zum Zweiten Weltkrieg detebe 20217

● Oscar Wilde
Der Sozialismus und die Seele des Menschen Essay. detebe 20003
Sämtliche Erzählungen. Mit Zeichnungen von Aubrey Beardsley. Herausgegeben und mit einem Nachwort von Gerd Haffmans detebe 20985
Das Bildnis des Dorian Gray. Roman Deutsch von W. Fred. detebe 21411
De profundis. Briefe aus dem Zuchthaus sowie Die Ballade vom Zuchthaus zu Reading detebe 21499
Extravagante Gedanken. Eine Auswahl. Herausgegeben und mit einem Vorwort von Wolfgang Kraus. Auswahl und Übersetzung von Candida Kraus. detebe 21648

● Hans Wollschläger
Die bewaffneten Wallfahrten gen Jerusalem Geschichte der Kreuzzüge. detebe 20082
Die Gegenwart einer Illusion. Essays detebe 20576
Karl May. Biographie. detebe 20253